Não se cobre tanto

Não se
cobre
tanto

ELLEN HENDRIKSEN, ph.D.

Não se cobre tanto

Um guia para abraçar a autoaceitação
e não cair na cilada do perfeccionismo

Tradução
Alessandra Bonrruquer

1ª edição

Rio de Janeiro | 2025

TÍTULO ORIGINAL
How to be Enough: Self-Acceptance for Self-Critics and Perfectionists

LAYOUT DE CAPA E CRIAÇÃO DE VINHETAS PARA MIOLO
Renata Vidal

TRADUÇÃO
Alessandra Bonrruquer

DIAGRAMAÇÃO
Abreu's System

CIP-BRASIL. CATALOGAÇÃO NA PUBLICAÇÃO
SINDICATO NACIONAL DOS EDITORES DE LIVROS, RJ

H435n

Hendriksen, Ellen
    Não se cobre tanto: um guia para abraçar a autoaceitação e não cair na cilada do perfeccionismo / Ellen Hendriksen; tradução Alessandra Bonrruquer. – 1. ed. – Rio de Janeiro: BestSeller, 2025.

    Tradução de: How to be enough : self-acceptance for self-critics and perfectionists
    ISBN 978-65-5712-480-2

    1. Autoaceitação (Psicologia). 2. Perfeccionismo (Traço da personalidade). 3. Técnicas de autoajuda. I. Bonrruquer, Alessandra. II. Título.

25-96820.0
    CDD: 155.232
    CDU: 159.923:17.036.2

Meri Gleice Rodrigues de Souza – Bibliotecária – CRB-7/6439

Texto revisado segundo o novo Acordo Ortográfico da Língua Portuguesa.

Copyright © 2024 by Ellen Hendriksen
Copyright da tradução © 2025 by Editora Best Seller Ltda.

Todos os direitos reservados. Proibida a reprodução, no todo ou em parte, sem autorização prévia por escrito da editora, sejam quais forem os meios empregados.

Direitos exclusivos de publicação em língua portuguesa para o Brasil adquiridos pela
Editora Best Seller Ltda.
Rua Argentina, 171, parte, São Cristóvão
Rio de Janeiro, RJ – 20921-380
que se reserva a propriedade literária desta tradução.

Impresso no Brasil

ISBN 978-65-5712-480-2

Seja um leitor preferencial Record.
Cadastre-se e receba informações sobre nossos lançamentos e nossas promoções.

Atendimento e venda direta ao leitor:
sac@record.com.br

Para Adrien e Davin, com todo o meu amor

Sumário

Nota da autora 9

Prólogo: O conto de dois titãs 11

Parte I: O que é o perfeccionismo

1. Como nos vemos 23
2. As muitas saladas do perfeccionismo 39
3. O início das coisas 47

Parte II: As sete mudanças

Mudança 1: *Da (auto)crítica à gentileza* 69

4. Para além do crítico interno 71
5. Os críticos externos 97

Mudança 2: *Retornando à sua vida* 119

6. Dos rótulos aos valores 121
7. Nossas cestas esquecidas 132

Mudança 3: *Das regras à flexibilidade* 149

    8. Reescrevendo o livro interno de regras 151

    9. Por que transformamos diversão em tarefa 170

Mudança 4: *Erros: de se apegar a eles a deixá-los ir* 181

    10. Do "fracasso" à condição humana 183

    11. Da prova ao experimento 197

Mudança 5: *Da procrastinação à produtividade* 215

    12. Não se trata de gestão do tempo 217

Mudança 6: *Da comparação ao contentamento* 233

    13. Programado, mas não caótico 235

Mudança 7: *Do controle à autenticidade* 247

    14. Reavaliando o perfeccionismo emocional 249

    15. Reavaliando a autoapresentação perfeccionista 266

Epílogo: Autoaceitação para autocríticos 288

Agradecimentos 294

Notas 297

Sobre a autora 347

Nota da autora

Todas as informações pessoais e outros detalhes potencialmente identificáveis foram modificados para honrar a confidencialidade da terapia e tornar os pacientes irreconhecíveis, inclusive para si mesmos, ainda que a essência de suas histórias tenha sido mantida. Em muitos casos, para camuflar identidades, criei personagens compostos a partir de vários pacientes. No caso do estudo de Tice, Bratslavsky e Baumeister, a história veio diretamente de sua seção de métodos, mas criei os detalhes dos diários de 1975, *Tetris* e *People*, assim como a cor da vela de aromaterapia.

Prólogo
O conto de dois titãs

Era difícil dizer o que brilhava mais naquela noite de dezembro de 1937.[1] Os poderosos feixes de luz dos holofotes operados à mão iluminavam o céu sobre o Carthay Circle Theatre, em Los Angeles. O fulgor de astros e estrelas emanava do tapete vermelho. Flashes disparavam enquanto celebridades de smoking ou cobertas de joias, como Clark Gable, Marlene Dietrich, Cary Grant e Shirley Temple, seguiam em direção ao cinema, passando por milhares de fãs nas ruas, que esticavam o pescoço para conseguir um vislumbre.[2] Mas talvez o que mais brilhasse fossem as esperanças de Walt Disney, o criador de 36 anos do primeiro longa-metragem animado, *Branca de Neve e os sete anões*, que seria exibido naquela noite.

Ao entrar no cinema, Walt estava exultante e extremamente ansioso. Charlie Chaplin lhe enviara um telegrama naquela manhã: TENHO CERTEZA DE QUE NOSSAS MAIORES ESPERANÇAS SERÃO REALIZADAS HOJE.[3] E, durante os 88 minutos seguintes, realmente foram. A plateia aplaudiu até mesmo quando a tela mostrava apenas o cenário, sem nenhum personagem. Quando a Branca de Neve foi envenenada pela maçã e posta em seu esquife, foi possível escutar fungadelas e narizes sendo assoados no cinema.[4] Walt passou meses inquieto imaginando se os espectadores iriam se comover com personagens de animação, mas, ao término do filme, quando todos ficaram de pé para aplaudi-lo, ele sentiu o embrulho no estômago se desfazer. Estava tudo bem. As pessoas tinham gostado. Ele não havia fracassado.

Branca de Neve e os sete anões pode ter sido um sucesso histórico, mas o caminho até esse sucesso foi penoso. Walt contratou um pequeno exército de seiscentos artistas e os levou à exaustão — três turnos de oito horas, todos os dias, noite e dia —, desenhando, colorindo e pintando mais de 250 mil quadros.[5] As horas de trabalho investidas no projeto totalizaram o equivalente a duzentos anos. Além disso, o filme, com orçamento inicial estimado em 250 mil dólares, saiu seis vezes mais caro. O estúdio devia um milhão de dólares ao banco, uma soma impressionante em meio à Grande Depressão.

Mas, para Walt, o contexto não importava. O dinheiro não era um problema. A única coisa que importava era que ele havia se esforçado muito e, por pura força de vontade, conseguira chegar à enganosa sensação de "perfeição". Se, em seu íntimo, achasse que o filme não estava perfeito, tanto o filme quanto ele mesmo seriam um fracasso. Ele *era* os filmes que fazia.

Buscar essa sensação foi um processo intenso e agonizante, não só para Walt, mas para todos os envolvidos. Como não podia desenhar cada quadro sozinho, teve que renunciar ao controle total, mas não conseguiu se obrigar a confiar na equipe supercapacitada que selecionara com todo o cuidado. Mesmo depois de a animação começar, ele fez testes com mais de 150 meninas para o papel de Branca de Neve, uma maratona de comparação exaustiva e demorada.[6] Quanto às tintas, Walt fez com que o estúdio triturasse os próprios pigmentos e os analisasse meticulosamente com um espectômetro — um de vinte em todo o mundo —, criando um acervo extenso de 1.200 cores que excedia em muito a tecnologia Technicolor da época. Impávido, fez com que a equipe montasse uma paleta de dois metros de altura mostrando exatamente como cada pigmento seria traduzido para a tela.

Mesmo nos dias intensos que antecederam o lançamento, Walt não conseguia parar de microgerenciar. "O beija-flor deve fazer quatro movimentos, não seis."[7] Em relação a um dos anões: "O traseiro dele está muito alto na segunda metade da cena." As sobrancelhas da rainha eram exageradas demais. Um dos dedos de Zangado estava muito grande. Em uma ironia visível apenas para a exasperada equipe, Walt temia que as constantes revisões roubassem a espontaneidade do filme. Longe da sala dele, no andar do estúdio, o diretor jogou as pranchetas do outro lado do ambiente, gritando: "Precisamos terminar esse filme!"[8]

Quando o longa foi finalizado, Walt só conseguia enxergar defeitos. Admitiu para um repórter: "Vi *Branca de Neve* tantas vezes que só consigo enxergar o que poderia ser aprimorado. Aprendemos tanto desde que começamos! Eu queria que desse para recolher o filme e fazer tudo de novo."[9]

Por fim, o sucesso colossal de *Branca de Neve e os sete anões* cimentou publicamente o lugar de Walt na história do cinema. Por um tempo, foi o filme norte-americano com a maior bilheteria de todos os tempos, faturando quase 92 milhões de dólares da cotação atual durante o lançamento.[10] Longe dos holofotes, no entanto, solidificou a perpétua insatisfação de Walt. Seu triunfo só serviu para elevar os padrões da mágica Disney. A despeito da imagem pública cuidadosamente criada do tímido e despretensioso "Tio Walt", um jornalista que visitou o estúdio notou que ele "parecia estar sob o domínio de algum demônio interno".[11]

Após a guerra, confrontado com a realidade de orçamentos e empréstimos bancários, o estúdio passou por uma rodada de demissões e cortes de gastos. Desmoralizado, Walt começou a perder o ímpeto. Ele temia que seus futuros filmes já não fossem as obras-primas — experiências meticulosas, deslumbrantes, quase espirituais — que os primeiros haviam sido. Em vez de aproveitar o que tinha ou encarar as novas restrições como desafios a serem superados, ficou melancólico: se os filmes não iriam sair perfeitos, qual era o sentido de produzi-los?

Walt tentou se dedicar a um antigo interesse: trens em miniatura. "É só um passatempo para me distrair dos problemas", disse, mas sentia-se aprisionado e limitado pelas regras mesmo nos momentos de lazer.[12] Ele escreveu a outro entusiasta por ferrovias que construíra no próprio quintal um modelo grande o suficiente para ser usado por um adulto: "Eu o invejo por ter a coragem de fazer o que quer."[13]

Preso à falsa escolha entre perfeição e fracasso, paralisado tanto por padrões autoimpostos quanto pelo orçamento designado pelo banco, Walt se fechou. A marca Disney podia ser centrada na felicidade e na comunidade, mas ele se sentia cada vez mais sozinho e isolado, na maior parte do tempo por iniciativa própria. Quando recebia um convite formal para jantar, respondia "NÃO" com giz de cera vermelho, sublinhando para enfatizar.[14] Em meio ao caos do estúdio, recostava-se na cadeira e reclamava: "Fico muito sozinho aqui. Só queria conversar com alguém."[15] Mas quando alguma pessoa se aproximava para uma conversa, ele ruminava sobre as dificuldades que enfrentara na infância e, quando era sua vez de ouvir, se afastava: "Preciso ir agora!"

O mundo que Walt Disney criara — de fantasia, inocência e realização de sonhos — contrastava de modo gritante com o mundo em que ele vivia, no qual era muito arriscado relaxar, desfrutar de um interesse genuíno ou ser amigo em vez de chefe. Um repórter do *New York Times* que visitou o estúdio comentou ter saído de lá "triste" quando descobriu que o homem brilhante que deslumbrara a imaginação do mundo agora não passava de um ser desalentado e intransigente, ansioso por aprovação mas desesperadamente solitário, um procrastinador em meio a trens de brinquedo fugindo dos próprios problemas.[16]

A pipoqueira tinha grãos demais.[17] Enquanto as câmeras gravavam o programa televisivo *The Children's Corner*, a tampa abriu e a pipoca recém-estourada vazou pelos lados. Depois que a filmagem terminou, o cocriador do programa, Fred Rogers, de 33 anos, disse: "Vamos ter que refazer tudo agora."

A estrela do show, uma jovem animada chamada Josie Carey, ficou pasma. "Por quê? Foi divertido! As crianças vão adorar." Mas Rogers temia que, para as crianças mais novas, o estouro descontrolado e a bagunça subsequente fossem perturbadores. Carey jogou as mãos para o alto. Ele era tão exigente, tão meticuloso! Ela achava que pipoca espalhada por toda parte era emocionante — justamente o que tornava a TV divertida.

Mas Fred Rogers não tinha entrado no ramo para ser divertido. De acordo com o biógrafo Maxwell King, a missão de Rogers na TV era "torná-la melhor, mais adequada e educativa para as crianças. A qualidade burlesca, do tipo tortas na cara, dos primeiros programas era exatamente o que ele queria mudar".[18] Rogers tinha padrões elevados e era muito comprometido, além de perspicaz. Ele prestava atenção aos detalhes — via coisas e pensava em nuanças que passavam despercebidas para os outros.

Em 1961, o chefe de programação da Canadian Broadcasting Corporation, emissora de rádio e televisão do Canadá, achou que esses traços o tornavam a pessoa certa para liderar uma revolução silenciosa na educação infantil. "Já vi você conversando com crianças", disse o executivo. "Quero que olhe para a lente e faça de conta que está conversando com elas."[19]

E assim começou o programa que seria chamado de *Mister Rogers' Neighborhood*. Durante 31 temporadas e 895 episódios, o mundo testemunharia Rogers trocar blazer e sapatos sociais por cardigã e tênis no início de cada episódio, em uma assinatura reconfortante e confiável.[20]

Cada episódio era tratado com muito cuidado e deliberação. A excelência era o único padrão aceitável. Todo roteiro passava por diversas camadas de revisão: do próprio Rogers, dos produtores e da mentora e consultora de Rogers, Dra. Margaret McFarland, psicóloga infantil da Universidade de Pittsburgh.[21]

Certa vez, no meio de uma filmagem, Rogers sentiu que o roteiro não estava ideal, apesar de todas as camadas de revisão. Então, fez o impensável. Interrompeu a produção, deixou a equipe muitíssimo bem-paga e quase integralmente sindicalizada à toa no set e foi até o campus da universidade para conversar com a Dra. McFarland.[22] Voltou após cerca de uma hora, e o episódio foi gravado. Mas o ocorrido mostra como Rogers era. Se era para as crianças, tinha que ser perfeito.

Com padrões tão rigorosos como esses, muitos pensariam que ele tinha um temperamento difícil ou, no mínimo, era extremamente chato. Mas não era nada disso. Fred Rogers unia de maneira mágica padrões altos e flexibilidade, responsabilidade e criatividade. Como ministro presbiteriano, devotava-se ao serviço, combinando retidão com acessibilidade e humildade.

Seu mentor no Seminário Teológico de Pittsburgh, Dr. William Orr, ensinara-lhe o princípio da "deriva guiada": permanecer no curso de seus princípios, mas seguir o fluxo da vida. Manter a integridade, mas correr riscos. Estar aberto à mudança e ao acaso feliz, em vez de se confinar a um conjunto rígido de regras.²³

Essa filosofia era visível no programa e em sua vida. Durante uma filmagem, por exemplo, Rogers iniciou como sempre, trocando o blazer pelo cardigã, que começou a abotoar. Mas então percebeu que havia abotoado o suéter errado.²⁴ Familiarizada com os padrões de Rogers, a equipe achou que ele pediria para cortar e recomeçar, mas, em vez disso, ele improvisou uma fala e abotoou o suéter de novo, emendando num discurso de que erros acontecem e, ainda mais importante, podem ser corrigidos.

Outra vez, o roteiro pedia uma tomada dos peixes do aquário se alimentando. Um assistente de produção lhes deu comida durante o ensaio a fim de calibrar a câmera e evitar reflexos no vidro. Quando chegou a hora de filmar, os peixes estavam saciados. Apenas olharam para a ração enquanto ela afundava. Todo mundo se preparou para um longo dia de gravações, presumindo que precisariam esperar que os peixes sentissem fome de novo. Mas, lembrou a produtora Elizabeth Seamans, "Fred olhou para o aquário. Então olhou para a câmera e disse 'Acho que os peixes não querem comer. Vocês sabem como é, às vezes não estamos com fome'".²⁵ Era uma explicação perfeitamente razoável e ele confiava que seus jovens espectadores seriam capazes de aceitá-la. O momento se tornou um mantra para a equipe: "Os peixes precisam mesmo comer?" Isso fez com que se lembrassem de que nadar a favor da correnteza produz programas melhores do que forçar os peixes — e, por extensão, a vida — a se adequarem a um roteiro planejado.

A despeito de sua flexibilidade com os outros, Rogers podia ser duro consigo mesmo. Em 1979, após mais de uma década no ar, ele colocou papel na máquina e datilografou seus pensamentos em um fluxo de consciência: "Estou me enganando ao achar que posso escrever um roteiro novamente? [...] Por que não confio em mim mesmo? [...] DEPOIS DE TODOS ESSES ANOS, AS COISAS CONTINUAM SENDO DIFÍCEIS. Me pergunto se todo artista criativo passa pela tortura dos condenados tentando criar. VAI TRABALHAR, FRED!"²⁶

Mas o que realmente o motivava era algo muito mais profundo que a autocrítica. Em 1998, o repórter Tom Junod fez seu perfil para uma matéria de capa da *Esquire*. No processo, observou Rogers em ação no set e comentou: "Fred, é claro, era um perfeccionista incrível que sabia o que queria e quando queria, e não encerrava o dia sem consegui-lo."[27] Os colegas também sentiam sua intensidade. "Não havia um pingo de espontaneidade no corpo daquele homem", comentou Seamans. "Ele odiava estar despreparado para qualquer coisa."[28]

Mas tanto Junod quanto a equipe de *Neighborhood* entendiam inerentemente que a intensidade de Rogers estava a serviço de algo maior que um bom programa. Ele era impulsionado por padrões elevados mas flexíveis, pelo comprometimento com a deriva guiada, por seu inabalável serviço às crianças e, acima de tudo, pela conexão humana.

Forjava conexões profundas em pouco tempo, com todos. Jeff Erlanger, de 10 anos, foi ao programa explicar como sua cadeira de rodas elétrica funcionava e por que a usava.[29] Quase vinte anos depois, Jeff compareceu de smoking à cerimônia de premiação do Hall da Fama da Televisão a fim de apresentar Rogers. Este, que mantivera contato com o amigo mas não o via desde o programa original, de um salto foi direto para o palco, com um grande sorriso no rosto.[30]

Rogers se conectou com François Clemmons, o ator negro e gay que, durante 25 anos, interpretou o Oficial Clemmons no programa; ambos silenciosamente romperam a barreira de cor ao colocarem juntos os pés em uma piscininha de plástico — um ato revolucionário em 1969.[31] Em suas memórias, Clemmons lembrou: "Havia algo sério mas reconfortante e acolhedor nele. Seus olhos me abraçavam sem me tocar."[32]

Rogers se conectou com um menino de olhos inexpressivos que segurava fervorosamente uma espada de brinquedo na Penn Station. A mãe, fã do programa, havia forçado o menino a cumprimentar Rogers. O apresentador se inclinou e sussurrou: "Você sabia que também é forte por dentro?" O menino, pego de surpresa, escutando algo de que não sabia que precisava, assentiu quase imperceptivelmente.[33]

Rogers se conectou até mesmo com Koko, a gorila que aprendera a Língua de Sinais Americana. Ela era fã do programa. Quando se conheceram, ela o abraçou e não quis mais soltar. Então, em tributo à sequência de abertura do programa que adorava, amorosamente tirou os sapatos dele.³⁴

Na *Esquire*, Tom Junod escreveu sobre Rogers que "há uma energia nele [...] uma valentia, uma desavergonhada insistência na intimidade", e, de forma reveladora:

*Era uma vez um homem chamado Fred Rogers, que decidiu viver no paraíso. O paraíso é o lugar para onde as pessoas boas vão depois que morrem, mas Fred Rogers não queria ir para o paraíso depois; queria viver no paraíso aqui e agora, neste mundo. Um dia, enquanto falava sobre todas as pessoas que havia amado na vida, olhou para mim e disse: "As conexões que fazemos ao longo de uma vida; talvez isso seja o paraíso, Tom. Criamos tantos vínculos aqui na Terra. Veja o nosso caso. Acabei de conhecê-lo, mas estou verdadeiramente interessado em quem você é e em quem será, e é maior que eu, não consigo evitar."*³⁵

Disney e Rogers são titãs da infância; suas criações são amadas e imortais. Como personalidades, são exemplos de pessoas com padrões elevados, intensidade, ética de trabalho e atenção a detalhes, do tamanho do dedo de Zangado à velocidade do estourar da pipoca.

Mas, por mais que tenham a mesma natureza, eles adotavam posturas diferentes perante a vida. Um homem era rígido; o outro, flexível. Um tinha algo a provar; o outro, algo a compartilhar. Um evitava qualquer possibilidade de erro; o outro abria espaço para os erros e as dificuldades inevitáveis por meio da crença no serviço e em uma missão maior que si mesmo. Um se afastou daqueles à sua volta; o outro se engajou de corpo e alma e com autenticidade. Um ansiava por aprovação, mas acabou desesperadamente isolado; o outro ansiava por intimidade e criou uma vida com base na conexão em vez do controle.

Mesmo com vidas tão diferentes, Disney e Rogers compartilhavam uma visão de mundo central: o *perfeccionismo*, ou a tendência de exigirmos de nós mesmos um nível de desempenho superior ao exigido pela situação.[36] O perfeccionismo pode ser saudável, com padrões altos, mas razoáveis e flexíveis; porém, pode rapidamente deixar de sê-lo quando tais expectativas se tornam rígidas e pouco realistas. Ainda mais importante, o perfeccionismo nocivo exige que tenhamos um desempenho impecável simplesmente para sermos suficientes como pessoas. Não se trata de um diagnóstico, embora ele possa ir de ligeiramente inconveniente a totalmente paralisante. O perfeccionismo vem tanto de dentro, como um tipo de personalidade,[37] quanto de fora, como uma reação a um ambiente exigente.[38]

Se você se identificou em algum momento, este livro é para você, quer o termo *perfeccionismo* se encaixe ou não como aquela última e satisfatória peça do quebra-cabeça. Na verdade, a maioria dos que vivem com um perfeccionismo que pouco nos é útil, ao estilo de Disney, não o vê como o centro do diagrama de Venn de suas dificuldades. Eu mesma só me identifiquei com o conceito quando comecei a pesquisá-lo para meu livro *Como ser você mesmo: Como silenciar seu crítico interno e superar a ansiedade social*, e sou uma psicóloga clínica que, supostamente, tem certo nível de autoconsciência sobre coisas assim.

Mas, pelo jeito, há muita gente no mesmo barco. E o barco está ficando cada vez maior. O perfeccionismo está em ascensão. Em um ousado estudo de 2019, o Dr. Thomas Curran, autor de *A armadilha da perfeição: O poder de ser bom o suficiente em um mundo que sempre quer mais*, e o Dr. Andrew Hill analisaram mais de 40 mil estudantes universitários das gerações de 1989 a 2016 e descobriram que o perfeccionismo está em crescimento constante. Num período de 27 anos, os jovens começaram a cobrar mais de si e das outras pessoas, afirmando que elas também se mostraram mais exigentes com eles.[39]

É provável que exigir demais de si mesmo o tenha levado muito longe. Sei que conquistei muitas coisas. Como está lendo este livro, aposto que você está na mesma situação. Mas se exigir demais também pode custar caro. O perfeccionismo pode nos levar pela estrada de Walt

Disney: isolamento, burnout, insatisfação crônica. Felizmente, também pode nos levar pela estrada de Fred Rogers: excelência, flexibilidade, bondade. E, adivinha? Podemos criar nossa própria estrada. É possível aprender a ser bom consigo, mesmo estando programado para ser duro. Pronto? Vamos dar uma olhada.

Parte I

O que é o perfeccionismo

1
Como nos vemos

Como você decidiu ler este livro, aposto que se identifica com alguma parte dos altos padrões, da intensidade, da ética de trabalho e do compromisso de fazer as coisas bem-feitas de Walt Disney ou Fred Rogers. Para quem vê de fora, nossa vida é um lindo retrato de funcionalidade, produtividade ou de que temos a solução para tudo. As descrições são lisonjeiras: alguém que supera expectativas, está no controle, é realizado e bem-sucedido.

Mas aposto que você também se identifica com a bagunça que ficou fora do enquadramento desse lindo retrato. Eu estou com você nessa. Somos nossos piores críticos. Corresponder a nossas próprias expectativas pode ser prazeroso por um tempo; mas, como em um arroto, a sensação é muito rápida. Temos um chicote interno que nos impulsiona incansavelmente, mas também ficamos presos nas próprias versões do tamanho do dedo do Zangado ou de ansiosos fluxos de consciência quando deveríamos estar escrevendo um roteiro. Nós podemos sentir que estamos ficando para trás, que somos inadequados, excluídos ou diferentes. Por mais que nosso inspetor de qualidade interno possa garantir que façamos as coisas de forma correta, temos medo de decepcionar, de ser julgados ou criticados. Recebemos alguns rótulos dúbios: certinhos, intensos, tarefeiros, motivados, workaholics, maníacos por limpeza. Com muita frequência, nos sentimos como Walt Disney: mais solitários e isolados do que gostaríamos, com uma sensação de desconexão que objetivos e tarefas parecem nunca dissipar. Ansiamos pelo paraíso de Fred Rogers: compaixão, propósito, comunidade, pertencimento.

Não me entenda mal. O perfeccionismo nos dá alguns poderes mágicos, como padrões elevados, ética de trabalho impecável, confiabilidade e extrema consideração pelos outros.[1] Mas, quando sai do controle, ele pode nos sujeitar a uma poderosa contracorrente de "Eu deveria fazer mais e melhor, ser mais e melhor". Pode parecer que estamos arrasando, mas nos sentimos como se estivéssemos fracassando. Para os que sofrem com o problema, *perfeccionismo* é um termo incorreto: não se trata de tentar ser perfeito, mas de nunca se sentir bom o bastante.

Curiosamente, no âmago do perfeccionismo há algo de fato mágico: a meticulosidade. Esse é o menos sexy dos superpoderes. O detalhismo! Nota máxima no experimento do marshmallow! Padrões máximos na primeira tentativa! Mas é a característica mais potente para uma vida boa. A Dra. Angela Duckworth, autora do livro *Garra: O poder da paixão e da perseverança*, e três colegas examinaram quase 10 mil norte-americanos adultos e identificaram a conscienciosidade como previsor mais consistente do sucesso tanto objetivo quanto subjetivo — já que desempenha papel em tudo, da renda à felicidade e à satisfação com a vida.[2]

Essa característica é profundamente enraízada; a palavra remonta à década de 1600 e está ligada à *consciência*, nosso juízo interno de certo e errado.[3] Significa importar-se a fundo com fazer as coisas direito, com realizar um bom trabalho, com ser uma boa pessoa. Nós nos importamos muito com aqueles que estão à nossa volta. Mas, em certo momento, a conscienciosidade pode se transformar em um perfeccionismo pouco útil.[4]

Os pioneiros colegas da Universidade de Oxford Dra. Roz Shafran, Dra. Zafra Cooper e Dr. Christopher Fairburn* defendem que níveis

---

* Veremos a opinião de muitos pesquisadores respeitados neste livro, representando várias escolas de pensamento. Ironicamente, há diferentes visões sobre o perfeccionismo — se pode ou não ser útil, quantos fatores essenciais existem —, e a literatura está cheia de debates animados e refutações polidas, mas cáusticas. Em vez de fincar minha bandeira em um campo de pesquisa, como clínica e pragmática, apresentarei várias visões, enfatizando aquelas com as quais clientes e colegas clínicos se identificaram a fim de reduzir o sofrimento e melhorar vidas.

clínicos de perfeccionismo inútil surgem quando ficamos insistindo apesar das consequências adversas, continuamos martelando muito depois de termos acertado o dedo. Dois elementos estão no centro do perfeccionismo clínico, e ambos me fizeram arquear as sobrancelhas em sinal de identificação.[5]

O primeiro é *um relacionamento hipercrítico consigo mesmo*. Somos nossos maiores críticos. Focamos o que está dando errado, em vez do que está dando certo; o que está faltando, em vez do que é bom. Quando não alcançamos nossas altas expectativas em relação a nós mesmos, somos muito duros; mas, quando as atingimos, decidimos que elas não eram exigentes o bastante, para começo de conversa.

O segundo é *a identificação excessiva com padrões pessoalmente exigentes*, o que Shafran e os colegas chamam de *superavaliação*. Nossa própria avaliação depende de nosso desempenho. Em outras palavras, confundimos atingir (ou não) todas as nossas expectativas em relação a nós mesmos com nosso senso de Self. Se definimos "fracasso" como não atingir nossos padrões, um erro ou um defeito significam que fracassamos, mesmo que nossos padrões não sejam realistas. Exemplos clássicos incluem estudantes que se definem por suas notas, pessoas cuja autoestima depende de peso ou aparência física, usuários de redes sociais que confundem seu valor com o número de seguidores, atletas que se autoavaliam com base em seu desempenho mais recente ou qualquer um lidando com fobia social que sinta que toda interação é um referendo sobre o próprio caráter. Podemos superavaliar quase tudo: quão saudável foi nossa alimentação, quão bem lidamos com a coisa estranha que Fulano disse no trabalho, a organização de nossa casa ou quanto produzimos hoje.

Não somos perfeccionistas em relação a tudo o tempo todo; só em relação ao que nos parece importante, porque atender (ou não) a esses padrões elevados diz algo a nosso respeito. Posso ser perfeccionista sobre meu trabalho e meu comportamento social, mas não em relação ao estado de meu escritório em casa (pilhas são um método de organização, não são?).

* * *

Lembra quando eu disse que aqueles familiarizados com o perfeccionismo estão todos num mesmo grande barco? Na verdade, são três barcos.[6] O *perfeccionismo auto-orientado* é quando nos cobramos demais. É a versão clássica do perfeccionismo, aquilo em que pensamos quando dizemos a palavra. Como a única pessoa que podemos mudar somos nós mesmos, permaneceremos nesse barco pela maior parte do livro.

Mas segundo os pesquisadores Gordon Flett e Paul Hewitt, existem mais dois barcos, que serão apresentados no Capítulo 5. O *perfeccionismo orientado para o outro* é quando cobramos demais das pessoas que nos cercam — temos expectativas excedidas em relação a nossos parceiros, filhos ou funcionários e os julgamos e/ou criticamos quando elas não são atendidas.

O terceiro barco é o *perfeccionismo socialmente prescrito*, que é a sensação de que os outros têm expectativas altas em relação a nós e vão nos julgar com severidade se não nos mostrarmos à altura. Se o perfeccionismo tipo auto-orientado vem de dentro, esse vem de toda parte, da sopa cultural em que vivemos: capitalismo, opressão em todas as suas formas, consumismo.[7] Trata-se da estirpe mais tóxica de perfeccionismo. Também é aquela que cresce — sem exagero — exponencialmente.[8] Os três tipos estão em ascensão; mas, no estudo do Dr. Thomas Curran e do Dr. Andrew Hill, a trajetória do perfeccionismo socialmente prescrito se parece menos com um aclive suave e mais com o lançamento de um foguete.

Nossas bolas de cristal mostram que a tendência deve continuar: em uma metanálise de dez estudos, Flett e Hewitt descobriram que uma em cada três crianças e adolescentes de hoje lida com alguma forma "claramente mal-adaptada" de perfeccionismo, na qual oprime a si mesma ao tentar atingir os próprios padrões, como uma bituca de cigarro esmagada sob um sapato.[9]

E depois? Essas crianças crescem. O Dr. Martin Smith, da University of British Columbia, e seus colegas publicaram uma metanálise de 25 anos de pesquisas sobre personalidades perfeccionistas.[10] A maior descoberta? Embora muitas pessoas melhorem os sintomas com a idade, sendo menos críticas e se importando menos com o que os outros pensam, algo diferente acontece com o perfeccionista: o indivíduo entra em parafuso.[11] Conforme vez após outra não atendemos a nossas expectativas inalcançáveis, sentimo-nos fracassados. Seguimos o caminho de Walt Disney, e não o de Fred Rogers.

Ou então chegamos à exaustão. Nas palavras de Smith e seus colegas, "em um mundo desafiador, confuso e imperfeito, os perfeccionistas podem se exaurir conforme envelhecem, tornando-se mais instáveis e menos diligentes".[12] A vida não fica mais fácil para eles.

Uma das maneiras pelas quais esse padrão dificulta a vida é sua contribuição para os transtornos. O perfeccionismo em si não é um diagnóstico, mas uma metanálise de 284 estudos reiterou a ligação entre perfeccionismo e depressão, transtornos alimentares, fobia social, TOC e ferimentos autoinfligidos não suicidas.[13] Ele influencia até mesmo problemas que, superficialmente, não parecem relacionados, como disfunções sexuais, variações de humor no transtorno bipolar, ataques de pânico e enxaquecas.[14]

Uma esclarecedora metanálise de 45 estudos diferentes foi ainda mais longe, associando o perfeccionismo ao suicídio.[15] O Estudo de Acompanhamento de Suicídios no Alasca analisou os casos ocorridos no estado entre 2003 e 2006. Com bastante tato, os pesquisadores entrevistaram pais enlutados que haviam perdido filhos adolescentes e jovens adultos. Sem exercer qualquer influência, 62% dos pais descreveram os filhos como perfeccionistas. O dado mais alarmante? O suicídio entre perfeccionistas é súbito. Muitos disseram não ter nem ideia de que os filhos estivessem sofrendo. Os jovens promissores escondiam sua angústia de todos. Mas, internamente, sentiam tanta agonia que chegaram a ponto de acreditar que o mundo seria um lugar melhor sem eles. Tecnicamente, o perfeccionismo não é uma doença, mas pode ser fatal.

Durante vinte anos trabalhando com clientes e sujeitos de pesquisa, testemunhei os efeitos dessa onda crescente de perfeccionismo. Eu os vejo em meu cliente Gus, que me procurou para otimizar seu desempenho no trabalho. Alto e de bigode, esse designer de produtos de uma fabricante de utensílios de cozinha ou dava tudo de si ou então ficava empacado. Ele gostava de dizer que tinha "duas marchas: parado ou correndo". Sua abordagem era tudo ou nada; mas, como eram necessários muito tempo e energia para atingir seus padrões de "tudo", ele frequentemente se sentia preso no "nada". Trabalhava por horas a fio, mas contou, constrangido, que muitas delas eram fruto da procrastinação. Quando conseguia ser produtivo, focava tarefas inconsequentes que já dominara, em vez de novos e importantes projetos nos quais tinha que tomar decisões ou improvisar. Ele recebeu duas promoções, e confessou: "Sempre imagino que minha chefe vai me chamar e falar que viu um erro no meu trabalho e então me mandar embora porque não estou à altura."

A mentalidade tudo ou nada de Gus se estende a outras partes de sua vida. Ele é corredor de longas distâncias, e eu fiquei muito surpresa quando ele descreveu sua última corrida: "Usei um monitor cardíaco, acompanhei a métrica no celular e depois enviei tudo para dois aplicativos quando cheguei em casa, um deles para meu treinador." Ele amava correr, mas, nos últimos tempos, o treinamento estava fazendo com que tudo parecesse uma obrigação. Vamos nos aprofundar mais na história de Gus no Capítulo 7, quando falaremos sobre o que focar para além do desempenho.

Também vejo os efeitos do perfeccionismo em Francesca, uma mãe de quarenta e poucos anos que me procurou porque estava se sentindo deprimida, desleixada e desmotivada. Ela com certeza sofre de depressão, mas por causa dos padrões pouco realistas que estabelecera para si. Ela queria que sua casa parecesse com a das revistas de decoração, mesmo tendo dois filhos pequenos vivendo nela; queria estar sempre com o corpo em forma; queria fazer todos ao redor felizes e que tudo parecesse fácil. Não era de surpreender que no fim do dia ela acabasse sentada no sofá devorando um pacote de M&M's enquanto assistia à televisão. O que ela via como desleixo era, na verdade, a sensação de estar completamente sobrecarregada.

"Mas outras pessoas conseguem, então por que eu não consigo?", ela se perguntava quando eu questionava suas expectativas. E se comparava: "Tenho amigas que trabalham o dia inteiro, preparam o jantar, treinam o time de futebol dos filhos e têm casas lindas. Eu também deveria ser capaz de fazer isso."

Às vezes, quando enunciava suas expectativas em voz alta, se dava conta de quanto eram insensatas: "Tenho essa ideia de que preciso ter o corpo que tinha aos 20 anos. Sei que parece loucura, mas por dentro sinto que, se já fiz isso antes, então era para eu conseguir fazer de novo."

No último outono, Francesca organizou o bazar anual da escola dos filhos com uma das mães de alunos. A outra mãe era ótima com cartazes e faixas, planejamento de atividades e decoração — todas as coisas artísticas que Francesca amava fazer e nas quais se orgulhava de ser boa. "Todas as vezes que eu pensava em algo que precisava ser feito, ela já tinha feito, e tudo ficava lindo. Nunca me senti tão inútil", contou ela, enxugando as lágrimas.

Vamos conhecer Francesca melhor no Capítulo 8, quando falarmos sobre reescrever nosso livro interno de regras.

Também vejo os efeitos em Carter, um estudante universitário muito esforçado que me procurou com depressão leve, mas logo revelou a questão subjacente: "Sinto que estou sempre decepcionando as pessoas." Carter era de uma pequena cidade de Massachusetts na qual, ao longo das décadas, as fábricas de tecido haviam dado lugar a grandes redes de lojas e batidas policiais em busca de opioides. Era o gênio, o menino de ouro, o figurão, levando para casa só notas dez da escola pública sem verbas. A cidade inteira comemorou quando ele entrou para a universidade dos sonhos, mas Carter percebeu, depois de se mudar para o dormitório, que ali a disputa era muito maior, pois ele estava rodeado por gênios confiantes e realizados.

Ele se esforçou muito para não decepcionar ninguém: pais, amigos, namorada, professores, a cidade toda. Mas a expectativa de que se destacasse no campus fazia com que tivesse vontade de enterrar a cabeça na areia. Carter sentia que devia ser capaz de dar conta de tudo, independentemente do dia durar 24 horas e do fato de ele não ser uma máquina. Achava que todo mundo esperava que ele fosse excepcional, carismático e bem-sucedido, mas se sentia cronicamente sobrecarregado, inibido e uma farsa. A discrepância o tornou distante e pouco confiável, o que o deixou justamente na posição que queria evitar: prestes a decepcionar todo mundo. Saberemos mais sobre Carter no Capítulo 14, quando formos falar sobre sentir nossas emoções autênticas.

Por fim, eu os vejo em Jamila. No último ano da faculdade, ela me procurou porque se sentia perdida, sem saber o que fazer depois que se formasse. "Sou boa em assistir a aulas e fazer provas, mas, fora isso, não faço ideia." Jamila passara a vida toda fazendo "a coisa certa", tudo o que era necessário para chegar à etapa seguinte, mas, bem quando podia seguir o caminho que quisesse, não sabia do que gostava. "É como se eu estivesse tentando seguir a ideia genérica de 'coisa certa' de alguma outra pessoa."

Em certa sessão, seus olhos se encheram de lágrimas quando descreveu a cena de *Alguém especial*, de 2019, na qual a personagem de Gina Rodriguez, usando camiseta e calcinha, guarda as compras com a melhor amiga enquanto as duas cantam Lizzo e dançam na cozinha, embriagadas. "Não tenho nenhuma amiga assim. E, se tivesse, não conseguiria relaxar dessa maneira com ela." Deu um suspiro. Ela tinha um círculo de amigos, mas se sentia periférica, como na música de *Dear Evan Hansen*: "Sempre do lado de fora, olhando." Queria se aproximar, se aprofundar, mas não sabia o que fazer. Conheceremos a história de Jamila no Capítulo 15, no qual abordaremos a construção de relacionamentos mais próximos.

E, caro leitor, vejo o perfeccionismo em mim mesma. Os autores têm um ditado: "Escreva o livro do qual você precisa." Se *Como ser você mesmo* era o livro de que eu precisava vinte anos atrás, o livro que você tem em mãos é aquele de que preciso *hoje*.

Meu empenho sempre me fez colher frutos. Tenho padrões elevados, e isso fez com que eu tirasse boas notas e alcançasse realizações acadêmicas. Mais de uma pessoa já me disse: "Nossa, Ellen, quando você tem um objetivo, você simplesmente vai atrás até conseguir." Sou muito detalhista — na minha família, sou quem sabe onde está a tesoura e repara quando o papel higiênico está acabando, duas informações que podem parecer pequenas, mas que fazem muita diferença em momentos de necessidade. Sou prudente; convenci meus filhos de que consigo prever o futuro. Quando eles estão jogando balão de água na sala ou fazendo a maior bagunça enquanto brincam, eu prevejo o resultado e tomo as ações necessárias para evitá-lo.

Mas meu perfeccionismo se mostrou problemático em outras áreas, sem dúvida. Durante anos, minha abordagem ao trabalho foi me atolar de afazeres, inevitavelmente não conseguir dar conta, e então me estressar, ficar me perguntando o que havia de errado comigo e me censurando quando procrastinava por me sentir tão sobrecarregada. Eu sentia que não fazia nada direito, mas continuava acumulando mais responsabilidades. Certo dia, como que por um milagre, consegui realizar todas as tarefas da minha lista de pendências, mas isso me tomou dezesseis horas, depois das quais fui me deitar com dor de cabeça e dor de barriga e precisei de três dias para me levantar de novo.

Durante anos, perdi muitos momentos não planejados que costumam levar a conversas aleatórias — as ocasiões espontâneas tão vitais na construção de relacionamentos. Me lembro de estar almoçando na frente do computador quando uma graduanda da Bélgica bateu à minha porta. Ela ficou chocada. "Você não para?", perguntou. Eu parava quando tinha um compromisso — almoçar com uma amiga ou dar conselhos de trabalho a um aluno —, mas nunca me ocorrera parar na hora do almoço e simplesmente relaxar. Estava sempre lotada de coisas para fazer.

Aquilo de que menos me orgulho é um exemplo clássico de perfeccionismo problemático. Eu tinha dificuldade de aproveitar as minhas realizações profissionais porque sempre achava que eu podia ter feito algo melhor. Não gosto de receber críticas e posso acabar na defensiva e ranzinza. Até alguns anos atrás, delegar era uma tarefa impossível — ninguém conseguia saber exatamente o que eu estava pensando ou fazer o trabalho da maneira que eu havia imaginado, então eu trabalhava sozinha. Tenho uma lista de amigos de todas as fases da minha vida para os quais mando cartão de fim de ano, mas, por anos demais, olhava para a lista e percebia que com muitos dali eu não falava havia mais de um ano.

Eu ficava sempre com a sensação de que devia haver um jeito melhor, mas eu não tinha ideia de por onde começar. Em vez disso, redobrei os esforços: trabalhei mais, planejei mais, fui mais eficiente. Além disso, parte de mim resistia à mudança. Afinal, o que há de tão ruim em ter uma agenda organizada, saber que sou confiável e nunca ficar sem papel higiênico? Eu me sentia competente e no controle, uma sensação muito atraente, mesmo que custosa.

Mas no fundo eu sabia que meu comportamento não era sustentável. O custo estava ficando maior e mais tangível. Tive problemas gastrointestinais. Acordei um dia e não conseguia virar a cabeça para a direita, de tão tensos que os músculos do meu pescoço estavam. Tive uma lesão por digitar demais. Não me sentia tão próxima de meus amigos. Tudo parecia uma obrigação. Eu estava exausta.

O que Gus, Francesca, Carter, Jamila e eu (e você) temos em comum? Somos seres humanos, animais sociais — fomos feitos para pertencer a um grupo, uma comunidade, uma tribo. Após quase vinte anos trabalhando com clientes e sujeitos de pesquisa, eis algo que sei com certeza: cada pessoa tem uma razão diferente para se unir, mas todas se resumem a necessidades muito humanas: sentir-se seguro, aceito e conectado.[16]

Nossas necessidades podem ser ancestrais e universais, mas elas são difíceis de atender no contexto social contemporâneo. Por exemplo, as manchetes avisam que estamos no meio de uma epidemia de solidão — mais da metade dos norte-americanos se considera solitária.[17] A participação está caindo nas instituições que outrora refletiam um tecido social mais coeso: organizações comunitárias, vizinhança, vida religiosa.[18] As redes sociais destroem a alma daqueles que ousam comparar sua vida comum à dos míticos influenciadores armados de filtros e iluminação difusa.[19] E então veio a pandemia, que nos isolou uns dos outros a ponto de silenciar sismicamente o planeta.[20] Não é de se admirar que pareça que estamos nadando contra a correnteza quando se trata de estabelecer conexões.

Curiosamente, o perfeccionismo pode nos comprar uma cópia genérica da conexão. Ele nos estimula a agir, pensar, sentir e nos comportar tão bem quanto possível e, por consequência, conquista-nos aprovação, realização e admiração (ou ao menos dá a impressão de nos proteger da rejeição e da crítica). Isso parece muito próximo de segurança, aceitação e conexão. Mas, com o tempo, aprovação, realização e admiração passam a parecer o equivalente emocional do fast-food — muito atraente, mas sem nutrição e satisfação verdadeiras.

Ainda pior, o perfeccionismo nos prejudica. Nos sentimos distantes *justamente porque* nos esforçamos tanto para conseguir aceitação. Mas estamos batendo à porta errada. Queremos sentir que somos parte de algo, mas o perfeccionismo nos conduz na direção de objetivos. Queremos ser aceitos, mas o perfeccionismo nos diz que temos de conquistar nossa posição na tribo sendo bons naquilo que fazemos. Parte de nos sentirmos seguros significa evitar a crítica alheia, mas o perfeccionismo nos sujeita a um fluxo constante de autocrítica. De modo geral, ele é um canto de sereia que nos diz que encontraremos conexão social se priorizarmos o desempenho em detrimento da comunhão, se colocarmos os objetivos na frente das pessoas.[21] À primeira vista, parece um problema individual; mas, na verdade, trata-se de um problema social.

Todos os meus clientes que sofrem sob o peso do perfeccionismo são ótimas pessoas que trabalham duro, importam-se profundamente e fazem a coisa certa em relação aos outros. Mas não conseguem ver que são capazes e encantadores. O perfeccionismo — a régua que usam para medir seu sucesso — perfura repetidamente seu senso de Self como um ouriço.

Assim, este livro visa desnudar as falsas promessas do perfeccionismo e oferecer opções. Ele começa do ponto em que *Como ser você mesmo* parou, porque o âmago da fobia social é o perfeccionismo. Se investigar a fundo a fobia social, você descobrirá que ela se baseia na mesma percepção errônea: a sensação de inadequação, de nunca ser bom o bastante, que nos separa dos outros.[22]

Às vezes, desconstruir essa característica pode parecer frustrante, desnecessário e incontrolável. Nossas usuais estratégias perfeccionistas de seguir em frente, obedecer ao livro interno de regras e riscar itens concluídos da lista de tarefas falham subitamente. De forma similar, é o problema que parecemos menos capazes de solucionar. Mas um estudo revelador da Universidade Trinity Western, na Colúmbia Britânica, acompanhou diversos participantes de 65 anos ou mais por vários anos e descobriu que aqueles com altos índices de perfeccionismo tiveram *maior* probabilidade de morrer durante o período do estudo, ao passo que os com altos índices de eficiência tiveram *menor* probabilidade.[23] Estranhamente, essa é uma descoberta que nos enche de esperança. Significa que estamos mais perto do que pensamos. Nossa arquitetura de eficiência já está pronta e é altamente funcional. Quando removemos o perfeccionismo para revelar o cerne da eficiência, nossa vida não só fica melhor, mais feliz e satisfatória, como também passa a ser mais longeva.

Por consequência, nas páginas que se seguem, manteremos o que dá certo e repensaremos o que não dá. Por sorte, muita coisa dá certo; não precisamos reformatar nada em nós mesmos. Vamos aproveitar nossos incríveis traços de personalidade: eficiência, determinação, comprometimento com a excelência. Vamos manter nossa ética de trabalho forte e nossa atenção aos detalhes. Além de usar os poderes que já temos, ganharemos alguns novos: descansar sem culpa, divertir-nos sem compromisso, ter flexibilidade sem ansiedade, ser bem-sucedidos (e fracassar) sem superavaliação, perdoar os erros (nossos e dos outros) e ter uma visão mais gentil de nós mesmos. Nos concederemos certa dose de amabilidade, silenciando nosso juiz interior; perdão, em vez do chicote. Vamos levar esta empreitada chamada vida e a nós mesmos tanto muito a sério quanto com bem menos rigor. Definitivamente, cometeremos erros ao longo do caminho; mas, num paradoxo, aceitar isso de forma equilibrada nos permitirá seguir adiante.

A maioria das pessoas lê livros de psicologia porque quer tomar jeito, se organizar. Mas você não é a maioria. Na verdade, você pode ser um pouquinho organizado *demais*. Os perfeccionistas têm um autocontrole que ficou meio fora de controle. Acredite, eu também. Estou na mesma jornada que você. Este não é um livro de autoaperfeiçoamento que aponta o dedo na sua cara e diz o que você está fazendo de errado

— você já faz isso consigo mesmo. Em vez de bronca, considere o livro uma permissão. Permissão para descobrir como seria sua vida se você pudesse respirar. Se parasse de se esforçar tanto. Quando foca aquilo que torna sua vida significativa, em vez de em seu desempenho, *você ainda é perfeccionista, mas isso trabalha a seu favor, não contra você*. O nome oficial para isso é *perfeccionismo adaptativo*; na verdade, nada mais é do que um perfeccionismo que traz mais benefícios do que malefícios.[24]

No meu caso, diminuir a intensidade é diferente de tudo que já fiz. Quando comecei a escrever este livro, empreguei perfeccionismo típico: li muitos autores e uma pilha de artigos tão alta que podia ser medida em metros. Jurei trabalhar noite e dia para colocar o que aprendesse em prática. Em outras palavras, abordei minhas tendências perfeccionistas como um problema a ser superado, como todos os outros (e, sim, vejo a ironia de me esforçar ainda mais para não me esforçar tanto). Antes, se quisesse mudar algo em minha vida — começar um podcast, entrar em forma, passar da pesquisa para a escrita —, eu o faria sistematicamente: estabelecer um objetivo, começar a trabalhar e riscar itens concluídos da lista de tarefas.

Mas, dessa vez, não havia itens para riscar. Na verdade, ficar riscando esses itens era o problema. Em vez de insistir, eu precisava deixar para lá. Em vez de trabalhar para alcançar um objetivo, precisava focar coisas que desafiavam a estrutura de objetivos, como valores, apreciação e comunidade. Em vez de tentar fazer tudo sozinha, precisava me mostrar vulnerável. Em vez de seguir minhas regras, tinha que ser mais flexível. Tinha que mostrar meu processo ao mundo, cheio de contratempos e imprevistos, e não só a resposta correta, realçada, ao fim do processo.

Meu diligente esforço interno se mostrou útil para algumas mudanças. Priorizei o sono e o exercício, então já não funciono à base de café e nicotina. Me lembro de contar aos amigos tanto meus fracassos quanto meus sucessos. E, sim, ainda tenho uma lista de tarefas, mas ela não está mais numa ordem cronológica inalterável e consigo olhar para o que já fiz em vez de focar o que deixei por fazer.

Também abandonei o esforço incessante que não estava funcionando. Tentei deixar para trás as previsões sombrias. Quando meus filhos exageram em tempo de tela ou no açúcar, já não temo que seu desenvolvimento seja prejudicado e lembro que são crianças. Ainda fico sobrecarregada às vezes, mas sou muito mais magnânima comigo mesma quando me flagro ouvindo *My Favorite Murder* em vez de trabalhar. Confio aos colegas tarefas delegadas e colaborativas e me pergunto por que não fiz isso anos atrás. Estou aprendendo a escutar críticas e buscar algo com que possa concordar, em vez de somente me defender com os pelos eriçados. Procurei um "terapeuta de terapeutas" e finalmente permiti que alguém tomasse conta de mim, em vez de tomar conta de todos.

Em resumo, estou aprendendo a descansar. A pedir ajuda. A ser mais real que impressionante. A fazer as coisas por prazer, e não em busca de aperfeiçoamento. A me livrar da culpa. A rir de mim mesma. A revelar mais da bagunça. Em vez de puxar com mais força em meu cabo de guerra pessoal, estou aprendendo a soltar a corda.

Como alguém que valoriza a privacidade, acho inacreditável ganhar a vida escrevendo sobre minhas inseguranças. Às vezes, quando penso nisso, sinto um aperto no peito. Tenho a sensação de que meus problemas são inapropriados e afastarão as pessoas. Mas então, quando olho ao redor e vejo o que realmente aconteceu, percebo que compartilhar minhas fraquezas com amigos e leitores fez com que me conectasse mais e fosse mais aceita pelas muitas, *muitas* pessoas que se sentem exatamente da mesma maneira — conexões que eu teria perdido se tivesse continuado a esconder o que achava ser errado.

Algumas observações sobre como usar este livro. Os perfeccionistas tendem a recorrer a reformas radicais e revisões totais, mas você não precisa de um programa de autoaperfeiçoamento. Você já tem muitos traços excelentes — em termos de estilo de personalidade, a eficiência é o melhor —, você já trabalha duro e se importa muito. Em termos de mudança, estamos falando de pequenos ajustes. Ser 5% menos duro ou 10% mais gentil consigo provavelmente será o ideal. Aliás, quando terminar este livro, você pode não *fazer* nada abertamente diferente; pode apenas abordar as coisas com uma nova mentalidade de disposição e flexibilidade.

Em seguida, talvez você se sinta ambivalente sobre relaxar. Tenho muitos clientes que creditam tudo o que conquistaram ao perfeccionismo. Eu entendo. A sociedade nos recompensa por darmos o nosso máximo. Isso também me levou longe. Mesmo quando estava sem dormir, desconectada e com a sensação de estar fazendo tudo pela metade, eu sem dúvida fazia muita coisa. Saiba que é normal se sentir ambivalente. Mas vá em frente e tente algumas das mudanças de mentalidade e dos experimentos deste livro. Prometo que você não vai virar um maconheiro com calça de pijama toda suja de farelo de Doritos. Se fizer um teste e não gostar, você pode voltar ao que era antes — sem problemas.

Por fim, tome cuidado para não abordar este livro querendo 110%. Você pode dizer a si mesmo que precisa criar um programa ("ler um capítulo por dia", "tentar tudo em cada capítulo antes de passar para o seguinte"). Se isso ajudar, fique à vontade. Mas note as pressões e contingências que isso cria e cuide para que elas não tornem *menos* provável que você termine. O mito de "quanto mais esforço, melhor o resultado" atrapalha aqui. Em vez disso, priorize aquilo que chama a sua atenção em vez de ler tudo do começo ao fim. Veja os capítulos como um cardápio e leia o que gostar. Você pode até mesmo manter o livro no banheiro e ler enquanto estiver sentado no trono — prometo que não ficarei ofendida.

Hoje, eu seria negligente se dissesse que já entendi tudo. Não sou uma perfeita imperfeccionista (um conceito que faz minha cabeça doer, de todo modo). A palavra *perfeição* vem do grego *teleiōsis*. A raiz, *telos*, pode ser traduzida como "fim" ou "objetivo". Mas as traduções modernas começaram a interpretá-la como "propósito" ou "maturidade".[25] Em vez de implicar uma obra-prima finalizada e sem falhas, a palavra conota sabedoria e intenção — processo, não resultado. Definitivamente ainda estou aprendendo; mas, após tentar viver as mudanças sobre as quais escrevo aqui, gosto de pensar que estou no caminho certo. No fim das contas, o desejo mais profundo do perfeccionista é se sentir seguro, aceito e conectado incondicionalmente, sem depender de seu desempenho. Você trabalha muito duro há muito tempo. Não abandonaremos o trabalho pesado e os altos padrões que tornam você quem é, mas abriremos espaço para o descanso, a alegria, a comunhão e a conexão. Está na hora de se acolher de volta na sua vida e em você mesmo. Está na hora de respirar fundo, olhar ao redor e saber na alma: *Eu valho a pena, exatamente como sou. Eu sou suficiente.*

2
As muitas saladas do perfeccionismo

Assim como uma salada pode ser qualquer coisa, panzanella, caesar ou de maionese, o perfeccionismo também tem manifestações infinitamente diferentes. Junte cem pessoas perfeccionistas, e eu lhe mostrarei cem maneiras diferentes de perfeccionismo. Por exemplo, ao passo que alguns são extremamente detalhistas — vemos os erros tipográficos, as gafes de etiqueta e os quadros tortos que todo mundo ignora —, não é assim para todos. Outros tentam fazer tudo sozinhos — somos péssimos em pedir ajuda, aceitar favores ou delegar. Outros, ainda, fazem de tudo para fingir que está tudo bem, como queriam se sentir na realidade. As combinações são infinitas, e os fenótipos resultantes podem ser tão diferentes quanto salada niçoise e tabule.

Alerta máximo: não há um julgamento moral sobre qualquer um dos traços e hábitos do perfeccionismo. Quase todas as tendências que discutiremos neste livro são maneiras úteis e recompensadoras de operar no mundo. É só quando nossos hábitos se tornam rígidos e nossas expectativas ficam irreais que eles começam a trabalhar contra nós. Vamos repetir: nenhuma de nossas tendências é inerentemente ruim. Na verdade, a maioria é bastante boa. Tudo se resume ao que *fazemos* com elas.

Mas eu divaguei — voltemos às saladas. Mais uma vez, há infinitas variedades de saladas e de pessoas perfeccionistas. Mas, assim como uma salada retém algumas características básicas — um conjunto de ingredientes unidos por um molho comum —, o perfeccionismo é agrupado em tendências partilhadas. Um fluxograma vale mil palavras. Ele se baseia na pesquisa da Dra. Roz Shafran, da Dra. Zafra Cooper e do Dr. Christopher Fairburn quando eram colegas na Universidade de Oxford.[1] Trata-se de um *assado de três pássaros* psicológico das duas tendências centrais de superavaliação e autocrítica enroladas em camadas de padrões pessoalmente exigentes, julgamento do tipo tudo ou nada e evitação. Quando mostro isso aos clientes, quase todos dizem: "Ei, é exatamente isso que faço."*

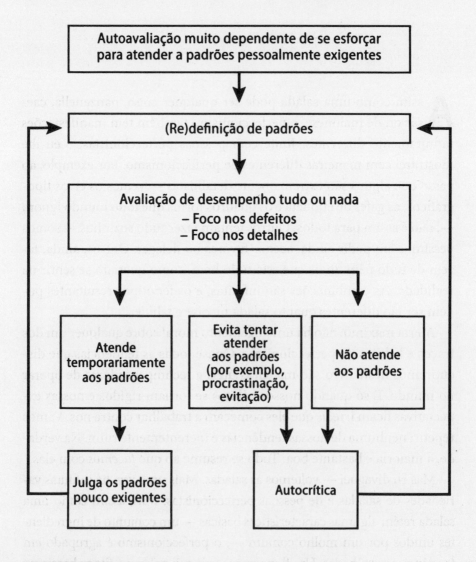

---
* Quase sempre seguido de "Pode me mandar isso por e-mail?".

Mas, espere, há mais. Na literatura, em meu escritório e neste livro, podemos ver sete tendências comuns que acompanham esse ciclo. Embora nem todo perfeccionista se veja em todos os sete domínios, aposto uma cacatua que você se identificará com muitas das declarações a seguir, algumas das quais foram parafraseadas de questionários validados de autoavaliação.[2] Quanto mais vezes seus olhos se arregalarem ao reconhecer a si próprio nos exemplos, mais o perfeccionismo tende a desempenhar papel em sua vida, tanto individual quanto interpessoalmente.

Primeiro há o **relacionamento supercrítico consigo**, que pode incluir ser duro também com os outros. Talvez você se identifique com algumas das seguintes declarações:

- Costumo me criticar demais, sentir-me desproporcionalmente culpado ou entrar em pânico quando cometo um erro ou faço besteira.
- Eu costumo exagerar nas minhas reações, mais do que a maioria das pessoas — problemas, erros e conflitos permanecem em minha mente por muito tempo.
- Com frequência, acho que minhas ideias, meu trabalho e meu desempenho não são bons o bastante.
- Quando sou criticado, tendo a me fechar, culpar outros ou ficar na defensiva.
- Já falaram que sou controlador, microgerenciador, exigente ou crítico demais.
- Admito que posso ser crítico, seja silenciosamente ou em voz alta.

Portanto, na Mudança 1, "Da (auto)crítica à gentileza", aprenderemos a pegar leve. Vamos desistir de nos corrigir o tempo todo. Também deixaremos de tentar corrigir os mais próximos (sussurro teatral: não que algum de nós faça *isso*). Desafiaremos os mitos do julgamento e aprenderemos que chegamos tão longe *apesar* de nosso autojulgamento.

* * *

Em seguida, vem a **superavaliação**. Nos identificamos em excesso com nosso desempenho. Nosso valor como pessoa aumenta ou diminui conforme atendemos ou não a todas as altas expectativas que temos em relação a nós mesmos. Superavaliamos porque buscamos aceitação e conexão; mas, contraintuitivamente, todo esse empenho e esforço atrapalham a sensação de proximidade com os outros, além de serem muito estressantes. Talvez você se identifique com essas afirmações:

- Meu desempenho (trabalho, notas, forma física, aparência, casa, diversão etc.) se reflete em meu caráter, minha moral ou quem sou como pessoa.
- Não há diferença palpável entre fazer o meu melhor e fazer as coisas do jeito certo.
- No geral, penso em mim como uma pessoa de valor, mas, quando me saio mal em alguma coisa, às vezes me sinto inútil ou como se houvesse algo errado comigo.
- Se não entendo ou não consigo fazer algo direito já de início, tendo a me culpar.
- Estabeleço expectativas ou prazos impossíveis e então me estresso quando não consigo cumpri-los.
- Mesmo quando faço algo com muito cuidado, frequentemente sinto que não está certo.
- Preciso estar trabalhando em prol de um objetivo para me sentir bem sobre mim mesmo.
- Estou sempre trabalhando para aprimorar algo (saúde, sono, roupas, vida social, renda etc.).

Por consequência, na Mudança 2, apropriadamente intitulada "Retornando à sua vida", passaremos de "sou o que faço" para uma vida significativa. Mudaremos o foco para nossos relacionamentos e talvez até mesmo para alguma diversão ao longo do caminho.

* * *

Terceiro, somos **tarefeiros**. Somos atraídos por deveres e responsabilidades percebidos. Rapidamente os focamos e os abordamos com todo o ímpeto das listas de tarefas, ou então ficamos paralisados pela evitação. Por exemplo, você e sua amiga podem ter a mesma regra pessoal sobre manter a casa perfeitamente limpa, mas você pode manifestar a regra de armários limpos e potes plásticos organizados enquanto ela joga as mãos para o alto, diz "Se não consigo fazer tudo, por que tentar?" e vive em meio à bagunça. Em relação a isso, algumas das seguintes declarações podem parecer familiares:

- Gosto de saber quais são as regras e expectativas, a fim de segui-las.
- Já fui chamado de *teimoso*, *rígido* ou *inflexível*.
- Acho importante fazer as coisas da maneira adequada ou certa.
- Nas tarefas diárias, espero de mim mesmo um desempenho superior ao da maioria das pessoas.
- Quando me sinto pressionado a fazer algo, às vezes resisto ou me rebelo, agindo de modo relutante ou simplesmente não agindo.

Na Mudança 3, "Das regras à flexibilidade", rescreveremos o livro de regras interno, deixaremos de transformar desejos em deveres, reduziremos a responsabilidade excessiva e aprenderemos o motivo de hesitarmos, bem como a nos livrar da paralisia.

* * *

Quarto, **focamos os erros**; trabalhamos duro para evitá-los no futuro e lamentamos intensamente os que cometemos no passado. Considere as seguintes declarações:

- Costumo me preocupar com algo que disse ou fiz.
- Quando cometo um erro, tendo a me fechar, culpar os outros ou ficar na defensiva.
- Pergunto quão bem estou me saindo ou se estou fazendo as coisas direito (busca de validação).

- Os erros tendem a parecer falhas pessoais; eles indicam algo negativo sobre meu caráter.
- Tendo a me desculpar em excesso ou jamais me desculpar.
- Levo as coisas mais a sério que a maioria das pessoas; erros, problemas ou conflitos ficam em minha mente por muito tempo.
- Posso ficar paralisado quando preciso tomar uma decisão (seja pequena, como comprar um presente, ou grande, como aceitar uma oferta de emprego).

Assim, na Mudança 4, "Erros: de se apegar a eles a deixá-los ir", aprenderemos a perdoar nossos erros passados e a aceitar que erros e conflitos não devem ser levados para o lado pessoal.

* * *

Quinto, **procrastinamos**. Este é bastante direto:

- Adio tarefas que fazem com que me sinta ansioso, incapaz ou sobrecarregado.
- Se não sei fazer algo, por onde começar ou se terei sucesso, fico paralisado.
- Costumo trabalhar em coisas inconsequentes quando deveria estar focado em objetivos ou tarefas mais importantes.
- Meus problemas com a procrastinação são regulares.

Na Mudança 5, "Da procrastinação à produtividade", aprenderemos que a procrastinação não está relacionada à gestão do tempo, mas à gestão emocional e à conexão com nosso eu futuro.

* * *

Sexto, tendemos a nos **comparar**. Este também é direto:

- Após manter interações pessoais ou usar as redes sociais, com frequência não me sinto bom o bastante.

- Uso as realizações e os fracassos alheios para determinar se estou me saindo bem o suficiente.
- Comparar-me às pessoas que conheço faz com que me sinta isolado ou sozinho.

A comparação é inevitável, mas, na Mudança 6, "Da comparação ao contentamento", deixaremos de nos sentir irremediavelmente inadequados ou problematicamente superiores após comparações.

* * *

Finalmente, **nosso impulso de fazer as coisas direito se estende às emoções**:

- Quando estou com dificuldades, digo a mim mesmo que não posso me sentir mal porque há pessoas em situação pior.
- Espero fazer as coisas bem e com facilidade — eu não deveria me sentir ansioso ou inseguro nem me importar com o que as pessoas pensam.
- Quando estou irritado ou afetivamente desregulado, tendo a pensar que estou fazendo algo errado ou que há algo errado comigo.
- Abordo o lazer, a socialização e os passatempos como tarefas que precisam ser desempenhadas direito ou experimentadas da maneira certa ("eu deveria relaxar", "eu deveria me sentir feliz e despreocupado", "eu deveria permanecer no momento").

E em **como exibimos nossas emoções para os outros**:

- Digo que estou bem quando não estou.
- É constrangedor perder o controle (chorar na frente de alguém, perder a calma, parecer ansioso).
- Tento me mostrar confiante ou despreocupado, mesmo que, no fundo, esteja surtando ou trabalhando freneticamente.

- Rio, pareço preocupado ou manifesto determinada emoção porque essa é a maneira correta de reagir à situação, não porque realmente me sinto assim.

Como consequência, na Mudança 7, "Do controle à autenticidade", questionaremos a ideia de que existe um sentimento correto para cada situação, também chamada de *perfeccionismo emocional*, e uma maneira invulnerável de agir, chamada de *autoapresentação perfeccionista*. Examinaremos como evocar segurança social e ser autêntico, tanto quando estamos sozinhos quanto na presença de outras pessoas.

Mas, antes de fazermos tudo isso, vamos olhar para trás, para as origens de nossa constelação pessoal de perfeccionismo. Nós a adquirimos com honestidade, então vamos seguir os rastros e ver como tudo começou.

3
O início das coisas

O edifício de blocos de concreto no estilo brutalista que abrigava o Centro de Saúde Emocional contrastava com o campus cheio de vida da Universidade Macquarie, em Sydney. Do lado de fora, as cacatuas se penduravam nos eucaliptos e os coelhos pulavam e se alimentavam da grama.

Do lado de dentro, o centro parecia um laboratório secreto soviético: as câmeras de segurança filmavam do teto e sinais luminosos piscavam "experimento em curso" acima das portas do corredor. Apesar da atmosfera pouco convidativa e do carpete marrom superestiloso, o centro era um lugar seguro e feliz para crianças ansiosas.

Charlotte, de 9 anos, era uma dessas crianças; ela e muitas outras faziam terapia semanal no centro, aprendendo a serem curiosas e corajosas sobre suas preocupações e, de modo geral, tentando relaxar um pouco suas psiquês extremamente tensas.

Mas aquele dia foi um pouco diferente. Era sábado, o edifício estava silencioso por causa do fim de semana e, mais importante, Charlotte participava de um estudo inovador.[1] Ela estava sentada a uma mesinha infantil, copiando diligentemente as formas de um livrinho. Sempre cuidadosa e deliberada, ela ficava alternando o olhar entre o papel e o folheto, conferindo a precisão de seus desenhos — um quadrado dividido na diagonal; um quadrado com um triângulo em cima, como a versão de jardim de infância de uma casa; um pequeno diamante. Ela pegou uma régua e uma borracha, decidindo se deveria usá-las.

Jenny Mitchell, a estudante que organizara o estudo para sua dissertação, estava sentada em silêncio ao lado dela, com o cronômetro na mão.

— Ótimo — disse ela, sorrindo e apertando o botão com o polegar.
— Um minuto. Espere aqui, vou chamar a sua mãe.

Na sala de observação, a mãe de Charlotte, Kylie, observava a filha pelo espelho unidirecional. Ela ficara intrigada quando Jenny explicara o estudo. Por um minuto, Charlotte copiaria formas sozinha. No minuto seguinte, Kylie se juntaria a ela e daria instruções que poderiam evocar tanto perfeccionismo quanto uma sensação mais descontraída.[2] E, no último minuto, Charlotte ficaria sozinha novamente, tendo as instruções da mãe em mente.

Jenny abriu a porta da sala de observação.

— Ok, mãe, agora é a sua vez — disse.

Quando Kylie se levantou para se unir à filha, Jenny repassou todas as instruções.

— Para o segundo minuto, gostaria que você dissesse e fizesse coisas para mostrar à Charlotte que não está preocupada com a precisão dos desenhos nem com a possiblidade de ela errar. Quero que você se sente com uma postura descontraída.

Para demonstrar, Jenny puxou uma cadeira, sentou-se e adotou uma postura descontraída.

— Então faça comentários para mostrar que você não está preocupada de Charlotte cometer erros. Você pode dizer "Se ficar parecido, já está ótimo" ou "Está tudo bem se não copiar as formas certinhas". Você também pode lembrar que nada de ruim vai acontecer se ela cometer um erro. Algo como: "Que diferença faz se você não fizer tudo perfeito?" Por fim, não desenhe por ela, mesmo que ela peça. Apenas a incentive. Você pode dizer: "Tenho certeza de que você consegue."

— Tudo bem — respondeu Kylie, rotacionando os ombros para trás como se estivesse se aquecendo para um exercício. — Consigo fazer isso.

Vamos rebobinar um pouco. Em função de seu trabalho no centro, Jenny, suas professoras Dra. Suzanne Broeren e Dra. Carol Newall e a chefe de pesquisa Dra. Jennifer Hudson sabiam que muitos pais bem-intencionados instruíam os filhos a dar o melhor de si, fazer as coisas direito e evitar erros. Mas isso funcionava? Ou só servia para estressar as crianças? Quais seriam os resultados de uma abordagem mais descontraída? Será que as crianças se mostrariam negligentes? Ficariam preguiçosas? Para descobrir, organizaram o tipo mais valioso, embora mais trabalhoso, de estudo: um experimento aleatório com pais e filhos.

Para ver como esses dois estilos parentais — perfeccionista e não perfeccionista — afetavam a variedade mais ampla possível de crianças, a equipe recrutou não só aquelas na mesma situação de Charlotte, em tratamento para ansiedade, mas também crianças que não eram ansiosas de escolas, equipes esportivas e centros comunitários locais. Isso criou uma grade perfeita — crianças com e sem ansiedade clínica, educadas por pais perfeccionistas e não perfeccionistas — para o estudo.

Charlotte foi aleatoriamente designada para o grupo não perfeccionista, com ambiente descontraído, pouca pressão e incentivo com base nas capacidades da criança. Kylie e as outras mães do grupo não se preocupavam com erros e projetavam confiança na independência dos filhos.

Mas, para a outra metade das mães, Jenny tinha um conjunto muito diferente de instruções para o segundo minuto. Elas deveriam pressionar as crianças. As mães foram instruídas a se mostrar preocupadas com a precisão dos desenhos e indicar que as linhas precisavam ser mais longas, mais curtas ou mais retas. Também foram orientadas a lembrar às crianças o que iria acontecer se elas cometessem um erro, como "Se você não copiar direitinho, não vai ser a melhor". Por fim, teriam que assumir a tarefa, desenhando ou refazendo os desenhos, ou dizer: "Dá uma outra olhada para ver se fez tudo certo."

Após o segundo minuto com pouca ou muita pressão ditada pela mãe, crianças ficavam sozinhas de novo para copiar um novo conjunto de formas durante o terceiro minuto.

Para as crianças na mesma situação de Charlotte, que receberam instruções para relaxar, o terceiro minuto foi produtivo, resultando em um fluxo constante de paralelogramos e padrões muito bem-feitos. Mas, no grupo perfeccionista, Jenny viu as crianças apagarem os desenhos repetidas vezes, amassarem os papéis para recomeçar e trabalharem tão lentamente que ainda estavam no primeiro desenho quando o cronômetro marcou o fim do experimento.

Depois que os números foram computados, quais foram os resultados? A primeira descoberta foi intuitiva: as instruções perfeccionistas fizeram com que comportamentos perfeccionistas fossem desencadeados em *todas* as crianças — com ou sem ansiedade clínica. Elas conferiram, apagaram, refizeram e passaram muito tempo em cada desenho. Mesmo depois de o experimento terminar e as mães as levarem para casa, elas buscaram validação: "Eu fiz direito?" Em contraste, na situação não perfeccionista, esses comportamentos foram relativamente raros — as crianças desenharam suas formas e passaram para as seguintes.

Mas a segunda descoberta foi uma surpresa. O estilo que levou a resultados objetivamente melhores, aumentando a qualidade e a precisão dos desenhos, foi o não perfeccionista. Dar às crianças permissão para cometer erros reduziu o número dos mesmos. Em contraste, toda a preocupação, todo o apagar e refazer após as instruções perfeccionistas nada fizeram para melhorar o desempenho. Em vez disso, a qualidade dos desenhos estagnou, sem melhorar em nada nos três minutos que se passaram.

Quatro tipos de famílias

Em somente três minutos, Mitchell e colegas demonstraram o enorme impacto que as expectativas perfeccionistas podem ter nas crianças no curto prazo. Mas e no longo prazo? Enquanto vivemos sob o teto de nossos pais, absorvemos suas regras, seus padrões e suas expectativas. O que acontece quando três minutos se estendem por dezoito anos? Em sua análise de 2002 do desenvolvimento do perfeccionismo na infância, o Dr. Gordon Flett e o Dr. Paul Hewitt descobriram quatro ambientes familiares distintos que são terreno fértil para uma vida inteira de autocrítica.[3]

Só estou tentando ajudar

O primeiro ambiente familiar é o que Mitchell e colegas testaram no estudo da Universidade Macquarie. O nome oficial é *modelo ansioso de criação*, mas está muito ligado a pais superprotetores, "helicópteros", que insistem: "Só estou tentando ajudar."[4] Famílias desse modelo são cautelosas, exigentes, instrutivas ou "solícitas" em um nível desproporcional ao necessário.

Vamos ver o caso de Isabel. Ela estava convencida de que seu ansioso e excessivo gerenciamento prejudicava a filha pequena, mas não sabia como parar.

"Limpamos a cozinha de brinquedo, e Mia guardou as frutas de madeira, então olhou para mim e perguntou: 'Eu fiz direito?' Ela parecia assustada. Isso acabou comigo", contou ela. "Sei que não deveria refazer o trabalho dela, mas é mais forte que eu. Controlo até mesmo os desenhos", continuou ela, revirando os olhos. "Um dia desses, ela fez um desenho lindo e então estragou tudo colorindo de marrom. Eu sabia que não deveria dizer que ela tinha estragado tudo, mas tenho certeza de que deu para perceber que eu não tinha gostado."

Em famílias do modelo ansioso de criação, o perfeccionismo surge como uma preocupação em corrigir — em fazer as coisas da maneira "certa" ou "apropriada". Erros devem ser evitados, em geral com o objetivo de evitar julgamentos e críticas. Mas, ironicamente, pais que tentam proteger os filhos das críticas acabam criticando-os. As famílias de criação ansiosa promovem um clima de avaliação, anunciando que os resultados são bons, ruins ou horríveis. "Por que ele deixou crescer o bigode?" "Esse suéter tem cara de coisa vagabunda; você só deveria comprar suéteres de caxemira." "Nossa, ela engordou muito." Tudo e todos são avaliados: familiares, decisões, corpos, comportamentos, compras, objetos, destinos, aspirações.

Se isso lhe é familiar, seus pais podem ter tentado protegê-lo de todos os males, mostrando-se excessivamente preocupados quando você fazia algo sozinho ou proibindo-o de fazer o que as outras crianças faziam. Pais ansiosos podem ter perdido a lição de Dory, o contraponto ao ansioso pai Marlin em *Procurando Nemo*: "Bem, se você não deixar nada acontecer a ele, aí nada vai acontecer com ele."

Eu sou as realizações que eu conquisto

O segundo ambiente familiar é o *modelo de expectativas sociais* de Flett e Hewitt.[5] O âmago dessa dinâmica familiar é a aprovação condicional: nós nos mostramos dignos do tempo, da atenção, dos elogios ou do orgulho dos adultos em função de nosso desempenho — boas notas, bom comportamento, bom humor — ou atributos particulares, como ser inteligente, bonito ou carismático. Isso começa cedo. Quando a tia Jeanette pergunta o que você quer ser quando crescer, até mesmo uma criança de 4 anos nota que responder "médico" recebe uma reação diferente de responder "estegossauro". A aprovação gera uma sensação de importância.

Aos 6 anos, fui a uma reunião das meninas escoteiras depois da escola. Estávamos cortando e colando pedaços de feltro para fazer marcadores de página com o desenho de uma coruja em um tronco de árvore. Eu me lembro de recortar uma gravata-borboleta vermelha. Quando a líder da tropa viu, disse: "Você é muito criativa." Virando-se para a vice-líder, apontou para mim e repetiu: "Ela é muito criativa." A chave do elogio dela se encaixou perfeitamente na fechadura do meu humor consciente aos 6 anos. Eu lembro que senti muito orgulho, mas também fiquei alarmada com o ar magoado no rosto da menina ao meu lado. De acordo com a líder, eu era criativa. Mas o fato de ela não ter dito o mesmo sobre minha colega significava que ela não era. Eu não tinha vocabulário para articular isso na época, mas hoje entendo que o elogio simultaneamente me elevou e me diferenciou dela. Eu fui ungida, mas também separada.

Pior ainda: embora me sentisse especial, também senti o peso da expectativa. Em minha jovem mente, o título de "criativa" era agora uma obrigação. Dali em diante, se futuros projetos não fossem considerados "criativos", eu perderia meu título. Ou, pior, o rótulo se mostraria uma mentira, e eu transformaria a líder da tropa em mentirosa. Claro que eu tinha gostado do feedback positivo — quem não gostaria? Mas também tinha medo de decepcioná-la e me sentia intimidada com a perspectiva de precisar atender a suas expectativas no que, em minha mente de 6 anos, parecia para sempre.

E não sou só eu: se somos bons em matemática, nos sentimos uma fraude quando erramos uma resposta. Se somos o goleiro da liga comunitária de hóquei, juramos que aquele gol é a última vez que um disco passa por nós. Se recebemos elogios pela nossa aparência, precisar de roupas de um tamanho maior faz com que nos sintamos fracassados.

Às vezes, isso é quase imperceptível. Milo cresceu em uma família que a maioria dos meus clientes invejaria. Os pais eram muito gentis e o incentivavam em tudo; embora fossem ocupados, ele sabia que era amado. Milo se lembra de somente uma contingência declarada durante a infância. Os pais o recompensavam por boas notas: vinte dólares por um 10; dez dólares por um 9. Ele se lembra de algumas condições disfarçadas, como permanecer nas aulas de natação do colégio mesmo depois de ter perdido o interesse, porque a mãe estava animada com a possibilidade de ele fazer parte da equipe oficial do colégio.

Seu pai dizia: "Eu não me importo com o que você vai escolher ser — mesmo que seja lixeiro —, mas você tem que ser o melhor." O conselho era bem-intencionado, mas se transformou em uma mensagem de "se não for o melhor, você não será digno". Também aconteceu com os professores. Milo se lembra de ter tirado nota baixa em uma prova de álgebra. O professor a entregou com um olhar de surpreso divertimento e a observação: "Nem parece você." Mesmo com o comentário relativamente inofensivo, Milo se sentiu destruído. O tom traía o fato de que ele havia decepcionado o professor.

Nenhum desses cenários é incomum. Na verdade, são extremamente brandos. Mas a personalidade de Milo era particularmente voltada a agradar os outros e evitar decepcioná-los, então sua sensível antena captava aprovação e desaprovação de forma muito precisa. A maioria dos adultos em sua vida era calorosa e acolhedora, o que tornava a pressão de tentar agradar-lhes ainda mais difícil de resistir.

Hoje, Milo ainda tem dificuldade de se permitir fazer suas vontades, em vez daquilo que agradará outros ou evitará críticas. Ele escolhe atividades com um propósito ou resultado em mente — conquistar faixas de caratê uma atrás da outra, correr meias maratonas —, atividades com padrões mensuráveis nas quais possa se destacar, em vez de coisas simplesmente divertidas ou que o interessam. Em outros casos, as condições são extremas. Algumas famílias acreditam que é preciso intensa pressão para criar um diamante. O caso de meu cliente Ivan, um homem de sessenta e poucos anos de aparência severa, com predileção por gravatas néon e uma ansiedade paralisante, ilustra isso bem.

Logo depois de Ivan nascer na Bulgária comunista, o pai morreu, deixando o filho, a irmã e a mãe em situação financeira precária. A mãe viu as conquistas de Ivan como uma forma de sair dessa situação, e ele logo concluiu que o amor dela dependia de seu desempenho.

Ele se lembra da mãe sentada ao seu lado enquanto ele aprendia a somar e subtrair, monitorando seu progresso. Sempre que ele errava, ela lhe dava um tapa na mão. "Faça de novo", rosnava. Com o passar dos anos, as condições evoluíram da matemática para as notas do ensino fundamental e, em seguida, a admissão na faculdade. Ela só se importava para as conquistas de Ivan. Certa vez, quando a mãe decidiu que ele devia estar estudando, em vez de namorando, ela bateu nele com o item à mão — a salsicha que estava preparando para o jantar. Foi humilhante, mas funcionou. É claro que funcionou: se uma criança acredita que o amor depende de seu desempenho, ela provavelmente terá um bom desempenho. Ivan se tornou um engenheiro respeitado e, após o fim do comunismo, construiu uma vida confortável nos Estados Unidos, levando a mãe e a irmã consigo. Mas levou também muitas inseguranças.

Hoje, Ivan acredita que, se ficar incapacitado de trabalhar, a perda de prestígio e renda fará com que a mulher e os filhos o abandonem. Ele até consegue articular que a família o ama não apenas porque ele é capaz de prover, mas, sim, pelo amor e pela bondade que lhe são peculiares e simplesmente por ser ele mesmo. Porém, de algum modo, essa crença permanece na camada superficial de seu cérebro, sem jamais penetrar o cerne da questão.

Mesmo que você não tenha sofrido com uma mãe fria e dura como a de Ivan, talvez seus pais fossem exigentes. Quando eles diziam "Dê o seu máximo", ficava claro que você precisava dar *o* máximo? Talvez eles ficassem animados com seu bom desempenho, mas não parecessem notar quando você se divertia, ficava curioso ou tinha sentimentos profundos. Talvez sempre houvesse muitas atividades, ou uma ou duas atividades muito intensas, como ginástica ou violoncelo, mas a subcorrente deixasse claro que o propósito era a realização, não o prazer.*

O que acontecia quando seu desempenho era decepcionante? Às vezes, a desaprovação é declarada: "Estou decepcionado com você." "Você é melhor que isso." No entanto, costuma ser mais disfarçada: um suspiro, uma mudança de assunto, seu nome dito em certo tom. Milo lembra que, quando os pais achavam que ele estava se comportando de modo inapropriado, eles diziam seu nome — o patamar máximo de desaprovação pessoal — em um tom bem específico.

A analogia de fechadura e chave envolvendo a cultura familiar e a personalidade infantil é particularmente saliente no caso de crianças para quem as realizações são mais fáceis. Quando somos brilhantes, talentosos ou precoces, impressionamos os adultos e somos recompensados com o tempo, a atenção e a boa vontade deles. E então? Percebemos como as coisas funcionam. E nos empenhamos ainda mais. Quando a aprovação adulta é valorizada e a desaprovação é uma criptonita, comportar-se maravilhosamente bem — ser solícito, altruísta, bem-sucedido ou atraente — se torna uma habilidade vital.

Mas é confuso. O orgulho se assemelha bastante ao amor. Porém o amor é uma emoção gratuitamente concedida, que não se baseia em realizações ou desempenhos. Ao contrário do orgulho, o amor não é condicional.

---

* No clássico do gênero "Você é seu desempenho", *Grito de guerra da mãe-tigre* (Intrínseca, 2011), Amy Chua descreve a decisão de fazer com que a filha mais nova estudasse violino "sem consultar Lulu, ignorando os conselhos de todos". Chua escolheu o violino não em resposta ao interesse da filha, mas porque "eu tinha um fetiche pela dificuldade e pela realização". O livro, ainda que seja um excelente exemplo do modelo de expectativas sociais, também é inesperadamente autodepreciativo e astuto, embora o comportamento de Chua me faça sacudir a cabeça.

É ainda mais confuso quando crescemos em uma casa na qual os pais são ocupados, preocupados, sempre atarefados ou extremamente desconfortáveis com manifestações de afeto. Intelectualmente, podemos saber que somos amados, mas o que sentimos visceralmente é o orgulho deles — atenção, recompensas, palavras gentis, olhares satisfeitos quando fazemos algo bom e digno. Aprendemos a lei de causa e efeito: se fazemos algo de bom, recebemos atenção positiva. A sensação é boa. E envia uma mensagem de contingência.

Podemos manejar essa situação durante anos, mas, em algum momento, inevitavelmente, as coisas ficam difíceis: cálculo, competição estadual de música, testes para a equipe titular, admissão na faculdade. Quando estamos acostumados a obter bons resultados e, de repente, nos vemos com dificuldades, levamos isso para o lado pessoal. Dificuldade, decidimos, significa inadequação. A resposta implícita para nossos frustrados resmungos de "Por que não consigo fazer isso?" é que não somos realmente bons, no fim das contas. Talvez tenha sido por isso que Flett e Hewitt, e sua colega, Dra. Deborah Stornelli, descobriram que, na quarta e na sétima séries, as pressões pessoais e familiares por resultados geram elevados níveis de medo e tristeza.[6]

Um artigo de 2018 da *Harvard Business Review* fala de uma tática de recrutamento usada pelas grandes empresas: buscar *overachievers* [pessoas com desempenho consistentemente melhor que o esperado] inseguros, como são chamados na sala do conselho, mas jamais em público. *Overachievers* inseguros são motivados e disciplinados. Eles trabalham muitas horas e têm resultados excepcionais. O artigo declara: "A empresa em questão diz ao *overachiever* inseguro: 'Somos os melhores do ramo e, como queremos que você trabalhe conosco, isso significa que você também é.'"[7] Mas isso resulta em uma quase exploração, não exatamente o que os pais bem-intencionados tinham em mente. Os pais dos *overachievers* inseguros — os pais de Milo, a mãe de Ivan — têm uma coisa em comum: boas intenções. Mas, como qualquer outro destino, a estrada para a insegurança e a ansiedade é pavimentada com boas intenções. No fim, a mensagem é a de que você não é bom o bastante da maneira como é e precisa de realizações para ser suficiente. Por consequência, o que você faz é mais importante do que quem você é.

Se for perfeito, estarei seguro

No terceiro ambiente familiar, os filhos de famílias abusivas, dramáticas, erráticas ou caóticas se tornam ferozmente independentes e autossuficientes para lidar com os vícios, as doenças mentais, a saúde debilitada, as batalhas de custódia ou os altos e baixos financeiros dos pais. Flett e Hewitt chamam isso de *modelo de reação social*.[8]

Conheça Katie. Quando ela tinha 8 anos, seus pais se divorciaram. Logo em seguida, a nova madrasta a convenceu a morar com ela e o pai.

"Ela disse 'Vamos começar uma família'", lembrou Katie. "'Você não quer ter irmãos e irmãs e ser parte de uma família?'"

Filha única, Katie implorou à mãe para morar com o pai e a madrasta, percebendo só depois de anos que o convite tinha menos a ver com ela que com provocar e magoar a mãe. Mas a mãe deixou que se mudasse. No primeiro dia na nova casa, a madrasta lhe deu um tapa. Katie se lembra distintamente de pensar, naquele momento: *Acho que é assim que vai ser agora*. E foi, pelos oito anos seguintes.

Alguns meses depois, a madrasta a proibiu de comer qualquer coisa que não lhe fosse especificamente servida, uma regra arbitrária e abusiva. Certo dia, com fome, Katie comeu um pouco de macarrão com queijo que sobrara na geladeira, achando que ninguém notaria. A madrasta a confrontou. "Você sabe como eu sei?", perguntou ela. Então, mostrou a Katie que desenhara linhas em todos os potes para marcar onde estavam os níveis de comida. Se Katie lhe desobedecesse, mesmo que para atender a suas necessidades fisiológicas, a resposta seria a raiva.

Ao longo dos anos, Katie aprendeu que, se fizesse tudo o que a madrasta dizia e se mostrasse tão obediente e deferente quanto possível, o abuso seria menor. Isso não a impediu de perceber, aos 16 anos, que era possível revidar.

Sua família pode não ter sido abusiva como a de Katie; em vez disso, quem sabe seus pais estivessem ocupados demais nas batalhas deles. Talvez um irmão tivesse necessidades especiais, e você precisasse manter os seus problemas sob controle para não se tornar mais um fardo. Ou então você fosse o mais velho de muitos irmãos e precisasse cuidar dos mais novos, ou mesmo de seus pais.

As crianças naturalmente acreditam que o mundo gira em torno delas; é uma crença apropriada a seu desenvolvimento. Mas isso significa que, quando algo ruim acontece, elas acham que é culpa delas. Por consequência, acreditam que, se puderem mudar e controlar o próprio comportamento, poderão mudar e controlar uma situação fora de controle. Como Katie, você pode ter pensado que, se fosse muito bom, muito responsável e muito prestativo, poderia evitar atos violentos como o da madrasta dela. Ou sua mãe deixaria de ser depressiva, seu pai pararia de beber e gritar com tanta frequência, sua irmã com uma doença crônica ficaria melhor e a família finalmente seria "normal".

Independentemente de sua situação, adultos como Katie, que se lembram de uma infância cercada pelo caos, pela instabilidade e pelo perigo, encontram consolo e sobrevivência no controle. No caso de Katie, foi obediência e deferência. Em outras situações, pode se manifestar como: *Se não posso controlar o divórcio, ao menos posso controlar minha magreza. Se não posso controlar a raiva do papai, ao menos posso controlar minhas notas. Se não posso controlar as surras de minha madrasta, ao menos posso ser animada, extrovertida e a garota mais popular da escola.*

Essa técnica "funciona", ao menos no curto prazo. Em famílias caóticas, inconsistentes, autocentradas ou anestesiadas pelo álcool e pelas drogas, os esforços de controle ajudam a criança a lidar com a situação, tanto interna quanto externamente. Por dentro, tentativas de controle ajudam a criança a ter certa sensação de domínio e autoestima, o que compensa a vergonha. Por fora, elas podem minimizar os danos e atrair atenção e um olhar positivo de outras pessoas em suas vidas. De novo, essas técnicas funcionam, ao menos até crescermos e a situação mudar. Quando estamos seguros e já não dependemos de nossa família de origem, os comportamentos excessivamente controlados que nos ajudaram a sobreviver deixam de ser úteis e começam a nos prejudicar.

Aprendi observando você

No quarto tipo de família, o perfeccionismo está no ar que respiramos. Como glitter, ele gruda em tudo. Flett e Hewitt o chamam de *modelo de aprendizado social*.[9]

Nas famílias do modelo de aprendizado social, o perfeccionismo é como o clima: sempre presente, sempre orientando nossas escolhas. Pais muito disciplinados ou motivados acabam moldando o comportamento muito disciplinado e motivado nos filhos. Toda família mergulha os filhos na própria microcultura, na qual as crianças aprendem os padrões de realização, etiqueta social, saúde e bem-estar, organização, meticulosidade e mais, e então os internalizam. Seja o pai balconista ou funcionário da Suprema Corte, secretário de empresa ou secretário de Estado, se ele tem padrões rígidos de comportamento e desempenho aceitável para si mesmo ou se sua fonte primária de autoestima é negar seus impulsos, seguir em frente e ter sempre em mente seus objetivos, ele transmite aos filhos a mensagem de que esses padrões são normais e esperados.

A mãe de Deon, como muitas mães negras, incutiu nele o mantra de que ele teria que ser duas vezes melhor para percorrer metade do caminho. Ela era severa e cheia de obrigações e proibições. Quando pedia a Deon que fizesse algo, queria dizer *naquele mesmo instante*, não depois do lanche ou quando o programa de TV terminasse. Ele aprendeu rapidamente a responder "Sim, senhora", em vez de explicar por que seria melhor obedecer mais tarde — ela chamava as razões dele de "desculpas".

Sua mãe foi um exemplo de trabalho duro em suas longas horas como assistente de enfermagem, seguidas de um curso noturno para melhorar o currículo. Nunca reclamava, mas tampouco falava sobre sentimentos, um traço que Deon equiparou a ser forte. "Ela era uma rocha", lembrou ele.

Deon aprendeu por osmose que a maneira de mensurar quão bem estava se saindo era ver quão completamente negava os próprios desejos e sentimentos. "Se você não fizer sacrifícios pelo que quer, o que quer será sacrificado" era um dos ditados dela. "Se você não se disciplinar sozinho, o mundo fará isso por você" era outro. O favorito? "Se vale a pena fazer, vale a pena fazer bem-feito."

Isso se alinha completamente ao modelo de aprendizado social; mas, em famílias como a de Deon, há uma camada adicional. Lembre que nossas famílias existem no contexto do mundo mais amplo. Todos os seres humanos reagem às situações nas quais se encontram; então, quando nossos familiares são inseridos em uma sociedade permeada de racismo, homofobia, capacitismo ou outras formas de preconceito, o impulso resultante de se provarem dignos já não é um traço de personalidade, mas o resultado do perfeccionismo socialmente prescrito — uma reação compreensível a um ambiente que envia a mensagem "Você não merece estar aqui". Clientes de famílias como a de Deon com frequência falam de nunca se sentirem bons o bastante. Eles acreditam que o problema está neles, não no fato de nossa sociedade disfarçar a desigualdade sistêmica de patologia individual.

Quarenta anos depois, Deon é executivo de uma financeira, tem uma bela casa e passa as férias em Martha's Vineyard. Só que, ao longo do caminho, as coisas saíram do controle. Ele observou a mãe reprimir as próprias emoções para sobreviver ao mundo; mas, quando tentou fazer o mesmo, algo deu errado. Ele chegou a meu consultório depois que a esposa ameaçou deixá-lo. "Sou eu ou o trabalho", disse ela. Os filhos disseram que ele não se importava com eles.

"Fiz exatamente a mesma coisa que minha mãe, e foi assim que me agradeceram", resmungou ele.

Não importa em qual dos quatro tipos de família — ou combinação entre eles — você tenha sido criado, a maneira como é hoje provavelmente faz sentido. Os pais são os primeiros e principais influenciadores das crenças e dos padrões que adotamos. Mas as famílias não são as únicas influências em nossa vida e nossos temperamentos. Os sabores de nosso prato final vêm dos ingredientes dos quais somos feitos. O que nos leva a...

Eu nasci assim

De pé e com a coluna ereta, minha mãe nipo-americana mal chega a 1,50 metro. Quando fica ao lado de meu pai, que tem 1,92 metro e ascendência norueguesa, os dois parecem uma piada. A evolução provavelmente não pretendia que uma minúscula asiática carregasse gigantescos bebês vikings. Ela me contou que, durante o trabalho de parto, eu fiz minha melhor imitação de aríete, recuando, girando para um novo ângulo e tentando de novo. Isso durou horas, até que o obstetra se apiedou de nós e pediu uma cesariana, mas já estava claro: a persistência era parte de minha personalidade.

Em contraste, considere a energia tranquila de meu irmão. Em vez de repetir meus obstinados golpes de aríete, quando o médico o extraiu e o segurou no alto como se fosse o filhote Simba de *O Rei Leão*, quatro anos depois, ele estava dormindo. Nunca o vi estressado. Brincamos que sua frequência cardíaca nunca passa dos quarenta batimentos por minuto. Depois de adulto, ele se tornou médico de emergência em parte porque precisava de mais estímulo na vida.

O perfeccionismo é incluído em nossa massa enquanto ainda estamos no forno. Ele está em nossos genes: uma crescente montanha de pesquisas mostra que transtornos específicos que giram em torno do perfeccionismo como gavinhas de ervilha — ansiedade, depressão, transtornos alimentares[10] — definitivamente são genéticos, e algumas indicam que o perfeccionismo também pode ser.[11] A resposta principal provavelmente é tão complicada quanto fazer croissants, mas há pistas: um estudo de 2015 publicado no periódico *Psychiatry Research* examinou 258 pares de gêmeos idênticos e descobriu que a herdabilidade do perfeccionismo auto-orientado — ser duro consigo mesmo — era de 23% em meninos e 30% em meninas, e que a influência genética do perfeccionismo socialmente prescrito — presumir que outros serão duros conosco — era de 39% em meninos e 42% em meninas.[12] Em estudos sobre perfeccionismo e ansiedade, as estimativas de herdabilidade chegaram a 66%, indicando o papel dos genes comuns.[13]

As forças da cultura

Nossos genes e nosso ambiente familiar são apenas duas fatias da pizza do perfeccionismo. As forças da cultura também desempenham papel importante. São como um gás invisível e inodoro. Mesmo que o respiremos o tempo todo, é difícil lembrar que estão sempre à nossa volta.

O Dr. Thomas Curran e o Dr. Andrew Hill, autores do estudo do prólogo que demonstrou que o perfeccionismo vem crescendo sem parar nos últimos trinta anos, teorizaram que as culturas ocidentais se tornaram "mais individualistas, materialistas e socialmente antagônicas nesse período, e os jovens enfrentam ambientes mais competitivos, expectativas menos realistas e pais mais ansiosos e controladores que as gerações anteriores".[14] Puxa! Em outras palavras, as crianças de hoje estão correndo em uma rodinha de ratos dentro de uma panela de pressão enquanto seus "pais-helicóptero" pairam acima delas. Ensinamos a nossos filhos que eles podem fazer qualquer coisa, mas o que eles ouvem é que precisam fazer tudo.

Do que é feito esse miasma? Há ao menos cinco elementos de nossa cultura que nos tornam mais duros em relação a nós mesmos.

O primeiro é uma cultura de avaliação. Quando mensuramos, podemos comparar. E a mensuração quantitativa está por toda parte: em curtidas e compartilhamentos das redes sociais, nas avaliações online, no desempenho da academia, no e-mail de "Como você avalia sua experiência?" que chega após os exames de saúde anuais. Minha conta de luz compara meu uso de eletricidade ao de meus vizinhos. Até mesmo o banheiro do aeroporto pede que eu avalie minha experiência com uma carinha sorridente ou carrancuda. Mas a comparação não termina nas contas de luz e nos banheiros; ela se estende às pessoas, o que permite a classificação.

Como diz o Dr. Hill, "os jovens são mais classificados e separados que nunca. Eles são a geração mais classificada de jovens".[15] O resultado é uma cultura que, como nota o coautor Dr. Curran, "valoriza as realizações, a imagem e o mérito acima de tudo".[16]

O segundo elemento é a mídia social. Ela inclui padrões muito rígidos, estabelecidos pelo hábito de só apresentar os melhores momentos, assim como pela comparação que se segue. Em seu livro *A armadilha da perfeição: o poder de ser bom o suficiente em um mundo que sempre quer mais*, Curran comenta que os níveis de perfeccionismo socialmente prescrito eram "mais ou menos constantes até 2005. Então algo aconteceu, e eles dispararam".[17] Correlação não significa causa, mas meu "Sentido Aranha" me lembra que 2005 foi o ano em que um pequeno website originalmente chamado Facemash ficou famoso sob um novo nome: Facebook. Foi o ano em que o YouTube foi fundado. Twitter, Instagram e TikTok vieram em seguida em uma sucessão de dardos atingindo o alvo da cultura global, aumentando tanto a pressão para se apresentar de modo perfeito quanto a sensação íntima de não pertencimento. Passamos um terço de nosso tempo online nas redes sociais[18] — mais que com notícias, streaming, música e até mesmo a misteriosamente ampla categoria "outros", que imagino ser um código para pornografia.*

Isso é muito tempo com os olhos grudados no desfile de destaques, de bangalôs nas Maldivas a selfies de academia com abdomens nos quais seria possível ralar queijo. Como em um desfile real, as redes sociais são uma exibição pública, pois nos dão a habilidade de nos apresentarmos exatamente como gostaríamos de ser vistos, seja na torrada de avocado com folhas de fícus do Instagram na década de 2010, seja na propositalmente casual "autenticidade" da opinião controversa enquanto se come um lanche no carro do TikTok na década de 2020. A essência permanece: mesmo com a "vida real" sendo cada vez mais exibida nas redes sociais, tudo que vemos é encenado e selecionado com cuidado. Ainda comparamos nossa vida com a versão da vida real que outros escolheram compartilhar.

O terceiro elemento que alimenta a cultura de perfeccionismo é a expectativa de vivermos "a melhor vida possível". Em 2005, *O, The Oprah Magazine* publicou um compêndio de "melhores momentos" exatamente com esse título.[19] A frase pegou (e então regrediu para um rótulo

---

* Falando nisso, a pornografia contribui para o perfeccionismo de sua própria e insidiosa maneira, estabelecendo um padrão muito específico e pouco realista de formas e tamanhos corporais, além de um padrão de desempenho para os jovens, que não percebem que o sexo frequentemente é pateta, afetuoso e pode envolver alguém ainda de meias.

sarcástico para ressacas em dias de semana e sessões de várias horas de Netflix e Cheetos picante). Mas o resultado mais amplo foi a diretiva de "redefinir sua vida" ou de que um novo ano requer "um novo você". A necessidade de sermos nossa melhor versão implica que apenas sermos nós mesmos não é suficiente.

A mentalidade "viva sua melhor vida" enfatiza a lacuna entre como somos e como esperamos ser. Mas vai além de meditar ou tentar uma dieta cetogênica. Considere uma meta, por exemplo, se formar no ensino superior. Na década de 1970, metade dos norte-americanos no último ano do ensino médio podia esperar concluir a faculdade. Na década de 2010, a porcentagem dos que esperavam conseguir esse feito subira para 85%. Contudo, a porcentagem de americanos que realmente se formam aos vinte e poucos anos permaneceu em torno de 25%. Em resumo, as expectativas subiram, mas a realidade estabilizou, criando um barco cada vez mais lotado de pessoas que se viram aquém das próprias expectativas.[20]

O quarto elemento cultural é o efeito colateral negativo do movimento pela felicidade, que chamarei de "não se preocupe, seja feliz". Em 1998, o estimado psicólogo Dr. Martin Seligman decidiu usar sua posição como presidente da Associação Americana de Psicologia para se afastar da ênfase na patologia e se aproximar do rico tesouro de psicologia positiva, que ele acreditava estar faltando na profissão.[21] O resultado foi uma montanha de pesquisas sobre o bem-viver: esperança, sabedoria, criatividade, coragem, determinação, resiliência e, é claro, felicidade. A ação de Seligman foi necessária e divisora de águas. Mas a onda de livros e artigos sobre felicidade que se seguiu criou a expectativa de que deveríamos sorrir de orelha a orelha, com atenção plena, confiantes e não ansiosos em todas as horas do dia. Ao longo dos anos, descobri que um número cada vez maior de clientes, sobretudo os jovens adultos, tomava o tédio, a tristeza, o constrangimento e a incerteza como sinais de que havia algo muito errado.

A intolerância à infelicidade não só é problemática no curto prazo como também é um tiro no pé no longo prazo. Em seu livro *iGen: Por que as crianças de hoje estão crescendo menos rebeldes, mais tolerantes, menos felizes e completamente despreparadas para vida adulta*, a Dra. Jean

Twenge mostra que, quando pedimos a sucessivas gerações de alunos no último ano do ensino médio que prevejam sua felicidade aos 30 anos, aqueles que apresentam altas expectativas de felicidade têm maior probabilidade de estarem *infelizes* ao apagar a trigésima velinha. A conclusão? Quanto maiores as expectativas, pior é o impacto da realidade.[22]

Por fim, um ambiente que nos diz o tempo todo que não atendemos aos padrões por causa de nossa raça, orientação sexual, gênero ou outras características gera perfeccionismo. Podemos sentir com intensidade a pressão para fazer tudo certo a fim de refutar estereótipos e provar que merecemos estar ali, ou porque somos porta-vozes de nosso grupo.

Tudo isso cobra um preço. De fato, um estudo da Dra. Sharon F. Lambert, da Dra. W. LaVome Robinson e do Dr. Nicholas S. Ialongo acompanhou, durante vários anos, quase quinhentos adolescentes afro-americanos do sistema público de ensino de Baltimore e descobriu que as experiências com discriminação social na sétima série estavam associadas a perfeccionismo socialmente prescrito na oitava série e sintomas de depressão na nona série.[23]

Caramba. Há mais camadas no perfeccionismo que em uma lasanha. Por dentro, encontramos muitas coisas das quais nos orgulhar. Temos muito a nosso favor. Somos conscientes, progressistas, temos princípios. O mundo gira com mais suavidade por nossa causa.

Ao mesmo tempo, seres humanos respondem ao contexto no qual se encontram. Faz muito sentido que nossa genética, a maneira como fomos criados e a situação do mundo ao redor nos moldam assim como as marés moldam as praias. Nos capítulos a seguir fortaleceremos a área costeira para suportar as tempestades à frente; mas, sobretudo, apreciaremos a beleza natural da região — que talvez nunca tenhamos notado. Em outras palavras, não precisamos ajustar nossas expectativas pouco realistas, "trabalhar" nossa autoestima ou parar de nos criticar para promovermos mudanças na nossa vida. Podemos apenas olhar para o litoral de uma nova perspectiva. Pronto? Vamos mergulhar de cabeça.

Parte II

As sete mudanças

Mudança 1

DA (AUTO)CRÍTICA À GENTILEZA

4
Para além do crítico interno

> Há três maneiras de alcançar o sucesso.
> A primeira é ser gentil.
> A segunda é ser gentil.
> A terceira é ser gentil.
>
> — Fred Rogers, citado em
> *The Chapel Hill News*, 2013[1]

Adam voltou a si na seção de vestidos juvenis da Macy's e percebeu que provavelmente parecia um pervertido. Ele estivera tão absorto nos próprios pensamentos enquanto andava pelos departamentos de utilidades domésticas, decoração, roupas casuais e roupas esportivas femininas, que não percebera para onde estava indo. Estava no meio de outra "caminhada da frustração", tentando se livrar da raiva por sua "estúpida estupidez". Normalmente, ele bufava pelas calçadas com cheiro de donuts do Downtown Crossing em Boston, mas, naquele dia, estava chovendo, então ele foi forçado a caminhar perto de uma arara cheia de vestidos de chiffon.

Adam estava no fim de um treinamento de programação de doze semanas que via como sua última chance. Depois de trabalhar em um jornal, vender bonés e administrar um restaurante, ele ainda não havia encontrado um emprego que não o fizesse pedir demissão por estar frustrado. Mas agora o padrão já era óbvio o bastante para que ele percebesse os sinais: enroscar na curva de aprendizado, ficar furioso consigo, ir embora no meio de um acesso de raiva. Repetidamente. Agora, o padrão estava presente mais uma vez, contra um fundo de vestidos floridos.

"Eu simplesmente não conseguia entender", disse Adam mais tarde na nossa sessão ao explicar o motivo da caminhada da frustração daquele dia. "Fiquei sentado lá, olhando irritadíssimo para meu código. Logicamente, sabia que aprendera aquilo há apenas vinte minutos e que programar era difícil, mas me senti um inútil. Por que eu não conseguia entender? As outras pessoas entendiam. O que tinha de errado comigo?"

Os críticos internos vêm em todos os formatos. Somos mais duros que tijolos conosco. Nós nos insultamos, sussurrando: "Idiota!" Nos invalidamos: "Pare de reclamar. Você não tem problemas de verdade. As pessoas passam por coisas muito piores." Fazemos duras perguntas retóricas: "O que há de errado comigo?" ou "Por que não consigo fazer isso?". Nos comparamos: "Ele foi promovido em um ano, então eu também deveria" ou "Por que não sou como minha irmã?". Nos colocamos para baixo quando não atendemos a nossas expectativas pouco realistas: "Já era para eu ter comprado uma casa", ou simplesmente "Preciso ser melhor que isso".

Sentado no laboratório naquela manhã, Adam ficou tanto tempo se criticando que estourou de raiva e teve que se levantar para caminhar. Mais tarde, ele me disse: "Simplesmente desliguei. Entrei em um estado de 'Não falem comigo. Não estou entendendo isso e nunca vou entender'".

Adam usa as três cores primárias da autocrítica perfeccionista.* A primeira é o grau de *dureza*: "Estúpida estupidez." "Qual é o meu problema?" Na autocrítica saudável, podemos reconhecer que algo não saiu da maneira que queríamos, ficar chateados e jurar tentar fazer diferente da próxima vez, mas, na autocrítica perfeccionista, nós nos castigamos ou

---

* *Autocrítica* é o termo geralmente favorecido por pesquisadores e acadêmicos, mas, como eu, você pode se identificar mais com "autojulgamento" ou "autoculpabilização". Usarei os três termos indistintamente neste capítulo.

involuntariamente tentamos nos envergonhar a fim de termos um desempenho melhor.

A segunda é a abordagem *tudo ou nada*: "Não estou entendendo e nunca vou entender." O autojulgamento perfeccionista tem uma política de tolerância zero em relação ao desempenho. Comer um único biscoito estraga toda a dieta. Um momento um pouco desconfortável de silêncio destrói o primeiro encontro. Se não conseguiremos escrever o ensaio inteiro em uma tarde, para que começar?

A terceira é a *implicação pessoal*: "Eu sou o problema." Na autocrítica perfeccionista, é nossa culpa, como no "Há algo errado comigo" de Adam. Não é que a coisa que tentamos fazer seja difícil ou não tenha dado certo — nós é que somos inadequados.[2]

Nada disso é particularmente agradável. Então, por que continuamos fazendo? Por que Adam se fustiga a ponto de pedir demissão de um emprego após o outro? Por que Walt Disney continuava a se repreender mesmo quando sua equipe estava tão claramente frustrada e desmoralizada? Por que eu achava que minha inabilidade de focar como um laser 100% do tempo era o problema, quando claramente se tratava de minha lista de tarefas pouco realista?

Por que fazemos isso? Porque o autojulgamento nos dá algo, embora nos custe. Que benefícios são esses dos quais é tão difícil de abrir mão? De acordo com o Dr. Raymond M. Bergner, professor de psicologia da Universidade Estadual de Illinois e autor do difícil, mas incrivelmente perspicaz *Pathological Self-Criticism* [Autocrítica patológica, em tradução livre], há muitas razões. Considere estas seis:[3]

Primeira, podemos ser duros para *facilitar o crescimento pessoal*. Talvez descrevamos isso como amor severo, mas ele é intenso na severidade e superficial no amor. Achamos que, se formos duros ao cometer um erro, não o cometeremos novamente. Mas isso é como um pianista tentando aprender uma nova peça ao se lembrar de todas as notas erradas que já tocou.[4]

Segunda, podemos ser duros para *não inflarmos nossos egos*. Aqueles criados para serem humildes ficam humilhados com a ideia de terminarem sendo narcisistas tóxicos e mimados. Colocarmos nós mesmos para baixo, negando nossas realizações e minimizando o orgulho saudável, parece virtuoso. Mas estamos confundindo modéstia com maus-tratos.

Terceira, podemos estar tentando *evitar as críticas alheias*. Antes que alguém tenha a oportunidade de nos criticar, já o fizemos. Dessa maneira, jamais seremos refutados, colocados em nosso lugar, julgados ou rejeitados. Por quê? Porque fizemos isso primeiro. Paradoxalmente, nós nos criticamos para estarmos além da crítica.

Quarta, podemos fazer isso *a fim de que os outros esperem menos de nós*. O autojulgamento nos coloca em desvantagem. Se ele nos retrata como pouco eficientes, ninguém esperará ou exigirá demais de nós. Ninguém nos colocará à prova e revelará nosso espetacular fracasso.

Quinta, podemos fazer isso *a fim de obter uma sensação de controle*. Muitos desafios da vida são arbitrários e aleatórios, fustigando nossos nervos como um alarme programado para tocar na hora errada. Isso é desorientador e estressante. Culpar a si mesmo significa que você é responsável e, consequentemente, tem controle sobre a situação. Em outras palavras, se seu avião vai cair, é preferível que você esteja na cabine, em vez de ser o passageiro inocente, mas impotente da última fila.

Por fim, podemos fazer isso *a fim de obter reafirmação*. É uma forma furtiva de pescar elogios. Se nos colocamos para baixo, os outros naturalmente tentam levantar nosso astral: "Não, não, você se saiu muito bem. Você é incrível." Nós nos odiamos para receber o amor alheio.

Em resumo, a autocrítica consegue muitas coisas. Quero dizer, se houvesse algo capaz de me ajudar a melhorar, ser apropriada, ficar livre do julgamento alheio, aliviar a pressão, sentir-me no controle e ouvir que sou o máximo, pode ter certeza que eu faria isso o tempo todo.

Mas... Um avô na China, que atende pelo nome de "Tio Chen", viralizou há alguns anos por fumar durante três maratonas. Ele diz que correr com um cigarro combate a fadiga, e ter algo na boca o ajuda a respirar. Ele também se sai muito bem, ficando no terço superior de todos os corredores.[5] Seria *possível* correr uma maratona em menos de três horas e meia fumando, mas provavelmente seria mais fácil e ele se sairia melhor ainda se não fumasse. Os cigarros, na minha humilde opinião, estão roubando o crédito do treinamento e do trabalho duro. Isso também vale para a autocrítica: ela rouba o crédito. Pensamos que, se pegarmos mais leve, ficaremos vulneráveis aos perigos de que a autocrítica nos protege: ter um desempenho ruim, acabar com um ego enorme, deixar passar algo que os outros criticarão, perder a motivação e outras hipóteses aterrorizantes. Diminuir nossa autocrítica pode nos privar de nosso ingrediente secreto. Ficaríamos somente com a... indolência? A mediocridade? A motivação de um bicho-preguiça com privação de sono? Não é bem assim.

É curioso que, assim como Tio Chen provavelmente teria mais resistência se não corresse e fumasse, quando retiramos a autocrítica de esperar muito de nós mesmos, ficamos com... rufem os tambores... excelência. Na pesquisa, *excelência* é a versão realista, sustentável e saudável da realização.[6] A diferença crítica (hehe, viu o que eu fiz?) entre excelência e perfeccionismo é o julgamento. Por exemplo, uma equipe de pesquisa da Universidade de Loughborough descobriu que a diferença entre exercício saudável e exercício perfeccionista é a autocrítica.[7] Reduzi-la é a chave não só para se sentir melhor, mas também, e percebam a ironia, para se sair melhor.

Dito isso, o crítico interno está tentando nos ajudar. Embora seja cruel, deslegitimador e exaustivo, ele quer que nos sintamos seguros, aceitos e conectados. A autocrítica é a essência da habilidade humana de se autorregular.[8] Uma dose saudável de autojulgamento nos ajuda a avaliar nosso comportamento e modificá-lo a fim de melhorarmos e nos relacionarmos com nossos pares. Em termos evolutivos, nós nos criticamos para melhorar, o que, por sua vez, melhora o grupo e as chances de sobrevivência de todo mundo.

Por consequência, o desafio não é parar de se criticar. Suas expectativas continuarão altas — é isso que os cérebros perfeccionistas fazem. Mas é possível acrescentar algum questionamento: Como posso falar comigo mesmo de uma forma mais gentil e eficaz? A autocrítica está me dando aquilo que quero? A autoculpabilização custa mais do que me dá?

Vamos introduzir quatro maneiras diferentes de passar nossa autocrítica de exagerada para saudável. Como uma máquina de sorvete, lidaremos com dois sabores — mudança e aceitação — e misturas de ambos. É importante notar que essas não são novas regras a se seguir. Assim como não há um sabor de sorvete "correto", você pode experimentar diferentes formas de autogentileza e escolher a que mais lhe agrade.

Da avaliação para a informação

Estamos em 1965. Kareem Abdul-Jabbar, então ainda Lewis Alcindor, de 18 anos, estava sentado no banco, esperando o início do primeiro treino de seu ano de calouro na Universidade da Califórnia em Los Angeles (UCLA), ao lado dos impressionantes colegas.[9] Todo mundo estava animado. A melhor equipe de calouros da história do basquete — Abdul-Jabbar, o mais cobiçado jogador de ensino médio da nação, mais cinco jogadores de todo o país — no melhor programa universitário de basquete do mundo, liderado pelo estimado treinador John Wooden. Se tivessem uma bola de cristal, eles teriam previsto dez campeonatos nacionais em doze anos, incluindo sete seguidos, um recorde mantido até hoje. Individualmente, Abdul-Jabbar manteria o recorde de maior número de pontos da NBA por 39 anos, seria incluído no Hall da Fama do Basquetebol e, como ativista e humanitário, receberia a Medalha Presidencial da Liberdade.[10]

Mas, naquela tarde de 1965, o futuro ainda não havia sido escrito. O treinador Wooden entrou no ginásio e parou na frente do time.

— Boa tarde, senhores.

— Boa tarde, treinador — responderam em uníssono.

A antecipação estava no ar. O que viria em seguida? Um discurso emocionante? Pérolas de sabedoria? O time se inclinou para a frente, tremendo de empolgação. O treinador Wooden limpou a garganta.

— Hoje vamos aprender a calçar tênis e meias corretamente.[11]

Abdul-Jabbar piscou. Espere, o quê? Todos trocaram olhares.

— Vamos falar sobre puxar e ajeitar — disse ele. E então repetiu, lentamente, para enfatizar: — Puxar e ajeitar.

O treinador Wooden tirou as meias e os tênis. Mais tarde, Abdul-Jabbar lembrou: "Parecia que os pés rosados dele nunca tinham visto a luz do sol."[12]

Cada jogador daquela equipe havia se deslocado até a UCLA como que em peregrinação, partindo de todos os cantos do país. Alguns, incluindo Abdul-Jabbar, recusaram bolsas integrais para estarem lá. E fizeram isso para aprender com o grande treinador Wooden, embora não tivessem se dado conta de que a experiência seria tão literal.

— Se você não puxar bem as meias, elas provavelmente vão enrugar. Rugas causam bolhas. Bolhas forçam os jogadores a se sentar. E jogadores sentados perdem jogos. Então não vamos somente puxar. Vamos puxar e ajeitar.

Ele demonstrou, puxando as próprias meias. A equipe copiou sua demonstração, puxando até que as meias estivessem bem justas nos pés.

Sem saber, o time fora introduzido ao estilo que era a assinatura do treinador Wooden. Mas qual era seu ingrediente secreto?

Alguns anos depois, os pesquisadores educacionais Ronald Gallimore e Roland Tharp encontraram a resposta ao estudar os treinos vespertinos da UCLA durante a temporada 1974–1975, que culminou no décimo título da NCAA.[13]

Em meados da década de 1970, elogios e críticas dos professores estavam em voga na pesquisa educacional, então Gallimore e Tharp ficaram surpresos ao descobrir que Wooden quase nunca cumprimentava ou censurava seus jogadores.[14] Em vez disso, como ex-professor de ensino médio, ele fazia exatamente o que fora treinado a fazer: ensinava. Instruía. Informava. Ele dizia o que fazer e como fazer: "Passe a bola para alguém baixo!"[15] "Não ande." "Faça muitos arremessos em áreas nas quais possa acertar." "Passe na altura do peito!" Seus comentários, escreveram Gallimore e Tharp, eram "curtos, periódicos e abundantes".[16]

Os jogadores de Wooden concordaram. Swen Nater, que passou a jogar profissionalmente, comentou: "Era a informação que promovia a mudança. Se a maioria das estratégias corretivas do treinador Wooden fosse positiva ('Bom trabalho') ou negativa ('Não, assim não'), eu acabaria recebendo uma avaliação, não uma solução."[17]

Gallimore e Tharp notaram que um treinador de futebol contemporâneo e muito bem-sucedido usava comentários instrutivos 36% do tempo.[18] Outro reverenciado treinador de basquete chegava a 55%. Wooden superava todos, com 75%.[19] Três quartos de seus comentários focavam a tarefa, não o jogador.

Essa mudança de avaliação para informação se aplica a todos nós, não só a astros do basquete universitário. A psicologia pop nos pede que nos animemos com afirmações ("Hoje serei a melhor versão de mim mesmo") ou transformemos autocrítica em incentivo ("Eu consigo!"). Mas apenas passar de mensagens negativas para positivas não funciona — ainda há uma sensação de avaliação. O foco ainda está na pessoa. Das quadras de basquete ao nosso espaço de trabalho, nosso estilo parental e nossa maneira de cuidar da casa, a avaliação torna tudo pessoal: "Eu sou uma droga." "Não estou fazendo o bastante." "Por que não estou conseguindo?" "Estraguei tudo."

O que fazer em vez disso? Aprenda com o basquete da UCLA: tire sua atenção do Self global e a direcione para o comportamento específico. Seja como um escultor olhando um bloco de mármore; veja a tarefa como uma entidade separada de você: o que preciso fazer para tornar *essa coisa* melhor? O que seria efetivo *para a tarefa*?

Essa mudança de autoavaliação para informação focada na tarefa é sutil, mas profunda. O monólogo avaliativo é pessoal, geral e permanente ("Eu sou uma droga"). Mas o monólogo focado na tarefa é externo, específico e consertável ("Passe a bola para alguém baixo"). Ele remove a crueldade e a implicação pessoal de autoculpabilização, deixando a avaliação excessiva para trás, como a pele abandonada de uma cobra.

O bônus é a maior efetividade. Se a função da autocrítica é sermos melhores, o monólogo instrutivo realiza isso de forma mais produtiva e magoa muito menos.

Ava, uma estudante de viola que se criticava implacavelmente na sala de prática enquanto trabalhava em um movimento particularmente difícil, passou de "Por que não consigo fazer isso?" para instruções a si mesma: "Esse movimento pode ser mais lento. Adicionar um metrônomo pode ser útil."

Antonio, um calouro universitário que ficava no TikTok em vez de escrever seus trabalhos assim que "Não consigo fazer isso" entrava em sua mente, passou para "Comece com um rascunho".

Adam, que conhecemos na caminhada da frustração no início do capítulo, canalizou seu melhor John Wooden e tentou ser seu próprio treinador ao encontrar problemas de programação. "Tente fazer um fluxograma", dizia a si mesmo. "Escrever um pseudocódigo funcionou da vez passada; tente de novo." "Divida o problema em passos minúsculos." E, muito importante: "Faça uma pausa antes de ficar irritado." Isso estava muito longe de resmungar "O que há de errado comigo?" perto de uma arara de vestidos juvenis.

> **EXPERIMENTE:** Oriente a si mesmo durante uma tarefa, do ponto de vista de um treinador encorajador e prático. Coloque o foco na atividade, não em você. Se tiver privacidade e puder falar em voz alta, melhor ainda. Reflita sobre a sensação de focar a tarefa, não você.

Por que somos tão ruins em autocompaixão e o que fazer a respeito

O dia de Eunice começou saudável: três ovos mexidos, torrada, meio avocado, algumas uvas. Foi um bom início. Ela até embalou uma grande salada verde com frango para o almoço. "Hoje vai ser diferente", prometeu. Eunice era supervisora de figurino no teatro local. Mas, naquele dia, a atriz principal odiou a escolha dela e deu um chilique, uma das araras desapareceu de forma misteriosa, e a supervisora de Eunice enviou um e-mail críptico pedindo uma reunião urgente. Quando chegou em casa, ela decidiu que merecia alguns doces que haviam sobrado do Halloween. Só que dois bombons de pasta de amendoim se transformaram em dez, mais três tigelas de cereal e quatro pedaços de pizza.

E então a autoaversão começou; ela entrou em uma espiral de vergonha, culpa e raiva. Enviou mensagens mordazes ao namorado Felix: "Por que você está comigo? Você poderia ficar com alguém muito melhor. Estou atrapalhando você. O que tem de errado com você pra ter me escolhido?"

Ele respondeu: "Você acabou de se entupir de comida?"[20]

Se entupir. Esse era o código para a comilança. Mais de dez anos antes, quando Eunice chegara à universidade, ela se deliciara com a liberdade de comer o que quisesse, uma novidade bem-vinda depois da estrita política da mãe imigrante que era contra a comida ultraprocessada norte-americana. "Eu podia incluir potes de sorvete Ben and Jerry's e pacotes de balas de gelatina no meu plano alimentar", lembra ela.

Inicialmente, usou essas comidas como um escape para o estresse durante as aulas, mas então isso se tornou um hábito, um mecanismo diário de enfrentamento. "Meu cérebro aprendeu que esse era o procedimento padrão." Ainda mais importante, aprendeu que, sempre que se sentia estressada, mal ou sobrecarregada, entupir-se de comida fornecia uma sensação de reconfortante e um hipnótico entorpecimento. "Se eu me entupir, esqueço a razão pela qual estou fazendo isso. Tudo desvanece enquanto como."

Durante anos, Eunice tentou compensar a comilança com corridas. "Sei que não existe compensação, mas achei que correr era um pouco mais saudável que vomitar." Mas acabou machucando o pé. E passou de correr 96 quilômetros por semana a não ser capaz de caminhar um quilômetro. Seu humor despencou, o que gerou mais comilança, em um círculo inclemente que enfim a levou a meu consultório.

Ao conhecê-la melhor, ficou claro que ser muito dura consigo era algo inerente a sua personalidade, história e experiência familiar. O estilo parental de sua mãe se resumia a "feedbacks severos obtém resultados melhores que feedbacks gentis e críticas construtivas". Em um lampejo de compreensão, Eunice lembrou quando a mãe, que era enfermeira do turno da noite, voltou de um treinamento no hospital. O instrutor dissera: "Todas as vezes que criticar um subalterno direto, você deve fazer três elogios." Quando chegou em casa, a mãe zombou: "Se eles estiverem trabalhando direito, você não precisa dizer nada. É quando fazem algo errado que você precisa falar."

Eunice também aprendeu a ler nas entrelinhas.

"Ela dizia 'Quero que você faça o seu melhor', mas a mensagem não verbalizada vinha em alto e bom som: 'E sei que o seu melhor é uma nota 10'", contou Eunice.

A mãe a pressionou para que se tornasse médica, mas Eunice se apaixonou pelo teatro e pelos figurinos, entrando para esse mundo já no ensino médio. A rebelião a incomodava. "Já que não vou ser médica, tenho que justificar qualquer outra escolha sendo a melhor. Isso pode gerar uma obsessão não muito saudável por elogios externos."

Ninguém é gentil consigo mesmo o tempo todo. Olhamos para a gordura em nossa cintura, a bagunça em nossa casa, as metafóricas bolas secas de feno rolando por nosso fim de semana sem planos, nossa lista de tarefas não cumpridas e pensamos: *Eu deveria estar fazendo mais que isso*. Mas, quando a autocrítica se torna o padrão, como no caso de Eunice, ela nos rebaixa de várias maneiras.[21] A autocrítica:

- *faz com que nos sintamos inadequados*. Quando a perfeição é o padrão usado para se sentir adequado, é muito difícil ser bom o bastante. A menos que tenhamos um resultado inequivocamente perfeito, nosso crítico interno trata nossos esforços como falhas.
- *acaba com a motivação*. Por que se dar o trabalho se não será bom o bastante mesmo?
- *deixa-nos sensíveis às críticas alheias*. Mesmo que nos critiquemos, quando outra pessoa o faz a sensação é a de um choque elétrico muito doloroso.
- *é estressante*. Quer nossa autocrítica tome a forma de ofensas e palavrões ou de murmúrios sobre nunca ser bom o bastante, estamos nos atacando, o que é exaustivo.
- *retira toda a diversão do processo*. Chegar lá não é tão divertido. Na verdade, pode ser bem o contrário. É difícil fazer como instruem

os pilotos das empresas aéreas: recostar-se no assento, relaxar e aproveitar o voo metafórico.
- *diminui a qualidade de nossos resultados*. Paradoxalmente, quando nosso crítico interno nos deixa desconfiados, nos escrutinando e corrigindo, nós nos tornamos ineficientes, começamos a procrastinar, não conseguimos pensar com clareza ou levamos muito tempo para nos recuperar após um esforço, prejudicando nosso desempenho.
- *atrapalha a conexão*. Quando nos criticamos na frente dos outros, eles presumem que seremos igualmente críticos em relação a eles.

Esse último tópico é contraintuitivo, sobretudo para aqueles que foram criados para serem humildes ou modestos. Por exemplo, um amigo contou que ele e a esposa autocrítica receberam alguns amigos para jantar. "Quando os convidados elogiavam a comida, ela tentava ser modesta, mas sua resposta parecia uma rejeição: 'Obrigada, mas o brownie estava mole no meio.' 'Ah, você gostou do frango? Eu achei seco.'" A autocrítica mostra a todos os seu padrões altíssimos, o que faz com que passem a pisar em ovos e relutem em compartilhar as histórias autodepreciativas que levam à conexão empática. Meu amigo concluiu: "Acho que todo mundo ficou com medo de chamar a gente para um jantar em casa."

Na citação do início deste capítulo, quando Fred Rogers diz que a gentileza é a primeira, segunda e terceira maneira de chegar ao sucesso — seja qual for o significado de sucesso para você —, ele pode estar falando de ser gentil com os outros. Mas também de ser gentil com você mesmo: aqui entra a autocompaixão.

Autocompaixão, de acordo com a psicóloga e pesquisadora Dra. Kristin Neff, da Universidade do Texas, é sentir simpatia, cuidado e entendimento por nós mesmos quando sofremos, falhamos ou nos sentimos inadequados.[22] Inclui sermos gentis, darmos atenção à nossa dor e reconhecermos que a inadequação faz parte da condição humana e, consequentemente, nos conecta a todas as outras pessoas do planeta.

Uma avalanche de pesquisas nos diz que a autocompaixão é muito boa.[23] Uma gigantesca análise de 79 estudos envolvendo mais de 1.600 indivíduos descobriu que a autocompaixão correspondia a uma vida mais feliz e níveis mais elevados de bem-estar.[24]

Mas os perfeccionistas, incluindo Eunice, são muito ruins nisso. Posso colocar uma mão gentil sobre o coração e dizer a mim mesma: "Isso é difícil", mas a autocrítica vai chegar de fininho com uma máscara de hóquei e gritar em meu ouvido: "Não, não é!"[25]

Mesmo assim, tentei o máximo que pude aplicá-la a meus clientes. Eu costumava tentar guiá-los com a clássica pergunta: "Como você falaria com um bom amigo na mesma situação?", mas terminávamos sentados em constrangido silêncio. Ambos nos sentíamos empacados.

É assim que a autocrítica funciona. Sou autocrítica e trabalho com autocríticos há tempo suficiente para saber que, quando começamos a resistir ao autojulgamento, ele retorna mais rápido do que Pete Davidson engata em novos relacionamentos. Lembre-se, a autoculpabilização está tentando nos manter seguros e no controle. Como consequência, ela trabalha duro para evitar brechas, exceções e contrapontos. Mesmo quando encontramos algo bom em nosso desempenho, a autoculpabilização interfere para diminuir até mesmo nossas experiências mais positivas com a nada mágica palavra "mas". "Sim, consegui a promoção, mas acho que não foi unânime." Ou "Conhecer o Dalai Lama foi incrível, mas fiquei nervosa e gaguejei como uma idiota".

Por que a autocompaixão é tão difícil? Bem, ela é uma mistura de três coisas: gentileza, atenção plena sem julgamento e conexão com a experiência humana mais ampla.[26] Mas o cérebro perfeccionista funciona ao contrário em relação às três coisas: somos programados para ser duros conosco em vez de gentis; encontrar defeitos em vez de não fazer julgamentos; e ver nossas dificuldades como deficiências que nos tornam inadequados em vez de traços comuns que nos conectam aos outros. Em resumo, a autocompaixão é o oposto da autocrítica não somente de uma, mas de três maneiras. Não admira que caiamos de cara no chão quando tentamos. Por sorte, há muitas maneiras de nosso cérebro aceitar a autocompaixão.

Primeira: a autocompaixão pode ser *validação*, que é o reconhecimento de que pensamentos, sentimentos e comportamentos são compreensíveis.[27] Ela está no âmago de declarações que afirmam que "Isto é normal" ou "Isto faz sentido". Dada nossa história, personalidade, gatilhos e vulnerabilidades únicas, há lógica em estarmos sentindo o que sentimos e fazendo o que fazemos.

Quando Eunice se valida, ela reconhece que a autocrítica, a compulsão alimentar e a própria comilança são compreensíveis. Isso é diferente de não se responsabilizar. Não se trata de justificativa ou sinal verde. Eunice apenas reconhece que seu comportamento e seus sentimentos fazem sentido. E, como fazem sentido, *ela* faz sentido, em vez de ser errada, má, indisciplinada, preguiçosa ou qualquer outra coisa que o crítico interno possa usar contra ela como justificativa repleta de julgamento. Mesmo sentimentos e comportamentos "irracionais" fazem sentido quando entendemos o que há por trás deles. E, quando ela se entende, é muito mais fácil ser gentil consigo mesma.

Em seguida, autocompaixão podem ser *palavras*. Com um cérebro que é nosso pior crítico e uma abordagem de tudo ou nada, muitas vezes pensamos que precisamos nos alimentar de um fluxo constante de empolgação articulada, efetiva e autocompassiva. Mas isso não é realista. Por sorte, podemos facilitar as coisas.

Em vez de esperar que parágrafos inteiros de autocompaixão se formem em seu cérebro, limite-se a poucas frases: *Pegue leve com você mesmo. Você devia estar precisando disso. Isso faz sentido. Entendo o que você está fazendo. Seja gentil.* Podem ser somente uma ou duas palavras: *Gentil. Devagar. Estou bem.* Repita sua palavra ou frase gentil à vontade. Ou faça um gesto literal de apoio. O toque fala mais alto que as palavras. Coloque uma mão gentil sobre o coração, a barriga, o ombro. Uma leitora me mandou um e-mail falando de seu método: "Coloco a mão sobre o coração e dou tapinhas gentis enquanto digo baixinho: 'Você está fazendo seu melhor. Pode contar comigo, criança.'"[28] Quer ainda mais opções? Assopre sua mão gentilmente. Imagine estar enviando entendimento, cuidado ou mesmo vibrações ousadas e brilhantes por meio dela.

Autocompaixão podem ser *ações*. A Dra. Clarissa Ong, da Universidade de Louisville, coautora de *The Anxious Perfectionist*: *How to Manage Perfectionism-Driven Anxiety Using Acceptance & Commitment Therapy* [O perfeccionista ansioso: como gerir a ansiedade motivada pelo perfeccionismo com a terapia de aceitação e compromisso, em tradução livre], observa que "comportamento é aquilo que podemos controlar".[29] Não podemos conjurar pensamentos ou sentimentos como se os tirássemos da lâmpada do gênio. Mas podemos controlar nossas ações. Ong dá um exemplo: "Não posso controlar ter sentimentos amorosos por mim mesma. Mas definitivamente posso tomar café pela manhã e dar a mim mesma tempo para fazer isso." Outra leitora me enviou um e-mail com ações específicas para ser gentil consigo: "Cuido bem de mim com uma dieta saudável, exercícios (não muito intensos), relaxamento e jardinagem."[30] Outra se manifestou: "Eu tenho permissão para fazer as coisas que me dão alegria."[31]

De modo muito apropriado para os autocríticos, a autocompaixão pode ser permissão para *não* fazer coisas. Permissão para descansar. Para desacelerar. Para não atingir expectativas irreais, mesmo a despeito, como disse uma leitora, de "minha consciência hiperativa me cutucando".[32] Como disse outra, "percebi que de fato não posso fazer todas as coisas que espero de mim mesma. Autogentileza pode ser admitir isso de vez em quando".[33] Outra ainda: "Não impor padrões impossíveis a mim mesma."[34] Uma quarta disse: "Dizer o que *não posso* fazer. E até mesmo — *suspiro!* — pedir ajuda."[35]

Ter altos padrões e cobrar muito de nós mesmos não é necessariamente ruim — quem não quer ser capaz, confiável e fazer o que precisa ser feito? Mas significa que há um fogo perpétuo nos impulsionando a fazer o que "devemos" fazer — o bom e velho chicote interno. Conceder a nós mesmos um pouco de graça e descanso de tudo que devemos fazer é simpático, generoso, atencioso e, sim, compassivo.

Em resumo, a autocompaixão não precisa ser grandiosa, perfeita ou polida. Ela pode ser o reconhecimento de que fazemos sentido, uma única palavra, uma mão gentil em nossa barriga, reservar tempo para ler um romance com uma caneca de chocolate quente ou permissão para não fazer o jantar. Um pouquinho de gentileza e entendimento pode nos ajudar muito.

Quanto a Eunice, no meio de nosso trabalho, eu e minha família nos mudamos para o outro lado do país, e eu a deixei nas mãos capazes de um colega que investiu com intensidade em autocompaixão. Quando nos reconectamos quase quatro anos depois, ela relatou que, embora ainda não pudesse correr e ainda comesse excessivamente de vez em quando, estava muito mais feliz. O que mudara fora sua bondade em relação a si mesma.[36]

Enquanto conversávamos, fiquei impressionada com seu entendimento e sua generosidade em relação ao próprio comportamento. As lições de autocompaixão haviam abrandado a autocrítica. Agora ela tenta ser gentil consigo quando come demais. Ela se valida: *Faz sentido que eu esteja recorrendo a comida.* Ela é gentil consigo mesma por querer que a dor passe: *Entendo o que estou fazendo. Mesmo que não seja benéfico no longo prazo, com certeza funciona no curto prazo.* Quando consegue esperar a compulsão alimentar passar, a autocompaixão também a ajuda a aceitar o custo muito real de não se entupir. Ela diz a si mesma: *Faz sentido que eu me sinta mal. Eu não comi, e nada funciona tão bem quanto comer. Não comer é uma perda. Qualquer um se sentiria dividido.* Ainda mais importante, ela é gentil consigo mesma por ser quem é: *Considerando a maneira como meu cérebro funciona, isso faz sentido.* Como bônus, ela já não se fustiga via mensagens para Felix, que agora é seu marido.

"Ser gentil com Felix é algo que tenho sob controle, mesmo que eu faça besteira vezes", disse ela. "Ser cruel comigo mesma me torna menos presente para Felix. Além disso, faz com que eu goste menos de mim".

Eis, em letras garrafais, a lição importante: os sentimentos, os impulsos, a compulsão alimentar e a mobilidade de Eunice não mudaram muito.

Como todos nós, ela ainda se sente mal e estressada às vezes. Ela ainda comete excessos ocasionais. Ainda não pode correr. Mas sua *resposta* a todas essas coisas mudou. Como ela disse, "mesmo que não possa caminhar e ainda coma demais, minha vida está muito melhor".

> **EXPERIMENTE:** Observe quando estiver sendo duro consigo mesmo. O sinal pode ser uma sensação de frustração ou impotência. Talvez um comportamento, como se conectar às redes sociais para se distrair ou ir para a cozinha e comer em excesso. Também pode ser um impulso, como a tentação de procrastinar. Ou, ainda, o clássico pensamento autocrítico. O que quer que seja, note e ofereça a si mesmo compreensão:
>
> *Esta reação faz sentido.*
> *Estou tentando me manter seguro.*
> *Muitas pessoas provavelmente se sentiriam da mesma maneira.*
> *Isto é compreensível.*
>
> Lembre-se: você não está tentando interromper os pensamentos autocríticos, animar-se ou oferecer a si mesmo um discurso motivacional. Está sendo gentil e validando a pessoa tão humana que está na outra ponta de todos os pensamentos críticos: você.

Brinque com os pensamentos

Julie é representante da comunidade em um hospital de Boston, ajudando clientes e familiares a desvendar o obscuro e sinuoso mundo da assistência médica norte-americana. Ela usa tranças e uma impressionante coleção de colares artísticos que parece mudar a cada sessão semanal pelo Zoom. Vem de uma família de pacificadores e bons samaritanos, que imbuíram nela um forte senso de ética e justiça social, mas também grande autocrítica.

Julie foi rápida em se considerar insuficiente. Quando a esposa reclamou de uma conhecida que Julie achava engraçada e agradável, seu primeiro pensamento foi *Bom, eu tenho uma visão distorcida das pessoas*. Quando trabalhamos em sua ansiedade de falar em público, ela se castigou por pequenos detalhes — ocasionalmente dizer "hum" e se esquecer de repetir as perguntas feitas pela plateia. "Eu deveria ser melhor nisso a essa altura", inquietou-se. Ao se candidatar a uma promoção, se sentiu culpada por listar todas as próprias habilidades no currículo: "Eu deveria ser mais humilde."

Juntas, analisamos sua coleção de autojulgamentos. De suas visões das pessoas e seu medo de falar em público a suas realizações, o tema era "Estou fazendo isso errado". Centenas de vezes ao dia, de centenas de maneiras diferentes, o cérebro dela dizia que ela estava fazendo besteira. *Isso não está certo. É minha culpa.* E tudo acontecia rapidamente, por hábito, em um piscar de olhos.

Talvez seu cérebro faça algo similar. Se você listasse todas as suas autocríticas, qual seria o título da lista? "Sou inadequado." "Todo mundo vai me julgar." "É minha culpa." "Não sou interessante ou divertido." "Não sou normal." "E se eu falhar?" Há milhões de títulos na nuvem do autojulgamento. Mas isso nos dá uma metáfora para continuar.[37] Em sua mente, imagine o monitor do computador. Abra um novo documento. Vamos escrever uma história de autocrítica. Digite o título. Julie imaginou estar digitando "Estou fazendo tudo errado" no topo do documento.

Muito bem, está imaginando o título na tela? Ótimo. Agora mude a fonte. Julie escolheu Comic Sans.

Em seguida, mude a cor. Julie escolheu azul, sua cor favorita.

Depois, mude o tamanho da fonte. Diminua para 4 ou 6 pontos e então aumente para 36 ou 40. Julie brincou com uma variedade de tamanhos.

Por fim, pergunte-se: Como foi essa experiência? Julie sorriu:

"Foi meio divertido. E fez com que eu me sentisse mais no controle."

Vamos gritar no megafone: os pensamentos autocríticos de Julie não foram embora. Ela não selecionou todo o texto do documento e apagou tudo. As palavras ainda estavam escritas em Comic Sans azul. Mas fazê--las irem embora não era o objetivo; pensamentos reprimidos inevitavelmente ressurgem como um jogo de Acerte a Toupeira. Em vez disso, ela brincou com eles. Se afastou; ganhou flexibilidade e até um pouco de irreverência. E, com isso, o poder dos pensamentos diminuiu. Ainda mais importante, surgiu um espaço para seguir adiante.

Essa é uma de um zilhão de variações da *desfusão cognitiva*. Todas as técnicas de desfusão cognitiva nos ajudam a ver nossos pensamentos autocríticos pelo que são: pensamentos.[38] O exemplo mais simples é colocar a frase "Estou tendo o pensamento de que…" na frente dos pensamentos autocríticos. Outras variações popularizadas pela autora de sucesso e instrutora da terapia de aceitação e compromisso Dra. Russ Harris incluem cantar um pensamento autocrítico no ritmo de "Parabéns para você", ver as palavras em uma tela de karaokê e uma bola saltando de sílaba em sílaba, imaginar as palavras bordadas em uma almofada ou visualizá-las como o texto de abertura de *Guerra nas estrelas*, acompanhadas pela música-tema.[39]

Ou talvez seu pensamento não se expresse em palavras — talvez seja um filme em sua mente. Sem problemas. Coloque um nariz de palhaço no personagem principal. Use sotaques exagerados e gestos descontrolados. Adicione globos espelhados. O objetivo não é exatamente torná-los ridículos, mas distanciá-los, a fim de que possa vê-los como pensamentos, e não verdades.*

---

* Meu exemplo favorito de desfusão vem do excelente livro de Dr. Chad LeJeune, *"Pure O" OCD: Letting Go of Obsessive Thoughts with Acceptance and Commitment Therapy* [TOC "puramente obsessivo": abrindo mão dos pensamentos obsessivos com a terapia de aceitação e compromisso, em tradução livre]. Um de seus clientes era atormentado por horríveis imagens intrusivas, incluindo "um pênis sendo fatiado", a que Dr. LeJeune, movendo-se no limite entre a compaixão e a irreverência, perguntou: "Como uma banana em uma tigela de cereal?" O cliente, anteriormente próximo das lágrimas em função da angústia causada pelo pensamento, explodiu em gargalhadas.

Nossos pensamentos autocríticos são quase sempre automáticos; tão instintivos quanto o reflexo patelar na presença do martelo. Mas isso nos deixa em uma posição impotente. Brincar com os pensamentos, no entanto, confere escolha e influência e nos move para um lugar de mais poder.[40] Com um pouco de prática, Julie teve uma epifania estilo *Clube da luta* e percebeu que era ela quem fazia as críticas. E, como vinham de dentro, ela podia brincar com elas e transformá-las. Isso mudou a forma de se relacionar com tais pensamentos. De fato, imaginar um avião escrevendo no céu "Estou fazendo tudo errado" fez com que ela levasse a ideia menos a sério, o que impediu que fosse controlada por ela.

> **EXPERIMENTE:** Qual é o título de sua história de autocrítica? Pratique imaginá-lo em sua mente e então mudá-lo: acrescente animações, coloque cada palavra em uma cor diferente. Brinque com o som das palavras: cante, leia na voz de Caco, o Sapo ou na de Morgan Freeman. O objetivo não é fazer com que elas desapareçam, e sim envolver-se com elas. Reflita sobre como isso muda seu relacionamento com o pensamento autocrítico.

Compensando por seu cérebro

O cheiro limpo e pungente de sálvia — uma mistura de cânfora e pinho — emana do cenário. É o início de uma manhã de verão no coração das Montanhas Bighorn, no Wyoming, 2.500 metros acima do nível do mar, perto da fronteira com Montana. Jesse, de 8 anos, abre vários fardos de Pepsi e, com cuidado, mergulha lata por lata no pequeno riacho que gela bebidas melhor que qualquer cooler.[41]

Jesse está nas Bighorn com a família, incluindo o avô e um punhado de primos. O grupo está se preparando para um dia de trabalho — consertar a cabana, reparar as estradas destruídas pelo inverno, cuidar da mina —, mas também para uma muito merecida diversão.

Quando o sol cruza o céu e as tarefas estão completas, latas de Pepsi são retiradas do riacho e esvaziadas. Para Jesse e seus primos, o monte crescente de latas vazias significa uma oportunidade. Alguém pega as armas de Airsoft da caminhonete, e as latas de Pepsi são alinhadas com zelo e segurança perto das rochas, onde ninguém passará por engano. Essas rochas estão entre as mais antigas do mundo, formadas há bilhões de anos, mas Jesse e os primos não estão lá por causa da geologia. São espiões e caubóis perseguindo inimigos imaginários.

Os primeiros tiros de Jesse passam longe do alvo. Ele sabe que cada bolinha de Airsoft está indo um pouco para a direita, um pouco alto demais. Isso é típico. São armas para crianças, afinal, e a mira nunca é perfeita. Mas tudo bem: Jesse simplesmente se adapta. Ele mira um pouquinho mais para a esquerda, um pouquinho mais para baixo. É questão de tentativa e erro e, em breve, ele é recompensado com o pulo satisfatório da lata, o *ping* e o barulho da munição rolando no fundo. Missão cumprida.

Por que contei essa história sobre Jesse? Como você está lendo este capítulo, acho que seu cérebro tem certa tendência à autocrítica. Em função da constelação genética de sua família, de sua personalidade e das experiências que viveu desde que chegou ao mundo, seu cérebro foi programado dessa maneira. É como ele funciona. Não há julgamento moral nisso. Assim como alguns cérebros são introvertidos ou extrovertidos, alguns são otimistas ou pessimistas, alguns gostam de novidades e outros são mais cautelosos, o seu cérebro tende um pouco mais ao autojulgamento. É o que ele faz (o meu também).

Mas, como a arma de Jesse, ele é totalmente funcional. Na verdade, é extremamente funcional e pragmático. É 100% capaz de atingir a lata metafórica. Quer coisas boas para você: sair-se bem, atender às expectativas, permanecer humilde, ficar à frente das coisas para não ser pego de surpresa, ser irrepreensível, manter-se seguro. Mas o autojulgamento resultante desvia um pouco sua mira.

Jesse agora é Dr. Jesse Crosby, um psicólogo clínico treinado em Harvard que atende em Boston, a quilômetros de distância da fronteira

Wyoming–Montana. Mas ele ainda carrega as lições de tiro nas Montanhas Bighorn e agora as ensina aos clientes. "Penso muito nisso", diz ele sobre o paralelo, "seja com relação ao meu cérebro ou ao meu corpo físico. Não é que haja algo fundamentalmente errado que eu precise tratar. Se eu calibrar um pouco, ficarei bem."[42]

A ideia de compensar com o comportamento a maneira como fomos programados se baseia em uma complicada teoria chamada *contextualismo funcional*.[43] Vamos ficar longe desse buraco negro filosófico, mas, em essência, o contextualismo funcional presume que cada um de nós age em seu próprio contexto pessoal, histórico e situacional — hereditariedade, criação, situação atual —, e então nos convida a adotar uma abordagem pragmática de "O que funcionaria aqui?". Em outras palavras: suponha que seu cérebro tem uma boa razão para fazer o que faz, preste atenção no que está pensando e sentindo e, independentemente do que seu cérebro o incite a fazer, aja de acordo com o que é importante para você e seus objetivos. A lição? Não precisamos nos livrar do autojulgamento para seguir em frente. Viver nossa vida não depende de refazer nossa programação original. E a gente não ia querer fazer isso, de todo modo. Lembre-se: nosso cérebro funciona muito bem. Só queremos ajustar sua tendência à autocrítica.

Como? Bem, não podemos controlar nossa tendência à autocrítica. Se desse para estalar os dedos e parar, já teríamos feito isso. Mas é possível controlar nossas ações, escolher o que fazer. E, com nosso comportamento, podemos mirar alguns centímetros para a esquerda. Eis uma maneira pela qual apliquei essa técnica. Para contextualizar, meu cérebro com frequência acha que atividades profissionais, como apresentações e entrevistas, foram ruins. Por exemplo, depois que *Como ser você mesmo* foi lançado, fui convidada para um podcast de grande audiência. Peguei o trem para Nova York e, nervosa, gravei com o anfitrião em um estúdio com uma sala de controle que parecia capaz de lançar um satélite. Cometi um número muito razoável de erros, perdi o fio da meada em certo momento e fiz um comentário constrangedor em outro — tudo coisas que puderam ser editadas. Mais tarde, o produtor fez elogios generosos a mim e ao anfitrião, mas eu ainda estava com a sensação de que me saíra mal.

Durante os drinques com meu editor, Joe, e no trem de volta para Boston, meu cérebro se fixou nos erros: *Por que eu disse aquilo daquela forma? Perdi uma oportunidade. Estava desorganizada. Isso não foi bom.*

A desaprovação de meu cérebro é involuntária; não importa se o resultado foi positivo ou negativo. Além disso, valorizo essas oportunidades: elas são intelectualmente estimulantes, são úteis para os ouvintes que se identificam com o assunto e permitem que eu continue sendo escritora. Ao longo dos anos, andei nessa montanha-russa vezes suficientes para saber que *Isso não foi bom* é apenas para onde meu cérebro vai automaticamente após qualquer coisa envolvendo um microfone. Eu costumava acreditar nesses pensamentos, mas já não acredito mais. Eles são apenas algo que acontece. Não são verdadeiros nem pessoais, apenas parte do roteiro: faça a entrevista, ache que foi horrível, perceba que foi boa, aprenda quando não tiver sido, repita. Agora, em vez de me envolver nessa história de *Isso não foi bom*, eu compenso por meu cérebro, lembro meus valores, metaforicamente miro alguns centímetros para o lado e aceito o convite seguinte. Mesmo que de início pareça errado, ouvir meus valores em vez de meu barulhento cérebro é como tirar tinta seca de um pincel — tudo fica mais limpo e funciona melhor.

Mais uma vez, autojulgamento é o que o cérebro perfeccionista faz. Ter esses pensamentos não nos torna maus. Eles podem nos enviar para uma espiral de nos *sentirmos* mal, mas não há julgamento moral em um cérebro produzindo pensamentos. Assim como nosso coração bate e nossas glândulas sudoríparas transpiram, nosso cérebro perfeccionista produz pensamentos autocríticos.

Quando Julie pensava *Estou fazendo isso errado*, a reação natural era trabalhar mais para fazer certo: parar de enviar mensagens para a amiga que a esposa não aprovava, perder mais tempo que o necessário com os slides, apagar superlativos do currículo. O pensamento *Estou fazendo isso errado* não era "mau", *per se*, mas fazia com que ela *agisse* de maneiras que não a beneficiavam.

Contudo, quando passou a conhecer seu cérebro e o padrão dele, bem como Jesse e sua arma de Airsoft que puxava para o lado ou eu e meu cérebro após uma entrevista, ela pôde compensar e decidir o que fazer consultando seus valores, e não sua autocrítica. Falaremos mais de valores no Capítulo 6, mas eis uma prévia: os valores são como queremos *ser* no mundo. Eles não são um objetivo, são uma direção. Em uma analogia, ir para Boston é um objetivo — um destino; dá para riscar isso em uma lista. Ir para o leste é o valor equivalente — uma direção; sempre é possível ir ainda mais para o leste. Você nunca "termina" quando vive em função do que é importante para você.

Julie valorizava, entre outras coisas, estar com a família, com os amigos, ajudar seus clientes e demonstrar gentileza e cuidado para todos em sua vida.

Então, praticou flagrar suas autocríticas. E, com certeza, assim como o coração dela continuou a bater e as glândulas sudoríparas continuaram a transpirar, seu cérebro continuou produzindo pensamentos de autoculpabilização. Mas ela começou a notar o padrão: "Ah, aí está aquela coisa de *Estou fazendo tudo errado* outra vez", "Meu cérebro está me culpando de novo", "Ei, está acontecendo de novo".

E aí, em vez de deixar que a autoculpabilização guiasse seu comportamento, ela passou a consultar os próprios valores. Quando se esqueceu da alergia a laticínios de uma amiga e levou um pudim feito com creme de leite e cobertura de creme de ovos para o encontro de domingo à tarde, retomou o comportamento de *Sou uma idiota. Sei disso há anos, talvez meu cérebro deva ser examinado*. Mas então parou: "Normalmente, eu me censuraria por muito tempo e perderia grande parte da conversa ou continuaria a me desculpar até ela ficar irritada comigo."

Em vez disso, relatou Julie, ela percebeu o que estava acontecendo, lembrou que a amizade significava muito para ela e focou a razão pela qual estava lá: conectar-se com a amiga. "O pensamento *Sou uma idiota* não foi embora", disse ela durante uma sessão na semana seguinte, "mas prestei atenção em minha amiga e tivemos uma tarde deliciosa."

Em outras palavras, Julie mirou alguns centímetros para a esquerda e atingiu o alvo.

Seu cérebro pode criticá-lo até mesmo por tentar ter autocompaixão. *Você não pode ser gentil consigo mesmo: você não merece. Você vai criar uma bola de neve de exigir prerrogativas e sentir preguiça. Ser amável com você mesmo é indulgente e indisciplinado. Você não tem problemas reais, e pessoas que realmente sofreram merecem gentileza mais que você.* Adivinhe? São apenas pensamentos. Podemos usar as mesmas técnicas: *Ah, isso é só algo que meu cérebro faz. Entendi o que ele está fazendo.* Transforme o pensamento em um sinal de néon tremeluzente na sua cabeça, imagine-o gravado em uma caneca de café ou cante-o no ritmo de "Brilha, brilha, estrelinha". E então siga adiante e cuide bem de você.

É tudo parte de compensar por seu excelente mas autocrítico cérebro. No caso de Jesse aos 8 anos, a experiência ensinou: "Esta aqui atira um pouco alto e para a direita." Então ele ajustou o comportamento por tentativa e erro. Mire um pouco mais para baixo e para a esquerda. No começo, parece estranho não mirar diretamente na lata de Pepsi metafórica. Mas, com o tempo, começamos a internalizar a calibração. Ela se torna visceral e instintiva, e acertamos na mosca.

> **EXPERIMENTE:** Que autojulgamentos seu cérebro faz com regularidade? Considere-os um subproduto natural de sua genética, criação e/ou experiência de vida. Que ações você pode tentar que lhe permitam seguir em frente?

Depois que seu treinamento de programação terminou, não vi Adam por muito tempo. Ele fez contato de vez em quando por e-mail: estava no laborioso e frustrante processo de procurar emprego. Foi a uma entrevista após a outra, mas nunca conseguiu uma oferta. "Todos querem experiência", escreveu. Depois de mais de um ano, veio para algumas sessões depois que a mãe faleceu. Conversamos principalmente sobre como prosseguir não era uma traição e como não existe uma maneira certa de sentir o luto, mas ele contou, orgulhoso, que conseguira um emprego e estava há dois meses fazendo "coisas na nuvem" para uma seguradora. Ainda havia dias em que ele fervilhava de frustração e autojulgamento, mas continuava tentando falar consigo mesmo de maneira mais construtiva e amável. Achou muito mais fácil ser autocompassivo enquanto estava de luto. "Espero que isso continue", disse, referindo-se à recém-descoberta habilidade de ser gentil consigo. O melhor de tudo é que ele ainda não precisara fazer uma caminhada da frustração: "No pior dos casos, saio para tomar um café e irrito meus colegas com perguntas sobre o Bruins." Com certeza, algo bem diferente de andar pisando duro entre vestidos juvenis.

5
Os críticos externos
Nós e eles

Para ser inteiro, também preciso de um lado sombrio.
— Carl Jung

"Qual é o seu problema?", perguntou Steve Jobs a Sarah, sua sobrinha de 12 anos, durante um jantar em família num restaurante de Palo Alto. "Você não consegue nem falar. Não consegue comer. Você está comendo merda. Você já pensou em como a sua voz é horrorosa? Por favor, pare de falar com essa voz."

Em seu livro *Small Fry: A Memoir* [Insignificante: uma biografia, em tradução livre], a filha mais velha de Steve Jobs, Lisa Brennan-Jobs, conta como o pai humilhou Sarah por não estar à altura de suas expectativas não verbalizadas, deixando-a soluçando de tanto chorar na metade do hambúrguer. Para fechar, ele disse: "Você deveria mesmo pensar no que há de errado com você e tentar melhorar."[1]

Em um artigo de 2011 para a *New Yorker*, Malcolm Gladwell continua o retrato:

Ele grita com subordinados [...] Vai a um restaurante e devolve o prato três vezes. Chega à suíte do hotel em Nova York para coletivas de imprensa e decide, às 22 horas, que precisam mudar o piano de lugar, que tem pouco morango e que as flores estão erradas: ele queria lírios.

(Quando sua assessora de relações públicas retorna à meia-noite com as flores certas, ele diz que o terninho dela é "nojento".)

Gladwell conclui: "Nossa expectativa natural era que Jobs emergisse mais sábio e gentil de sua jornada tumultuosa. Mas isso nunca aconteceu. No hospital, no fim da vida, passou por 67 enfermeiras antes de encontrar três de quem gostava."[2]

Este livro fala principalmente do *perfeccionismo auto-orientado*, com os padrões nada realistas, a superavaliação e o ímpeto inclemente de nosso crítico interno. No entanto, este capítulo aborda dois tipos de críticos externos: o *perfeccionismo orientado para o outro*, quando somos duros com os outros, e o *perfeccionismo socialmente prescrito*, quando esperamos que os outros sejam duros conosco.

Vamos começar com o *perfeccionismo orientado para o outro*. O Dr. Gordon Flett e o Dr. Paul Hewitt, que criaram a teoria dos três tipos de perfeccionismo, afirmam que ele é motivado pela crença de que é importante que as outras pessoas — em geral pessoas próximas, como parceiros, filhos ou relações diretas — não façam nada errado.[3] Esperamos que elas atendam às nossas mais elevadas expectativas. E, quando nos decepcionam, nós as criticamos, seja em silêncio ou em voz alta. Steve Jobs pode ser o maior exemplo de perfeccionismo orientado para o outro, mas mesmo o menos exigente de nós pode se manter atento às minúsculas corporações da Fortune 500 que são nossa família, nossos filhos ou nossos funcionários.

O marido de Francesca, que nunca conheci, mas de quem ouvi falar muitas vezes, era um caso claro. Ele exigia de si os mais altos padrões de realização profissional, forma física e culinária e menosprezava as tentativas de Francesca de se manter à altura. "Não é difícil", dizia, impassivelmente, quando a mulher faltava à academia ou remexia a roupa suja procurando calças para os filhos gêmeos. Ela se esforçava ao máximo para fazer as coisas do jeito do marido, chegando ao ponto de gravar um vídeo dele preparando *sole meunière* a fim de replicar a receita "da maneira correta". Não é de surpreender que tenha chegado até mim com uma depressão esmagadora e o hábito de se entupir de M&M's no sofá. Se atender às expectativas elevadíssimas dele não era difícil, o que isso dizia sobre ela?

A mãe de Kara tinha uma forma mais disfarçada de perfeccionismo voltado para o outro. De acordo com Kara, ela se cobrava muito em relação a casa, a recepção de convidados e a boa educação, e exigia que a família fosse assim também. Ela dominava a comunicação indireta, jamais declarando abertamente o que esperava, mas suas mensagens chegavam em alto e bom som. Bater a louça enquanto a lavava queria dizer que Kara deveria ajudá-la. Perguntar "Você vai com essa roupa?" significava que era para a filha se trocar. Quando ela encaminhava artigos sobre o risco de metais pesados no chocolate amargo, Kara sabia que aquilo referia-se a seu peso. A mãe era uma mártir silenciosa a maior parte do tempo, mas, se Kara ousasse questioná-la, ela adotava uma reação exagerada e dramática: "Não acredito que você fez isso", "Você não acredita em mim? Acha que estou mentindo?", "Faço tudo isso por você, e é assim que você retribui?". Depois de se mudar para um apartamento próprio, Kara se mostrou relutante em visitar a mãe e, quando o fazia, pisava em ovos. Sem reconhecimento de suas necessidades e seus desejos, e sem se sentir segura para conversar sobre eles, fez a única coisa que podia: afastou-se a fim de se proteger.

Uma das primeiras a descrever o perfeccionismo voltado para o outro foi a Dra. Karen Horney,[4] uma influente psiquiatra e "gentil rebelde da psicanálise"[5] que ousou desafiar os princípios sacrossantos do pensamento freudiano. Horney foi certeira sobre como o perfeccionismo orientado para o outro de Steve Jobs, do marido de Francesca e da mãe de Kara funciona. Em 1950, escreveu:

"A pessoa pode impor seus padrões a outros e fazer incansáveis exigências quanto a sua perfeição. Quanto mais ela sente ser um parâmetro de todas as coisas, mais insiste não na perfeição geral, e sim na adequação a *suas* normas particulares. Quando os outros não conseguem se adequar, resulta em desdém ou raiva."[6]

De fato, um questionário projetado para mensurar o perfeccionismo orientado para o outro inclui itens como: "Eu julgo as pessoas quando sei que cometem erros", "Estou ajudando as pessoas se as repreendo por não atenderem às expectativas", "O desempenho mediano de um conhecido é insatisfatório", "Fico irritado se alguém que conheço comete erros."[7] Puxa. Como você pode ter intuído, o conceito inteiro está repleto de controle, dominância e passivo-agressividade.

O pesquisador do perfeccionismo Dr. Joachim Stoeber, da Universidade de Kent, nota que o perfeccionismo orientado para o outro é a única forma de perfeccionismo que não está enraizada na eficiêcia. Ele o chama de forma "sombria" do perfeccionismo, porque está centrado na "alta consideração por si mesmo, mas baixa consideração pelos outros".[8]

Isso nos leva a um palavrão: *narcisismo*. O narcisismo é um assunto controverso na psicologia — um traço de vilão da Disney. Mas ele existe em um continuum. O narcisismo saudável ajuda na autopreservação, na reivindicação de justiça e direitos humanos e na proteção da família e da propriedade, assim como conceitos mais amenos que defendo neste livro, como autoaceitação, autoestima e diversão.[9] No extremo insalubre do continuum estão os narcisistas raivosos: dominadores, desdenhosos e grandiosos, porém frágeis, tranquilamente dispostos a explorar alguém se isso servir a seus interesses.

Mas há muita variação no meio.[10] Nenhum de nós, incluindo aqueles que sofrem de perfeccionismo orientado para o outro, vê o mundo como ele é; vemos o mundo como *nós* somos. Desse modo, os perfeccionistas orientados para o outro também se cobram muito. Costumam trabalhar muitas horas, negam-se prazeres ou repouso que todos os outros aproveitam ou se forçam a uma autodisciplina na qual ninguém mais parece pensar. Muitas vezes há orgulho oculto. *Eu não sou como as outras pessoas*, eles podem pensar com satisfação. Mas também há desdém oculto. *Eu não sou como as outras pessoas*, eles podem pensar com vergonha ou medo. Uma sensação de "Ninguém se importa o bastante para fazer as coisas direito" está bem ao lado de "Ninguém me entende" — uma combinação de orgulho, ressentimento, solidão e anseio que faz com que os perfeccionistas orientados para o outro se sintam deslocados. O que há sob isso? Muitas camadas.

Aqui entra o Dr. Thomas Lynch, desenvolvedor de uma terapia com base em evidências chamada Terapia Comportamental Dialética Radicalmente Aberta.[11] Ao longo deste livro, veremos muito a presença dele e de sua parceira, Erica Smith Lynch; eles se especializaram em tratar um estilo de enfrentamento chamado *controle excessivo*, que às vezes acompanha o perfeccionismo.

Os Lynch apontam que uma das facas de dois gumes do controle excessivo é o *processamento com foco em detalhes* — nós reparamos nas pequenas coisas. Lisa Brennan-Jobs chama os famosos poderes de observação do pai de "sensíveis e específicos como o nervo de um dente".[12] Por exemplo, quando Lisa tinha 9 anos e patinava com o pai no campus de Stanford, ele ficou impressionado com o detalhado trabalho com pedra de cantaria dos edifícios: facetado, complexo, parecia quase que um trabalho bordado. "Como ele notou os detalhes e o cuidado dos artesãos que construíram o lugar, a maneira como talharam e arranjaram cada pedra, eu sabia que ele era capaz de notar outras pessoas. De me notar", escreveu ela, intuindo corretamente a robusta avaliação que ele fazia de tudo que considerava importante.[13] De fato, nossos poderes de observação são tão aguçados que, às vezes, os meros mortais não conseguem ver o que vemos — um erro de digitação na apresentação de slides, a falta de entusiasmo esportivo de nossos filhos, o desânimo ao sorrir para a foto de fim de ano —, mesmo quando mostramos a eles.

Mas nossa atenção aos detalhes não é o problema. O que notamos está correto: nosso cônjuge não ofereceu uma bebida ao convidado; nosso filho tirou 9 em vez de 10; há informações faltando na ata da reunião; nossas panelas não estão penduradas na ordem correta na cozinha. O problema é nossa reação quando nosso perfeccionismo orientado para o outro ataca.

Primeiro temos a nossa reação privada, interna, emocional. Ficamos desproporcionalmente frustrados, irritados ou temerosos das potenciais consequências quando as coisas não saem conforme o "planejado" — devemos ser bons anfitriões, nosso filho deveria ter tirado 10 porque é capaz, a ata precisava ser completa para benefício das pessoas que não foram à reunião, quem quer que tenha guardado as panelas deveria conhecer a ordem porque já a mostramos a todo mundo que vive nesta casa umas cem vezes.

O segundo problema ocorre quando transformamos nossa reação interna em comportamento: oferecemos uma bebida ao convidado na frente de nosso cônjuge, com "Deixa que eu faço isso" subentendido; mencionamos a nota em tom severo a nosso filho durante o jantar; mandamos um e-mail a todos com correções não solicitadas na ata; ou anunciamos nossa irritação batendo as panelas enquanto as reorganizamos. Steve Jobs não tinha uma conexão pessoal com os detalhes da cantaria em Stanford, mas tinha com tudo que a Apple produzia. Por consequência, quando os anúncios do iMac azul de 1998 estavam em desenvolvimento, Jobs ficou furioso ao perceber que a cor na campanha não correspondia à cor real do produto. Gritou com Lee Clow, o amigo e responsável pelos anúncios: "Vocês não sabem o que estão fazendo. Vou arranjar outra pessoa para cuidar disso, porque está tudo errado."[14]

Todos somos grosseiros quando estamos estressados, exaustos, famintos ou somos provocados. Ninguém responde calorosa e empaticamente o tempo todo. Mas, quando passamos o tempo todo às pessoas próximas a mensagem "Meu jeito é o jeito certo" emocional e comportamentalmente, isso atrapalha nossos relacionamentos de forma tão certa quanto aconteceria com nossos pneus se dirigíssemos sobre pregos. Considere um sinal de alerta se seus filhos, parceiros ou funcionários resmungarem em resposta a suas diretivas: "Nunca faço nada certo" ou "Não importa o que eu faça, nunca é bom o bastante para você".

Em seguida vem a empatia.[15] Quando estamos no modo do perfeccionismo orientado para o outro, avaliando e procurando defeitos, não somos privados de empatia como acontece na versão clínica do narcisismo, mas escolhemos ignorá-la por um momento. Podemos optar por não empregar o *funcionamento empático*, ou seja, não engajar com as experiências emocionais das outras pessoas. Talvez a gente sinta que está chateando o parceiro, entristecendo nossos filhos ou irritando os colegas ao ser intenso ou crítico. Mas é uma escolha deliberada não nos envolver emocionalmente e, em vez disso, insistimos na lógica de nossa crítica com uma resposta fria, indiferente ou intelectual (leia-se "racional"). Tratamos a emoção deles como injustificada porque, afinal, estamos certos. Mas, quando somos momentaneamente cegados pelo perfeccionismo orientado para o outro, esquecemos que a lógica e a justificativa não solucionam nem consolam. Elas afastam.

De fato, em *Small Fry*, Lisa, então no ensino médio, convence o pai e a madrasta, Laurene, a participarem de uma sessão de terapia. Ela disse que se sentia sozinha na família. Entre outras coisas, gostaria que eles lhe dessem boa-noite — um gesto simples mas significativo. Houve um longo silêncio. Por fim, Laurene declarou, seca: "Somos pessoas frias mesmo."[16] Lisa Brennan-Jobs escreveu: "Eu achei que poderia fazê-los se envergonharem de serem frios e ausentes. Mas eu é que fiquei envergonhada por ignorar a simples verdade." Lisa pediu empatia e recebeu uma resposta: "Não."

Em uma escala menor, meu cliente Art não entendia por que seus subalternos não podiam trabalhar quando estavam com covid: ele trabalhava de casa quando estava doente, então eles eram capazes de fazer o mesmo. O que dizer do tipo de pensamento dele? É complicado. Se achamos que o comportamento da pessoa em dificuldade reflete em nós mesmos — nosso subordinado sendo preguiçoso, nosso parceiro agindo de forma constrangedora na festa de fim ano —, as deficiências dela se tornam problema nosso, e corrigir a situação acaba sendo priorizado em vez dos sentimentos. Por outro lado, se entendemos que as limitações alheias são uma verificação de nossa superioridade, suas falhas se tornam evidências que precisamos enfatizar. Ou, se estamos correndo atrás de um objetivo, como enviar a proposta de financiamento a tempo, pode ser difícil sentir muito pelo término inconveniente de nossa assistente de pesquisa quando vemos que isso vai nos atrapalhar.

Só estou tentando ajudar: negação plausível

É contraintuitivo que nosso crítico externo foque as pessoas mais próximas: nossos parceiros, filhos, colegas de trabalho. Somos generosos e rápidos em desculpar ou focar qualidades positivas de estranhos e conhecidos, mas, quando se trata de pessoas próximas, ficamos presos no que elas fazem de errado.

Isso nos coloca no meio de um cabo de guerra interno. De um lado, queremos obter resultados bons e corretos das pessoas que criticamos. Do outro, temos a sensação de que controlar e criticar não é o comportamento ideal. Não é quem queremos ser. Além disso, eles nos pedem sem rodeios para relaxarmos.

É por isso que o que move o crítico externo é a negação plausível.[17] Se formos sinceros, geralmente uma faísca de sabedoria interna, uma vozinha, sabe o que estamos fazendo. Mas, como não queremos ser críticos nem controladores, disfarçamos isso nos convencendo de que não é bem assim. *Não é que eu não confie neles, só estou mostrando o jeito certo de fazer as coisas. Não estou sendo crítico, estou dando conselhos. Não estou sendo controlador, só estou tentando ajudar.*

A negação plausível vai além do julgamento disfarçado. Ficar com raiva em pétreo silêncio enquanto insiste que não há nada errado, agir com falsa modéstia para se gabar para os amigos ou fazer um insulto disfarçado de piada só funciona se nos convencermos de que não está acontecendo. Mas, mesmo que não percebamos o que estamos fazendo ou sejamos capazes de fingir isso, os efeitos em nossos relacionamentos são reais. Podemos não estar dizendo as palavras, mas a mensagem de avaliação negativa chega, inconfundível.

O que dizemos no perfeccionismo orientado para o outro	O que realmente queremos dizer	O que eles ouvem
Só estou tentando ajudar	Acho que você está fazendo errado e deveria fazer do meu jeito	Você está fazendo isso errado *ou* Não confio em você para fazer direito
Só quero que você dê o seu melhor	Quero que você faça *o* melhor	Você não está fazendo o suficiente
Só estou dizendo... *ou* Só para constar... *ou* É só minha opinião, mas...	Você deveria fazer do meu jeito, mas não vou dizer isso com essas palavras	Você está fazendo errado
Claro, podemos fazer do seu jeito (em certo tom de voz)	Mas o meu jeito é melhor	Seu jeito não é bom, e agora estou irritado
Não preciso de ajuda *ou* Está tudo sob controle, obrigado	Posso fazer sozinho	Não preciso de você
[Refaz a tarefa]	Isso não está bom o bastante	Você fez errado

Os críticos externos se orgulham de não serem como os outros, mas isso significa que costumam ficar sozinhos. O que pode ajudar a nos reconectar? Em seu livro *The Dance of Connection* [A dança da conexão, em tradução livre], a psicóloga Harriet Lerner diz: "A pior coisa que podemos fazer é continuar focando os problemas [das outras pessoas] e tentando ajudá-las. Em vez disso, seria mais útil compartilhar nossos próprios problemas, nossas limitações e necessidades. [...] Diminuímos as pessoas quando não permitimos que nos ajudem ou agimos como se não precisássemos delas e elas nada tivessem a oferecer."[18]

De fato, "só estou tentando ajudar" e comentários parecidos criam uma dinâmica competente-incompetente que perpetua a separação ao transmitir a mensagem "não somos iguais". Em contraste, revelar nossas vulnerabilidades ou compartilhar as vezes em que tivemos dificuldades cria uma dinâmica de igualdade, indicando que gostamos dos outros e confiamos neles, ao enviar a mensagem "somos iguais".

Pense nas pessoas que lhe são mais próximas. Você as ama por terem razão? Por mostrarem como você pode melhorar? Imagino que não. O mais provável é que você as ame pela maneira como se sente quando está com elas: por elas o aceitarem, o apoiarem e confiarem em você. Demonstrar confiança é vital. De fato, o contrário de controle não é descontrole; o contrário do controle é a confiança.

Steve Jobs teve sorte. Perto do fim da vida, quando estava morrendo de câncer no pâncreas, Lisa Brennan-Jobs decodificou seu comportamento. Durante uma visita ao pai, ela foi ao banheiro e passou uma bruma facial com cheiro de rosas. Voltou e se despediu dele com a promessa de retornar em breve. Ela o abraçou. Quando estava indo embora, ele chamou:

— Lis?
— Oi.
— Você está com cheiro de privada.[19]

Lisa o conhecia bem o bastante para intuir que aquilo não era um insulto, mas a versão de "honestidade" dele. Afinal, ela não percebera que a bruma de rosas que passara momentos antes se tornara fétida.[20]

Lisa pode ter conseguido ver o cuidado por trás das críticas do pai, mas a maioria de nós — incluindo as pessoas que amamos — não consegue enxergar tão bem.

Olhando sob o tapete da negação plausível

Uma nota importante: se você se identificou até aqui ou se sentiu desconfortável ou na defensiva, você está no caminho certo. O perfeccionismo orientado para o outro prospera nas sombras e, quando percebemos que o estamos praticando, podemos parar de fingir e deixar de criticar as pessoas que amamos.

O Dr. Thomas Lynch e a Dra. Erica Smith Lynch, nossos especialistas em controle excessivo, têm uma grande preocupação com a negação plausível. Eles desenvolveram uma técnica chamada *autoquestionamento*, projetada para olhar diretamente para os comportamentos repulsivos que envolvemos em uma capa de aceitabilidade.[21] De fato, quando admitimos que somos controladores disfarçados, é difícil continuar dessa forma.

O autoquestionamento, escrevem eles, é o cultivo da dúvida e da autoavaliação saudáveis. Começa com o que eles chamam de "saber qual a aresta".[22] Uma *aresta* é uma reação visceral que nos separa dos outros. São os pensamentos e sentimentos dos quais temos um pouco de vergonha. Aqueles que nos deixam resistentes, constrangidos ou na defensiva se tivermos que admitir: "Sim, foi assim que reagi." Pode ser uma sensação secreta de superioridade quando um colega faz algo errado; o ímpeto de mentir quando alguém indica um erro nosso; nossa tendência de nos fecharmos e ficarmos na defensiva quando questionados. Uma aresta é onde realmente dói.

A aresta é sempre negativa, mas nem todo sentimento negativo entra nessa categoria. Se alguém o insulta, é claro que você fica chateado; se você leva um bolo em um encontro, você se sente rejeitado — esses exemplos não são arestas. Quando a aresta é verdadeira, não queremos pensar a respeito nem admiti-la e não queremos que ninguém saiba dela. O Dr. Lynch dá exemplos de nos sentirmos negligenciados quando o parceiro não percebe que arrumamos a mesa dele, de ruminarmos sobre o olhar de um completo estranho no restaurante ou de sentirmos prazer secreto quando um amigo confessa um infortúnio.[23]

O que fazer? Quando encontramos essa aresta visceral, em vez de tentar escondê-la, precisamos lançar uma luz forte sobre ela. *O que é isso que não quero admitir ou sobre o que não quero pensar? Se meu lado sombrio pudesse falar, o que diria — o que ele está tentando me dizer?* E, ainda mais importante: *o que posso aprender com isso?*

Focar aquilo que podemos aprender — e como podemos crescer — nos torna mais abertos. O autoquestionamento permite que reflitamos e consideremos outras opções. Não podemos controlar nossas reações emocionais, mas pensar sobre nossos sentimentos confusos ajuda a clarear a mente. Por exemplo, perceber que somos hostis com nossos filhos quando ficamos inseguros nos ajuda a fazer isso menos vezes. Admitir para nós mesmos que depreciamos nosso parceiro para nos sentirmos melhor conosco nos ajuda a evitar esse comportamento. Perceber que pensamos "Eles vão ver só" quando sentimos que nossos colegas foram inconvenientes nos ajuda a esquecer e seguir em frente.

Por que fazer isso? É como vasculhar o lixo depois de jogar seu adiantamento fora por acidente. É repulsivo e você preferiria não fazê-lo, mas há algo lá de que você precisa e que tem grande valor. Quando refletimos sobre como as reações das quais não nos orgulhamos atrapalham nossos relacionamentos mais importantes, podemos fortalecê-los. Quando paramos de controlar, começamos a conectar.

> **EXPERIMENTE:** Lembre-se de uma reação recente da qual você teria vergonha ou sobre a qual ficaria na defensiva se alguém descobrisse. Para que ela serviu? (Ela deve ter sido útil de alguma maneira, ou não teria ocorrido.) De que forma ela pode ajudá-lo a entender sobre si mesmo? Como você pode aprender e crescer a partir dela?

Antecipando os críticos externos: perfeccionismo socialmente prescrito

"Aquela merda já estava no lixo", lembrou Bruno Mars sobre as versões iniciais de "Uptown Funk", seu megassucesso com Mark Ronson que ficou em primeiro lugar da Billboard Hot 100 por quatorze semanas — um empate pelo recorde de segundo período mais longo na história — e o levou ao estrelato. "Ficamos meses trabalhando naquele refrão." Acendendo cigarro atrás de cigarro, produzindo variação após variação, ele se inquietava, pensando nas recepções negativas: "Será que as pessoas vão sair da pista de dança porque eu disse algo idiota sobre um dragão?"

Após o sucesso de "Uptown Funk", as coisas ficaram completamente estagnadas com a música seguinte, "24K Magic". "Depois da maior música da minha carreira, foi muito assustador voltar aqui", disse Mars sobre o retorno ao estúdio. Ele duvidava de tudo. "Não sei se as pessoas vão gostar dessa merda", disse. "Não sei se as rádios vão tocar."

O repórter da *Rolling Stone* Josh Eells o acompanhou nos meses que antecederam o lançamento do álbum homônimo *24K Magic*. Mars disse a ele: "Chegamos num ponto em que estamos perdendo a nossa sanidade mental. Meu engenheiro está enlouquecendo, ele quer me matar." Mars tocou a última versão — a vigésima — para Eells. Estava boa, concedeu Mars, mas algo o incomodava na ponte. "Preciso ampliá-la." O produtor vencedor do Grammy Ari Levine comentou: "Em toda a minha vida, nunca vi alguém tão meticuloso."[24]

Bem-vindo ao mundo do *perfeccionismo socialmente prescrito*.[25] O perfeccionismo auto-orientado é interno — nosso ímpeto vem de dentro. Mas o perfeccionismo socialmente prescrito é externo — ele vem pois acreditamos que os outros serão muito críticos se não atendermos a suas altas expectativas.

Bruno Mars atribui sua intensidade a sua infância, pois ele cresceu se apresentando com a banda da família em Honolulu. Ele internalizou os altos padrões da falecida mãe: "Eu via as pessoas se apaixonarem por ela", disse. "Ela tinha um dom." Hoje, relata Mars, "todas as vezes em que faço besteira no palco, consigo escutar minha mãe. 'Você diminuiu a altura da nota!', 'Você errou aquele movimento!', 'Fala pro seu irmão raspar o bigode!' Está tudo lá".

Ele aprendeu a agradar não apenas a ela, mas a todos: "Como cresci me apresentando para turistas, eu tinha que entreter todo mundo. Não só pretos, brancos, asiáticos ou latinos. Eu tinha que me apresentar para qualquer pessoa que fosse ao Havaí."[26]

A maioria de nós não passa pelo perfeccionismo socialmente prescrito e sai como uma estrela do pop, mas até que o Bruno Mars lida bem com isso. "Acredito que ela esteja olhando aqui para baixo e sorrindo", diz ele.[27]

Não estou tentando apontar dedos para a mãe de Bruno Mars. O perfeccionismo socialmente prescrito quase nunca tem só um responsável por trás. É mais uma força cultural, como a analogia de perguntar a um peixe "Como está a água?" e o peixe responder "Que água?".[28] Sequer percebemos que estamos imersos nele. Mas como seres humanos, reagimos ao contexto em que estamos inseridos. Assim, quando somos colocados no contexto das impiedosas forças culturais do século XXI pós-pandemia — capitalismo, opressão sistêmica, consumismo —, faz sentido que respondamos como se todo mundo estivesse pronto para nos atacar no nosso primeiro erro. Como explica o Dr. Thomas Curran, "o perfeccionismo é a psicologia definidora de um sistema econômico que está decidido a ultrapassar os limites humanos".[29]

Além disso, o perfeccionismo socialmente prescrito é o que os pesquisadores chamam de "motivado por relações interpessoais", no sentido de que estamos famintos pela aceitação alheia ou, ao menos, tentando evitar sua rejeição e desaprovação.[30] Trata-se de uma reação legítima às expectativas impostas por um pai, parceiro ou outra pessoa importante, assim como às suposições sobre nossa capacidade feitas pela cultura mais ampla em que boiamos como espécimes preservados em um jarro.

Como indivíduos nesse contexto cultural, existe a pressão de sempre sermos a melhor versão de nós mesmos. Mas nossos erros, nossas falhas e confusões típicas do humano são um obstáculo. Os pesquisadores chamam a lacuna entre os padrões que percebemos e a realidade da vida de *discrepância perfeccionista*.[31]

Então nos esforçamos muito para diminuir a distância. O medo de decepcionar as pessoas leva a estratégias compensatórias — um processo "corretivo" sobre o qual falaremos mais no Capítulo 15, chamado *autoapresentação perfeccionista* (e sua prima angustiada, a *auto-ocultação defensiva*), no qual tentamos parecer e agir como se estivéssemos no controle.[32] De fato, cometer um erro em público é extremamente constrangedor no perfeccionismo socialmente prescrito. Mantemos nossas vulnerabilidades e fraquezas escondidas. Não falamos sobre elas.*

Mas o fingimento defensivo é exaustivo e um caminho rápido para resultados previsíveis: depressão, transtorno alimentar, procrastinação, conflitos pessoais ou isolamento, que fazem com que nos sintamos ainda pior.[33] Vemos todas as maneiras pelas quais não estamos sendo nossa melhor versão e sentimos estar decepcionando todo mundo, inclusive a nós mesmos.

Veja o caso de Eugene. Ele entrou na nossa primeira sessão em uma manhã do início de junho. Ao fundo, não tive como ignorar as desbotadas decorações de Natal penduradas, abandonadas, nas paredes. Tudo começou a fazer sentido quando aprendi mais sobre sua depressão ao longo daquela hora.

Eugene ouvira "Você tem que ser tudo" em alto e bom som durante toda a infância. A mãe era uma agente imobiliária de muito sucesso — "uma empreendedora", disse ele — que pressionava muito para que ele também fosse. Eugene nunca pôde decidir como passar o tempo. Ele se lembrou de estar sobrecarregado com atividades que, ao longo dos anos, tornaram-se cada vez mais voltadas para levá-lo para Harvard, para as Olimpíadas e para o Laboratório de Propulsão a Jato, embora a mãe admitisse de má vontade que qualquer laboratório da NASA serviria. Ele lembrou de uma vez que o treinador nacional de badminton da China

---

* Com exceção, talvez, da terapia — algumas pessoas que sofrem de perfeccionismo socialmente prescrito tratam a terapia como um universo paralelo, o único lugar em que conseguem baixar a guarda e falar sobre erros e fraquezas. Juntos, terapeuta e cliente trabalham na expansão dessa possibilidade, revelando vulnerabilidades — intensamente ou devagar — para outras pessoas confiáveis.

visitou Boston. A mãe conseguiu uma reunião, colocou Eugene numa sala e disse ao treinador: "Transforme-o em um astro."

Ao mesmo tempo, havia milhares de coisas que ele *não* deveria fazer. A mãe deixava claro que era para ele ser menos tímido, envergonhado, sensível, emotivo. Os anos de ensino primário e secundário foram piorando pouco a pouco. Quando foi para a faculdade, ele já tinha sido totalmente treinado para ignorar desejos, preferências, instintos e personalidade. Não confiava em si mesmo para tomar qualquer decisão: foi corrigido tantas vezes que sabia que qualquer coisa que quisesse estaria errada.

Eugene estava empacado. Na maioria dos dias, acordava tarde ou ficava mexendo no celular por horas — não tinha como se sentir deslocado se estivesse dormindo ou distraído. Queria se sentir melhor, mas estava tão longe de onde "deveria" estar — cientista, aluno de Harvard, atleta olímpico — que não se sentia merecedor de fazer ou sentir algo bom. "Estou muito para trás. Preciso colocar tudo em dia antes de poder fazer qualquer coisa que quero fazer." Ele estava preso no espaço liminar entre "Não consigo fazer *nada*, não consigo solucionar as mudanças climáticas nem os problemas da sociedade" e "Por isso não consigo fazer nada, estou paralisado e sou incapaz".

Você nem precisa fazer algo errado: o julgamento basta

"Desculpe por tomar seu tempo", murmurou Eugene no fim da sessão, referindo-se à hora pela qual me pagara para fazer um trabalho que eu amo. Ele se desculpava muito: por precisar pensar antes de responder a minhas perguntas, por não ter se barbeado antes da sessão, pelo caminhão de lixo reciclado no beco atrás de sua casa, que estava fazendo barulho e podia estar atrapalhando a chamada.

Eugene não está fazendo nada errado. Mas isso não importa. Um estudo fascinante conduzido pela Dra. Theresa Robertson e pelo Dr. Daniel Sznycer, com o muito apropriado título "The True Trigger of Shame: Social Devaluation Is Sufficient, Wrongdoing Is Unnecessary"

[O verdadeiro gatilho da vergonha: a desvalorização social é suficiente, o erro é desnecessário, em tradução livre], descobriu que tendemos a sentir vergonha quando somos desvalorizados por alguém — criticados, julgados, excluídos —, *quer mereçamos ou não*.[34]

No estudo, os voluntários participaram de uma dinâmica de jogo em que recebiam fichas. Uma porcentagem dessas fichas podia ser depositada em um fundo comum — como a caixinha de gorjeta de um restaurante —, que todos dividiriam ao fim. Mas, antes de entrarem na segunda rodada, eles passavam por uma eliminação por votação, com breves explicações de por que permaneceriam ou não no grupo. Spoiler: as explicações eram todas falsas, manipuladas pelos pesquisadores. Em metade dos casos, os participantes foram excluídos. Foram informados de que a exclusão havia sido decidida pelos outros porque eles não haviam contribuído suficientemente para o fundo comum, com comentários como: "Não gosto de estar com pessoas que não ajudam." Mas a outra metade permaneceu no grupo e foi informada de que todo mundo queria continuar trabalhando com eles, mas, como eram populares demais, teriam que trabalhar sozinhos na rodada seguinte, por razões logísticas.

Veja bem: todo mundo — excluído ou incluído — participou da segunda rodada por conta própria. A única diferença era se a falsa avaliação havia sido positiva ou negativa. Como era de se esperar, os que haviam sido excluídos se sentiram envergonhados, independentemente de sua contribuição para o fundo comum, mesmo que tivessem doado 100% de suas fichas. A rejeição, o julgamento e outras respostas desvalorizadoras foram suficientes para que se sentissem de tal forma, mesmo entre aqueles que haviam dado literalmente tudo o que tinham.

A conclusão? O julgamento acaba com a gente. A desvalorização fustiga. Nas desculpas que Eugene me pediu, sequer houve julgamento; a possibilidade foi suficiente para que ele se desculpasse previamente. No fim das contas, não controlamos o feedback das pessoas (ou de pesquisadores astutos). Podemos ser criticados mesmo depois de termos apresentado nosso melhor desempenho e dado tudo que tínhamos. Ainda assim, tentamos evitar que essa desvalorização ocorra. O que nos leva a...

Agradar a todos

Lizette e as duas colegas com quem morava eram amigas desde a faculdade. Elas jantavam juntas quase todos os dias e faziam noites de filmes em seu apartamento que ficava em cima de um restaurante de lámen no bairro de Allston, em Boston. Mas as colegas ouviam música alta enquanto Lizette tentava dormir, "se esqueciam" de ajudar na limpeza após os filmes e convidavam amigas para passar a noite sem consultá-la. Lizette não conseguiu reunir coragem para pedir que mudassem de comportamento, mas, quando chegou a hora de renovar o contrato, também não teve coragem de dizer que já não queria morar com elas. Usou métodos indiretos, como insinuar ("Vocês não preferem morar juntas só as duas, já que têm o mesmo horário?"), fingir ("Sabemos que o proprietário vai pedir um aluguel mais alto do que podemos pagar") e agir com falso altruísmo ("Vou deixar vocês procurarem um apartamento de dois quartos; há muito mais deles no mercado").

Ela fez planos para morar com outra amiga e, quando as colegas renovaram o contrato, se viu presa. Tinha que contar que pretendia se mudar, o que foi tão estressante que ela dissociou e não consegue se lembrar da maior parte da conversa. Tudo que sabe é que ambas passaram a ignorá-la até que ela se mudasse. Lizette não queria dividir um apartamento com elas por mais um ano, mas também não queria destruir a amizade.

Isso é tentar agradar. Trata-se de uma estratégia comportamental para influenciar a maneira como os outros nos veem e permanecer para sempre nas boas graças deles ou, ao menos, evitar que nos excluam.[35] Isso é conhecido como *comportamento de segurança* — uma ação que visa reduzir nossa ansiedade e evitar que nossos medos se concretizem.

Em sua forma mais crua, essa tentativa de agradar tem o objetivo de controlar as reações e emoções alheias em relação a nós. Mas as pessoas que tentam agradar não parecem "controladoras" porque seu comportamento tem a aparência de gentileza, flexibilidade ou consideração. Na verdade, essas pessoas são geniais; agir assim além de dificultar que as pessoas não gostem delas, resulta em sorrisos de aprovação. O comportamento parece generosamente altruísta e, embora seja isso que o torne atraente, também é o problema: ele nos deixa sem identidade. Terceirizamos nosso Self para os críticos externos, passados, presentes e imaginários.

Tentar agradar repetidamente diminui nossa própria vontade como um músculo sendo atrofiado. Para muitos, não é que saibamos aquilo que queremos e então nos neguemos. É que analisamos o ambiente e descobrimos o que as outras pessoas querem. O que elas querem *é* o que queremos, porque o que queremos é conviver bem e evitar a devastação de todos aqueles "d": desvalorização, desaprovação, decepção, desgosto. Nunca fazemos o que queremos, porque estamos respondendo ao campo de força das outras pessoas.

Isso também gera problemas maiores. Embora queiramos apaziguar, tentar agradar sobrecarrega as outras pessoas com coisas que deveríamos fazer por nós mesmos: decidir do que gostamos, o que queremos, o que buscamos e, finalmente, como nos vemos. Por exemplo, uma equipe internacional de pesquisadores descobriu que, quando dizemos "Eu topo qualquer coisa", parecemos evasivos.[36] O decisor que você está tentando agradar — digamos, sua amiga Marge, que está perguntando no grupo em que restaurante devem jantar — não aceita a resposta pelo valor de face. Ela acha que você não quer o que já foi sugerido, mas é educado demais para falar. Então Marge assume o fardo de tentar ler sua mente e escolhe algo diferente das sugestões iniciais. Em outras palavras, ao não declarar sua preferência, você a obriga a fazer uma ginástica mental e abandonar sua primeira escolha, o que pode gerar ressentimento.

Mesmo quando sabemos estar causando a lenta erosão de nossa própria vontade, fazendo Marge ficar ressentida ou estragando uma amizade como Lizette, é difícil parar. Ainda parece errado gerar nosso campo de força.

Deixar de tentar agradar pode parecer egoísta e custoso no começo. É uma trilha neural bastante percorrida; então, quando você reúne coragem para entrar no mato crescido com uma machete e procurar as próprias necessidades e desejos, isso parece irritante ou criminoso. Imagens neurais apoiam essa conclusão. Um estudo publicado no jornal *Frontiers in Human Neuroscience* escaneou o cérebro de pessoas com dificuldade para discordar. Quanto menos frequentemente elas discordavam, mais determinados caminhos em seus cérebros* se acendiam ao discordarem, mesmo que fossem especialistas no tópico discutido.[37] Não surpreende que o cérebro de Lizette tenha entrado em curto-circuito.

Mas, mesmo que conter a tendência a agradar pareça o primeiro passo na direção do egoísmo, é na verdade o primeiro passo para reconhecer a própria identidade. Como escreveu Emma Reed Turrell em seu excelente livro *A arte de se agradar: como parar de agradar só aos outros e transformar a sua vida*, parar de tentar agradar não é dizer "eu primeiro", é simplesmente dizer "eu também".[38]

Comece sintonizando com o que você precisa e quer — tempo para se exercitar a fim de ter energia para acompanhar seus filhos, tempo com os amigos para não sofrer outro esgotamento, recusar convites porque odeia festas e só vai para não decepcionar o anfitrião ou ir à festa mesmo que seu parceiro odeie festas e você tenha medo de ir sem ele. Em seguida, faça um teste. Diga "não" para o vizinho que só fala com você quando precisa de um favor. Diga "sim" para sua chefe quando ela perguntar se você acha que o departamento precisa de mudanças.

Quando começamos a dizer "eu também", encontramos dois resultados. O primeiro é um grande nada. Dizemos "eu também" e nosso temido crítico responde "ok, ótimo". Podemos ter imaginado que o pior cenário de rejeição era certo, mas somos surpreendidos com graça, razoabilidade ou respeito por finalmente ocuparmos algum espaço.

A segunda possibilidade é a resistência. Tentar agradar "funciona" para as pessoas sendo agradadas. E, quando resistimos a um sistema, o sistema empurra com mais força. Como escreve Turrell, "quando eles

---

* Córtex frontal medial posterior, ínsula anterior, giro frontal inferior, córtex orbitofrontal lateral e giro angular.

disserem 'Você mudou', o que realmente estão dizendo é 'Não gosto que você não faz mais as coisas do *meu* jeito'".[39]

Tentar agradar é uma forma de controle, e o oposto do controle é a confiança. *Não é* confiar cegamente que ninguém o criticará e todo mundo gostará de você — esse resultado não é controlável, de qualquer modo. Lembre-se, você pode doar tudo para o fundo comum e mesmo assim ser excluído. Você nunca vai agradar a todo mundo, mesmo que faça tudo direito.

Mas *é* confiança de que você conseguirá lidar com a situação mesmo que não obtenha uma reação 100% satisfeita e aprovadora. É confiança de que pode pedir ajuda; de que as pessoas são capazes e encontrarão alternativas, em vez de carregar todo o peso da responsabilidade; de que elas têm direito às próprias reações sem que você tenha que protegê-las; de que você pode defender seu direito de ter necessidades e limites; e de que é capaz de evocar os recursos necessários para lidar com a desaprovação, a perda e a mudança.

Turrell mais uma vez: "A aceitação condicional não é aceitação, e o fim de um relacionamento construído na tentativa de agradar não é um fracasso. A ruptura no relacionamento pode ser reparada se ambas as partes estiverem dispostas e, se não puder, o relacionamento nunca foi verdadeiro, para começo de conversa."[40] A lição? Inclua-se na lista de pessoas que você tanto tenta agradar.

> **EXPERIMENTE:** Identifique uma situação ou pessoa particular que você costuma tentar agradar. Honre aquilo que esse comportamento conquista — você não faria isso se não fosse útil. Então reflita sobre o custo. Identifique uma oportunidade de expressar sua opinião, comunicar uma necessidade ou estabelecer um limite significativo. Tente e considere os resultados. Então tente de novo.

Mudança 2

RETORNANDO À SUA VIDA

6
Dos rótulos aos valores

Quando Carter entrou em nossa sessão no Zoom de seu quarto no campus, seu cabelo estava oleoso e arrepiado de tanto mexer nele, frustrado com o trabalho de álgebra linear. Ele havia começado o primeiro semestre da faculdade apenas três semanas antes e parecia tão estressado e exausto quanto um aluno durante as provas finais.

Carter, o garoto "inteligente" da cidadezinha natal que conhecemos no Capítulo 1, gostava de matemática no ensino médio; então, quando começou a faculdade, matriculou-se em cálculo. Após duas semanas se sentindo perdido, abandonou o cálculo e passou para a álgebra linear, mas também teve dificuldades. "A data final para trocas de disciplinas é hoje, então vou abandonar álgebra linear e passar para biologia", disse ele. Inclinei a cabeça em uma pergunta silenciosa; eu sabia que Carter já estudara biologia de nível universitário na faculdade comunitária local, uma vez que seu colégio não a oferecia. Após uma pausa, acrescentou: "Sei que vou me dar bem em biologia."

Nas duas sessões seguintes, Carter conseguiu articular o efeito que o rótulo "inteligente" tivera nele: "Ok, se sou inteligente, eu tenho que saber fazer algumas coisas. Preciso saber as respostas de matemática. Não posso fazer perguntas que mostrem que não estou entendendo a matéria. Preciso, basicamente, memorizar o guia de estudos a fim de me sair bem no teste."

Carter associava o rótulo "inteligente" a sua identidade. E isso não era surpresa para ninguém, dado que o bom desempenho acadêmico afirmava a ideia que ele tinha de si e o fazia sentir que não estava decepcionando todo mundo em sua cidade. Mas ter dificuldades com o trabalho de matemática tarde da noite abalava sua compostura escolástica e seu senso de identidade. Ele se lembrava de pensar, noite após noite, enquanto enfrentava as derivadas: *E se, na verdade, eu não for inteligente?* Esse pensamento, por sua vez, o afastava de seu interesse genuíno, a matemática, e o guiava na direção da escolha mais segura.

Todos usamos rótulos; é só pensar em como você se descreve. Comece dizendo "Eu sou..." e aposto que usará vinte ou trinta rótulos sem nem pensar: *legal, socialmente desajeitado, criativo, esquisito, pai, queer, nerd, bom com crianças, judeu, republicano, não muito bom em relacionamentos, jardineiro, assistente jurídico.* Nossos rótulos podem se tornar fonte de orgulho: o "alicerce" da família é confiável e todos contam com ele. A "supermãe" equilibra trabalho e família com a precisão de um lançamento de foguete. Como Carter e seus pais, nós nos sentimos bem quando os professores escrevem "brilhante" ou "ótimo aluno" em nossos boletins durante a infância.

Mas, quando superavaliamos, nossos rótulos começam a determinar nossas ações.[1] O rótulo de "inteligente" de Carter dita o que ele tem que fazer ou não fazer a fim de mantê-lo. A "mãe" do grupo de amigas coordena os pagamentos, mas também usa o tempo da noite para cuidar de quem exagerou nas margaritas, porque é isso que as amigas-mães fazem. Se somos "preguiçosos", não podemos nos interessar por jiu-jitsu, porque pessoas como nós gostam de passar o dia inteiro assistindo à Netflix, certo? E, se somos "introvertidos", fazer uma interpretação dramática de "My Heart Will Go On" no karaokê faz com que nossos amigos se virem uns para os outros e perguntem: "Quem é esse estranho e o que ele fez com o nosso amigo?"

Tudo isso faz sentido. Seres humanos gostam de consistência. Quando eu estava estudando para ser terapeuta, um mentor deu um nó na minha cabeça com o truísmo: "As pessoas preferem ser consistentes a felizes." Por quê? Criar uma história convincente sobre nós mesmos suaviza nossas contradições e irregularidades. A consistência oferece certeza, clareza, controle, segurança — todas coisas fundamentalmente boas. Ninguém deveria viver em um caos sempre em mutação.

Mas a busca por consistência significa que, às vezes, os rótulos se confundem com o comportamento. Um cliente nunca ia às festas da faculdade porque achava que sua fé mórmon não aceitaria, por mais que ele só quisesse dançar e beber água com gás. Outro cliente recusou uma promoção apesar do apoio e incentivo dos colegas por causa do rótulo que ele havia se dado de "incapaz".

Os rótulos também podem fazer com que os outros presumam coisas a nosso respeito: nossos irmãos adultos podem presumir que, já que somos enfermeiros, automaticamente cuidaremos de nossos pais idosos. Ou nosso colega de quarto pode dar uma festa na noite anterior a nosso teste de admissão na faculdade de direito sem pensar duas vezes porque, na teoria, somos "tranquilos".

A mídia social joga gasolina nessa fagulha. As crianças experimentam diferentes rótulos há anos — *Sou emo? Ativista? Nerd?* Isso faz parte de crescer. Hoje, principalmente em relação à saúde mental, as publicações das redes sociais podem ser reveladoras e validadoras em alguns casos, mas enganosas e confusas em outros: "Cinco sinais de que você sofre de ansiedade." "Qual seu tipo de TDAH?" "Meus seis comportamentos autistas como mulher diagnosticada depois de adulta." Mas então podemos começar a procurar outras coisas em nossa vida que se alinhem com essas informações: *Calma, então se eu escuto a mesma música sem parar eu sou autista? Também tenho que ter dificuldades sociais e interesses obsessivos?* Especialmente no caso de jovens tentando definir quem são, os rótulos podem criar restrições e regras que os definem de fora para dentro.

Em suma, quando tentamos tornar nossa vida consistente por meio de rótulos, mas esses rótulos nos dizem o que *não* podemos fazer, o que *não* aguentamos, o que *temos* que fazer ou do que *temos* que gostar, ficamos com uma margem de manobra tão pequena quanto um Escalade em um estacionamento de Manhattan.

O que fazer? "Reconhecer o que dizem sobre nós mesmos", me disse o Dr. Michael Twohig, professor de psicologia da Universidade Estadual de Utah. "E não faz mal dar ouvidos a isso; só precisamos prestar atenção em *quando* fazemos isso."[2] O Dr. Twohig é um dos grandes nomes da terapia de aceitação e compromisso;* ela está entremeada a seu DNA.[3] Ele é coautor do perspicaz *The Anxious Perfectionist: How to Manage Perfectionism-Driven Anxiety Using Acceptance & Commitment Therapy* [O perfeccionista ansioso: como lidar com ansiedade advinda do perfeccionismo com aceitação e compromisso, em tradução livre].

Em sua clínica, Twohig costuma reconhecer que os rótulos são bons em sua essência: "Sou o planejador, o organizado, o cuidador", listou. "Mas é bem difícil não ser isso, porque é assim que eles se veem." Nossos rótulos são *egossintônicos*, ou seja, nos ajudam a ser consistentes com nossa visão de nós mesmos (eis a danada da consistência outra vez).

Felizmente, a resposta é mais sofisticada que fazer o oposto do rótulo. A questão não é rejeitar o rótulo na mesma hora ou se conformar com ele. O dançarino deveria se livrar de seu rótulo de mórmon e começar a segurar um café em uma das mãos e uma cerveja light na outra? De jeito nenhum. Mas pode investigar se ser mórmon está diretamente ligado a seu comportamento de maneiras *desnecessárias* e que o obrigam a não participar de festas nas quais poderia exibir suas habilidades como dançarino bebendo um Sprite. Ou pode deixar de ir às festas não por ser mórmon, mas porque essa não é sua tribo e ele prefere ir a uma academia de escalada com os amigos.

> **EXPERIMENTE:** Identifique os rótulos mais presentes em você. Como você se percebe e se descreve? Como os outros o percebem e descrevem? Reflita sobre como esses rótulos podem estar determinando seu comportamento: "Eu tenho que [ação] porque sou [rótulo]." "Não posso fazer [ação] porque sou [rótulo]."

---

* Para simplificar, trata-se de uma terapia empiricamente validada, com base na atenção plena e voltada para o comportamento. Se a terapia cognitivo-comportamental tradicional visa modificar pensamentos e emoções, a terapia de aceitação e compromisso visa modificar nosso *relacionamento* com pensamentos e emoções.

Introduzindo valores

Então o que pode nos motivar no lugar dos rótulos com os quais nos identificamos em excesso? Nossos valores. Os valores são o princípio norteador que guia como queremos viver. São o que você acha significativo e importante na vida, e podem ser qualquer coisa: honestidade, tempo com os filhos, comédia, tradição, trabalho duro, justiça social, arte, ser um parceiro amoroso, livros, generosidade, cuidados pessoais ou um milhão de outras possibilidades.

Um valor verdadeiro, como definido pelo Dr. Twohig e por sua coautora, a Dra. Clarissa Ong, tem várias partes. Um valor 1) é livremente escolhido; 2) tem um significado intrínseco, ou seja, você se importaria com ele mesmo que ninguém soubesse; 3) está sob seu controle, isto é, não depende de outras pessoas, como ser amado ou receber aprovação; e 4) é contínuo, sendo mais uma direção que um destino.[4]

A parte de ser "livremente escolhido" tem importância particular. Os valores jamais são coercivos ou obrigatórios. Você escolhe segui-los em liberdade e é provável que esteja disposto a tolerar algum desconforto ou inconveniência para isso. Seus valores explicam por que você pode se voluntariar para limpar o lixo da praia em um belo sábado de verão, oferecer um ombro amigo depois da sua amiga voltar com o namorado que você sabia que não prestava ou assistir à guinchada apresentação da orquestra escolar de seu filho, não que eu saiba algo sobre isso. Se fizéssemos qualquer uma dessas coisas sem sermos motivados por nossos valores, nos sentiríamos muito diferentes: ressentidos, exasperados e precisando de um remédio para dor de cabeça. Os rótulos implicam que "temos" que fazer coisas. Mas, no caso dos valores, não "temos" que fazer nada. *Escolhemos* fazer.

A parte sobre ser "contínuo" também é importante. Assim como um pianista nunca vai riscar "dominar o piano" de sua lista de tarefas ou uma pessoa de fé jamais "terminará" de praticar sua religião, não paramos de valorizar a gentileza, a sustentabilidade ou o senso de humor. Como vimos no Capítulo 4, valores são diferentes de objetivos. Visitar a Austrália é um objetivo, um destino. Ir para o oeste é o valor equivalente, uma direção. Você sempre pode ir mais para oeste. Por consequência, "ganhar 1 milhão de dólares" não é um valor, nem "viajar para ver a família com mais frequência" ou "escrever uma sonata para piano". Mas os valores equivalentes podem ser riqueza, segurança financeira, viagens, família, criatividade, música ou autoexpressão. Sempre é possível ir atrás de seus valores.

Quais são seus valores?

Pense nas vezes em que sentiu o máximo de comprometimento, sentido ou propósito. Perceba que eu não disse *felicidade* nem *realização*, por mais que esses sentimentos pudessem estar ali no meio. O que estava acontecendo no auge de propósito e sentido? O que ajudou você a passar por momentos difíceis?

Em contraste, quando você se sentiu vazio, sem rumo, coagido ou como se estivesse no caminho errado? Identificar o que estava faltando em sua vida nesses pontos baixos pode ajudar a determinar o que mais importa.

Eu encontro sentido quando estou me conectando com outros, ajudando a vida das pessoas, sendo boba e sorridente, ficando maravilhada e calma em meio à natureza e ignorando os ruídos para captar o sinal principal, seja quando estou escrevendo, na sala de terapia ou na vida em geral. Mas isso é o que acontece hoje. Os valores podem mudar durante a vida. Seu amigo que jamais usa capacete e saca dinheiro com imprudência à meia-noite nos caixas eletrônicos de bairros duvidosos se torna pai e de repente começa a valorizar a segurança. Você olha para o álbum de fotos de seus pais conservadores e percebe que eles costumavam colocar flores em canos de armas durante manifestações contra a guerra.

Quando os clientes estão pensando sobre seus valores, eu às vezes peço que listem os cinco principais como exercício, mas seu número e importância variam de acordo com a situação. Em outras palavras, não se preocupe tanto em determiná-los com exatidão. Nosso cérebro é ardiloso. É fácil se mostrar perfeccionista quando pensamos sobre nossos valores, então preste atenção a pensamentos como *Tenho que escolher os valores certos* ou *Tenho que seguir perfeitamente meus valores*. Fique tranquilo, os valores não são escavados em pedra — eles podem ser apenas aquilo que é mais importante e significativo para você.

> **EXPERIMENTE:** O que você valoriza? O que é particularmente importante e significativo para você? O que lhe traz uma sensação de propósito?

Valores devem ser vividos, não apenas declarados. Quando fomos impulsionados pelo "ter que" durante muito tempo, pode parecer estranho e desorientador mudar para valores que escolhemos ter. Afinal, "ter que" nos serviu bem até agora.

Mudar de rótulos para valores pode significar que suas ações pareçam significativamente diferentes. A Dra. Ong dá um exemplo com "Eu sou bom pai". Podemos tentar corresponder ao rótulo de "bom pai" com ações genéricas que "temos que" realizar. "Se sou bom pai, tenho que perguntar sempre a meu filho sobre seus problemas e ajudar a resolvê-los, mesmo que ele não queira isso", disse-me Ong.[5]

Por outro lado, ao mudarmos para o valor de prestar atenção a nosso filho, perguntamos o que funcionará em uma situação particular. Nos tornamos mais flexíveis. Prestar atenção pode ser perguntar o que há de errado e ajudar a solucionar o problema. Mas também pode ser "Vou lhe dar espaço agora, porque é disso que você precisa".

Em contrapartida, talvez ao mudar de rótulos para valores suas ações pareçam exatamente as mesmas na superfície. Só a motivação subjacente é diferente. Suas ações serão iguais, mas o motivo delas será outro.

Por exemplo, o Dr. Twohig conta a história de um estudante universitário com o qual trabalhou, que chamaremos de Ramon. Quando Ramon começou a trabalhar com o Dr. Twohig, ele era produtivo, mas motivado de fato pelo que o Dr. Twohig chama de "chicote", o senso de que "Continuarei fazendo isso porque a única coisa aceitável a fazer é ser excelente".

Nos cinco anos de faculdade, Ramon aplicou seu treinamento em terapia de aceitação e compromisso e reorientou a própria ética de trabalho para, nas palavras de Twohig, "Estou fazendo isso porque vejo sentido nessa atividade, vejo sentido na pessoa com quem trabalho, quero ser útil ou isso vai ter um impacto positivo na área". "Quando Ramon se formou", refletiu Twohig durante uma conversa comigo, "acho que foi difícil desistir da ideia de 'Se o medo me motiva, continuarei em frente', mas defendo que ele estava mais produtivo que quando chegou. E eram os valores dele que o estavam motivando."[6] Ele ainda era produtivo. Seu comportamento superficial parecia exatamente o mesmo de antes de ele mudar para os valores, mas a motivação era outra.

Viver seus valores é possível em qualquer situação. A Dra. Ong dá o exemplo de valorizar o ativismo por uma causa. Se temos dinheiro, podemos doar. Se temos tempo, podemos nos voluntariar. Se não temos nenhum dos dois, podemos conversar com as pessoas de nossa comunidade, colar cartazes, contar nossa história, ouvir com empatia.[7]

Outro exemplo é minha cliente Saoirse, que tem um filho deficiente e um de seus valores é defender os direitos dele. Hoje ele tem 6 anos, mas "defender seus direitos" será muito diferente quando ele tiver 16, e depois 26 anos. Conforme o contexto muda, as ações dela mudam também, embora continue seguindo o mesmo valor.

Um grande e importante asterisco: *viver seus valores nem sempre é confortável*. Por exemplo, valorizo ajudar as pessoas com minha escrita. Mas isso significa que abordo especialistas e peço que ofereçam seu tempo para uma entrevista ou peço a meus amigos que leiam trechos de meu novo livro — coisas que não necessariamente os ajudam de forma direta e podem até mesmo pesar em suas agendas lotadas. Corro o risco de estressar outras pessoas a fim de seguir meus valores, algo que parece ilegal para mim. Do mesmo modo, valorizo passar tempo com minha família, mas, às vezes, isso significa que escolho recusar projetos interessantes ou dizer não a amigos, o que faz com que eu me sinta mal, como se estivesse decepcionando as pessoas. Seguir meus valores nem sempre faz com que eu me sinta 100% bem, mas aceitar esse desconforto é, para o melhor ou para o pior, parte de viver uma vida com valores.

"Aceitar o desconforto" ou "aprender a se sentir desconfortável" é algo enfatizado com muita frequência na terapia. Mas vamos pensar por quê. A chave não é aceitar a dor ou as emoções negativas sem motivo ou porque em tese faz bem, como comer vegetais. Não faça isso. Não há nada inerentemente louvável em ficar desconfortável apenas por ficar. Em vez disso, sinta-se desconfortável por uma *razão*: para viver uma vida com propósito.

O Dr. Twohig resumiu a questão: "Recomendo com frequência a meus alunos que, se eles costumam dizer que *precisam* terminar a dissertação, reformulem a frase, porque terão que fazer o trabalho da mesma forma. No mínimo, devem encontrar algum sentido na atividade. Devem ir atrás daquilo em que estão interessados, daquilo de que acham que gostarão, do que é significativo e está alinhado a seus valores. É o contrário de evitar: evitar decepcionar alguém, evitar o fracasso, evitar cometer erros."[8]

Regras que fingem ser valores

Falaremos mais sobre regras no Capítulo 8, mas eis um início. Os verdadeiros valores são um guia, não um ditador. Contudo, o perfeccionismo pode transformar valores em regras rígidas.

Aqui está uma maneira simples de ver que essa conversão sorrateira aconteceu: um valor se transforma em regra quando é coercivo — *eu devo, eu tenho que, eu não posso* — e temos que segui-lo ou arcar com as consequências. Por exemplo, minha cliente Theresa foi criada "por uma combinação de Deus e minha mãe" para ser generosa. Mas a generosidade lhe foi apresentada como requisito. "Se alguém pedisse algo — um sem-teto pedisse dinheiro, uma amiga pedisse que tomasse conta das crianças —, eu tinha que fazer", lembrou. Mas a falta de livre-arbítrio significa que deixou de ser um valor e passou a ser uma regra — o contrário da generosidade.

A cultura ocidental do século XXI não facilita a separação dos nossos valores das expectativas alheias. No livro *The Good Enough Job: Reclaiming Life from Work* [O emprego bom o bastante: reivindicando sua vida do trabalho, em tradução livre], Simone Stolzoff cita uma pesquisa Populace/Gallup que perguntou como os participantes definiam o sucesso. Colossais 97% concordaram com a seguinte declaração: "Uma pessoa é bem-sucedida se seguiu os próprios interesses e talentos para se tornar a melhor que pode naquilo que mais lhe importa." Mas, quando perguntados "Como você acha que os *outros* definem o sucesso?", igualmente colossais 92% concordaram que os outros considerariam uma pessoa bem-sucedida se "ela fosse rica, tivesse uma carreira de destaque ou fosse famosa".[9] A implicação é a seguinte: se pensamos que estamos cercados de pessoas que só admiram a riqueza, o prestígio ou a fama, é difícil seguir valores diferentes.

Dito isso, os pais, os amigos, a herança cultural, o sistema político e a religião podem influenciar seus valores, mas não defini-los. Eles ainda são livremente escolhidos por você. O Dr. Twohig fala sobre valores e regras em termos de duas métricas.[10] A métrica das regras mensura se algo cumpre os requisitos ou se você realizou X, Y ou Z. Já a dos valores pergunta se isso lhe permite viver como quer e ser a pessoa que deseja.

Carter abandonou a álgebra linear e retornou à biologia (o que lhe deu a nota 10 que tanto queria), mas, conforme seguimos juntos, isso também refletiu sobre seus valores, que incluíam o aprendizado. Quando contei à Dra. Ong sobre Carter, ela identificou: "Há todas aquelas coisas que vêm com ser 'inteligente' e que podem estar em conflito com o valor do aprendizado", disse ela. "Precisamos fazer perguntas bobas para aprender. Precisamos ser capazes de admitir que não sabemos. E, quando vemos clientes que conseguem fazer essa mudança, vemos isso em termos de fazer mais perguntas ou estudar para as provas de maneira diferente, como querer conhecer o material em vez de memorizar o guia de estudos."[11]

O perfeccionismo é fascinante, continuou ela, precisamente porque nosso comportamento superficial pode não mudar nada quando deixamos de ser impulsionados pelo rótulo de "inteligentes" e passamos a ser impulsionados pelo valor do aprendizado. "Você ainda pode estudar três horas, mas a intenção é diferente. Você está interessado em aprender o material, em oposição a 'Meu Deus, se eu não souber isso na prova, é porque sou burro.'" Carter ainda trabalha seu relacionamento com ser "inteligente", mas, em determinada sessão, relatou ter vivido de forma visceral a experiência de ser guiado por valores, e não rótulos. Ele tinha visitado a namorada na semana anterior. "Ela teve febre sábado de manhã e, na hora do almoço, começou a passar mal. Tínhamos planos de ver alguns amigos, mas escolhi cuidar dela em vez de sair. E não me importei." Ele teria cuidado dela de qualquer maneira, mas intuiu que, se "bom parceiro" funcionasse como rótulo ou regra — *Preciso ser um bom parceiro e cuidar dela* —, teria ficado irritado por perder o sábado. Em vez disso, porque sair para comprar Gatorade e lenços de papel foi uma escolha sua, ele não se ressentiu. Ficou triste por não ver os amigos, claro, mas tanto ele quanto eu ficamos felizes por ele ter ficado por escolha em vez de dever.

7
Nossas cestas esquecidas

A Faculdade Comunitária Berkshire fica bem no meio das colinas do oeste de Massachusetts.¹ Em uma manhã ensolarada de sábado na primavera de 2021, o ginásio, onde geralmente acontecem os jogos de basquete, foi transformado. De um lado, mesas ocupadas por enfermeiras exibem caixas com material cortante, lenços umedecidos com álcool e curativos adesivos. Do outro, cadeiras pretas de plástico estão dispostas em filas com 2 metros de distância entre si — é a área de observação pós-vacinação. Um fluxo constante de moradores recebe a primeira vacina contra a covid-19 e então se senta na área de observação para ver se terá alguma reação adversa imediata.

Um homem magro de cabelo preto, de óculos, máscara cirúrgica azul e boina, é vacinado por uma enfermeira, veste a jaqueta e vai para a área de observação. Contra o pano de fundo de paredes revestidas de vinil azul, ele se senta sob a cesta de basquete e coloca no chão o grande estojo musical que carrega. Ele o abre e retira um violoncelo. Precisa esperar quinze minutos. Não quis deixar o valioso violoncelo no carro, então pode muito bem preencher o tempo com música, um presente para as pessoas ao redor — enfermeiras, voluntários e recém-vacinados.

Quando desliza o arco pelas cordas, ouvem-se notas graves e ressonantes, primeiro devagar, depois mais rápido: o "Prelúdio em Sol Maior" de Bach. A música é animada mas suave, um som um pouco atípico em um espaço acostumado aos apitos do juiz e aos barulhos dos tênis no chão da quadra. Algumas pessoas escutam com atenção, fechando os olhos para sentir a música com mais intensidade, ao passo que outras olham em torno e voltam a mexer no celular. Um homem idoso arrasta a cadeira até ficar de frente para o violoncelista e, ainda a uma distância segura, inclina-se avidamente para a frente. Mais tarde, o violoncelista diria que o homem devia "precisar de algo" que ele ficou deliciado em fornecer. "Sempre fico feliz em responder quando as pessoas sentem que precisam de um pouco de música. É para isso que estou aqui", disse Yo-Yo Ma.[2]

Essa não foi a primeira vez que Ma usou a música para reconfortar e unir durante a pandemia. Nos primeiros dias, ele postou e encorajou outros músicos a postarem #CançõesDeConforto nas redes sociais. Sua primeira: "Going Home" [Indo para casa], de Dvořák.[3] Depois, ele e seu amigo de longa data, o pianista Emanuel Ax, tocaram em shows improvisados para motoristas de ônibus, bombeiros, enfermeiros e outros trabalhadores essenciais.[4]

Nem sempre foi assim, tocar para conectar e apoiar. Ma lembra que suas prioridades eram muito diferentes nos anos anteriores. Costumava focar somente técnica e precisão. "Em certo momento, tive a audácia de pensar que poderia tocar o concerto perfeito", lembrou. "Fui ao concerto e comecei a tocar. Estava no meio quando percebi que tudo estava impecável. E eu estava morrendo de tédio." Ele questionou o objetivo de tocar perfeitamente. "É isso que estou tentando fazer? Estou tentando tocar com perfeição? Ou estou tentando encontrar algo?" Foi naquele momento que "tomei a fatídica decisão de devotar minha vida à expressão, e não à perfeição humana". Hoje a música, seja no Carnegie Hall lotado ou em um ginásio comunitário respeitando o distanciamento, é "como exploro o mundo à minha volta, como me conecto a outras pessoas, como me expresso".[5]

Yo-Yo Ma descobriu algo importante. Tentar tocar com perfeição foi o que o motivou por muitos anos, mas, no fim das contas, mostrou-se insatisfatório, como o cume enevoado ao fim de uma escalada difícil. Poucos de nós são violoncelistas de nível internacional, mas muitos enfrentam um dilema similar: fazer as coisas direito (ou, mais precisamente, tentar não fazer errado) tem sido nosso farol, mas isso acaba nos levando à insatisfação, solidão ou desconexão. Sabemos que algo está errado, mas não conseguimos identificar o que é esse algo ou como corrigi-lo. Nos sentimos estrangeiros em uma terra estranha.

Há muitas fatias na torta da insatisfação, mas uma das maiores é nosso foco desproporcional no desempenho. Confundimos o que fazemos com quem somos, definindo-nos por quão bem nos saímos. Tendemos, como descreveu o psicólogo Dr. Don Hamachek, a "superestimar o desempenho e subestimar o Self".[6] Colocamos todos os ovos na cesta do desempenho.

Isso é *superavaliação*, quando nossa autoestima, tanto em geral quanto momento a momento, depende em excesso de como nos saímos, do que realizamos ou de quão duro trabalhamos.[7] É possível associar nosso valor a uma vertiginosa variedade de coisas: o valor em nosso contracheque, nosso cargo profissional, quão à risca (ou não) seguimos uma dieta saudável, sermos "boa mãe" ou "bom amigo", nossa imagem no espelho — a lista é infinita.

A intenção da superavaliação é boa. É claro que nos orgulhamos de nossas realizações. Queremos fazer as coisas direito porque nos importamos muito. Atender a nossas expectativas faz com que nos sintamos reconhecidos e valorizados. Pesquisas mostram que trabalhar em prol de objetivos nos faz mais felizes.[8]

Mas ultrapassamos o limite entre nos identificarmos com nosso desempenho — incorporando realizações a nosso autoconceito mais amplo — e nos identificarmos com ele em excesso, quando nossos objetivos começam a nos controlar. Terceirizamos nossa autoestima para o desempenho. Temos zero tolerância por erros porque eles significam que há algo errado conosco. Lembra-se de Gus, o designer de utensílios de cozinha que estava sempre "correndo ou parado" no Capítulo 1? Esse era exatamente seu desafio. Gus deu muito valor a fazer tudo certo em todas as áreas da vida. Em específico, disse a si mesmo que deveria parecer todo-competente: um bom líder de equipe, um pensador perspicaz, um amigo bem-informado. Sem um desempenho excelente no trabalho e na vida o tempo todo, temia ser considerado incompetente e deixado de lado. Colocava-se tanta pressão que, antes da revisão trimestral, passou a noite sem dormir. Sentia que a revisão era um referendo sobre *ele*, não sobre seu trabalho. Quando o e-mail chegou, ele leu a revisão freneticamente em busca da reafirmação de que ninguém o considerara falho.

Do mesmo modo, Gus se esforçava muito para se mostrar competente — pelo menos de acordo com sua percepção de competência — para os amigos, escolhendo cervejas artesanais de bom gosto, sugerindo restaurantes descolados, conduzindo a conversa para coisas que lera no *New York Times*. Assim, seu cérebro sempre entrava em curto-circuito quando os colegas faziam imitações de Yoda ou sugeriam nomes bobos para o cachorro* do amigo Jason porque, em um paradoxo enlouquecedor, ele não se sentia capaz de brincar. "Ninguém quer ser o cara que não sabe se divertir", explicou. Mas não deveríamos nos esforçar para nos divertir e fazer brincadeiras.

No trabalho e na vida, Gus queria ser capaz de usar as ferramentas habituais: esforçar-se muito, trabalhar, melhorar. Mas, como na epifania de Yo-Yo Ma, se sentia insatisfeito e desconectado. Quando sugeri que abordasse a vida sob uma nova perspectiva, sem ser a do desempenho, me olhou com curiosidade.

"Que outra perspectiva existe?", perguntou, confuso de verdade.

Há ao menos duas respostas para essa pergunta: conexão e diversão. Para retornarmos a nossa vida — para deixarmos de supervalorizar o desempenho —, temos que tirar alguns de nossos ovos da cesta do desempenho e colocá-los na cesta da conexão e da diversão.

Do desempenho à conexão

Vamos começar com a conexão. A história de Gus — assim como a de Yo-Yo Ma — nos mostra que o perfeccionismo pode parecer um problema pessoal, mas na verdade é um problema interpessoal. O foco no desempenho — *Estou fazendo isso direito? Evitei os erros? Isso parece*

---

* Senhor Almôndega e Nugget de Frango eram os principais competidores.

bom para você? — prejudica a conexão com os outros seres humanos em nossa vida.

Não é intencional. Não decidimos focar objetivos e tarefas em vez de conexões. Mas nossa genética, nossas experiências e as mensagens culturais se combinam para criar uma mentalidade tão comum que os pesquisadores têm uma expressão para ela: "desempenho acima da comunhão",[9] Por exemplo, podemos conquistar sucessivas faixas de caratê, mas esquecer de aproveitar a camaradagem do dojô. Conseguimos decorar a sala como sempre quisemos, mas os convidados acabam ficando com medo de se sentar. Podemos ser considerados um dos maiores músicos vivos e perceber no meio do show, como Yo-Yo Ma: "Eu poderia parar, sair do palco e não sentir nada, porque eu separara o ato de fazer do ato de estar presente."[10]

Paradoxalmente, enfatizamos o desempenho *porque* estamos à procura de comunhão.[11] Como todo ser humano do planeta, queremos nos sentir aceitos, mas de algum modo absorvemos a mensagem de que, para obter aceitação, precisamos ter o melhor desempenho possível. Se tivermos *resultados* bons o bastante, sussurra uma parte bem recôndita do nosso cérebro, *seremos* bons o bastante. Mas o que mais desejamos nesta vida é sermos aceitos sem precisarmos mostrar resultados.

O que o perfeccionismo esquece de nos dizer é que fazer tudo certo não nos torna parte da comunidade. Gus tinha muitos contatos, mas poucas conexões. Ele tinha acesso a uma rede de colegas e até mesmo um grupo de amigos, mas não se sentia de fato pertencente a nenhum deles.

Pode ser difícil nos desapegar do desempenho porque ele nos oferece um fac-símile do pertencimento. Quando nos esforçamos em fazer as coisas direito (ou, ao menos, evitar erros), muitas vezes acabamos conseguindo. E isso pode gerar aclamação. Mas ser impressionante tem o efeito colateral imprevisto de nos isolar — a admiração nos põe em destaque, mas estarmos em destaque significa que estamos sozinhos.

Em uma ironia alucinante, nosso ímpeto de encontrar aceitação por meio do desempenho começa porque já nos sentimos separados ou diferentes. O autor Thomas DeLong, em seu livro para perfeccionistas

Flying Without a Net: Turn Fear of Change into Fuel for Success [Assuma os riscos: transforme o medo da mudança em combustível para o sucesso, em tradução livre], afirma que quase toda pessoa de alto desempenho experimenta uma "atração gravitacional para se sentir deixada de fora"; então, "por reflexo, procuramos sinais que nos digam que estamos sendo excluídos ou somos indesejados".[12] Há a sensação de que não pertencemos mesmo nos grupos dos quais já fazemos parte.

Para Gus, parar de focar o desempenho e valorizar a conexão significou fazer as coisas de maneira diferente. Como terapeuta behaviorista, pedi que ele fizesse uma viagem no tempo até um futuro no qual se sentisse conectado. Se ele se sentia aceito, o que estava fazendo?

"Estou ouvindo em vez de ensaiar antecipadamente o que dizer", respondeu. "Provavelmente compartilho mais sobre mim mesmo. Peço conselhos aos colegas e amigos."

Eu não tinha nada a acrescentar. Gus tinha um excelente plano.

Ele tentou compartilhar atualizações de projetos com a equipe antes de estarem finalizados e pedir sua opinião. Quando fez uma nova apresentação, em vez de revisar em silêncio os slides enquanto as pessoas chegavam, as cumprimentou pelo nome. Durante a apresentação, compartilhou seu conhecimento com a energia de "Olha que coisa bacana eu encontrei!" em vez de tentar apresentar os slides como Gus, o Impressionante Especialista. Se preparou para as reuniões, mas não ensaiou o que dizer, apenas atentou para o que estava sendo comunicado. Com os amigos, em vez de tentar ser "bom" em se divertir, procurou sintonizar a energia do grupo e participar quando eles falavam sobre tópicos para os quais ele se sentia despreparado, como o fato de zumbis jamais usarem transportes públicos.

O que realmente surpreendeu Gus, contou ele depois, foi que focar a conexão foi mais fácil que focar o desempenho. O trabalho era menos exaustivo, e ele já não precisava passar horas no YouTube depois de se reunir com os amigos.

Essa foi a experiência de Gus, mas, no caso de Deema, todas as ações permaneceram iguais. A única coisa que mudou foi sua mentalidade. Quando trabalhei com ela, Deema estudava violoncelo no conservatório local. No semestre anterior, fora convidada a substituir a violoncelista principal, que quebrara o pulso caindo em uma das calçadas congeladas de Boston. Sendo a mais jovem do grupo, Deema se sentia muito intimidada por estudar com alunos de mestrado e doutorado; ela ficou bastante ansiosa durante todo o semestre, pressionando-se a praticar a fim de não decepcionar ninguém, mas procrastinando a prática de todas as partes difíceis, sobretudo seu solo. Por fim conseguiu chegar ao recital de inverno, saiu-se bem no solo e limpou o suor da testa, aliviada, quando nenhum dos outros músicos pareceu odiá-la durante o coquetel do evento após a apresentação.

Em maio, Deema entrou na videochamada da nossa sessão e relatou que estava almoçando no refeitório quando dois alunos de mestrado que haviam participado da apresentação — Lucas e Caleb — a reconheceram. "Como vai, Deema? Quanto tempo! Senta com a gente", disseram eles, emanando a energia amigável de Golden Retrievers. Deema disse que na hora ficou paralisada, confusa, com a bandeja de macarrão na mão. *Mas eles não me ouvem tocar desde dezembro*, pensou ela.

Talvez sintamos uma confusão equivalente: *Eles não me ouvem tocar desde dezembro*. Achamos que é preciso fazer as coisas direito para que as pessoas gostem de nós. *Preciso arrumar minha sala antes de receber alguém. Preciso perder peso antes de começar a namorar de novo. Preciso me sair muito bem nos ensaios para os músicos da orquestra gostarem de mim.* O que subentende-se é: preciso ter um bom desempenho para ter o direito de pertencer.

Deema me contou que almoçou com eles, mas se esforçou muito para ser engraçada. Concordou com tudo que eles disseram. Demonstrou empolgação pelas coisas com as quais eles estavam empolgados. O almoço foi divertido, mas havia uma pressão por baixo e o ímpeto de se provar.

Pelo Zoom, perguntei o que ela poderia teria feito de outra forma caso se aproximasse de Lucas e Caleb com a conexão em mente em vez de conquistar seu lugar por meio do desempenho. Ela pensou por um momento. "Acho que ainda seria divertida, mas porque sou divertida, não porque precisaria ser. Provavelmente ainda concordaria com muitas das opiniões deles, mas porque temos opiniões parecidas. E acho que também ficaria animada, mas só porque faz parte de uma amizade." Em outras palavras, ela não teria feito nada diferente. Mas a mentalidade teria mudado. A abordagem seria diferente. A conexão viria de um lugar menos obrigatório, mais livre e autêntico.

Quando Deema viu Lucas e Caleb de novo, ela colocou suas intenções em prática. "Foi difícil. Me sinto mais vulnerável agora", relatou. "Preciso confiar que eles gostam de mim como eu sou. Não é nada relacionado a se toco violoncelo bem ou não, se me empenhei nos ensaios ou se concordo com eles. Só tem a ver comigo. Então, se eles me rejeitarem, vai ser mais pessoal." Ela fez uma pausa. "Mas foi mais genuíno. Foi mais simples estar com eles."

O pertencimento não é tudo que achamos que temos que conquistar. Alguns clientes que se cobram demais acham que deveriam conquistar por meio do bom desempenho: descanso, o direito de declarar suas necessidades, apoio, entendimento, sono, uma pausa, um abraço, cuidados amorosos.

Tanto para Gus quanto para Deema, esse não foi um evento único. O impulso de desempenhar continuou a segui-los como uma nuvem menos carregada, mas ainda presente. Porém, lembre-se: corações batem, glândulas sudoríparas transpiram, cérebros pensam. Você vai pensar *Você tem que ter um bom desempenho para que as pessoas gostem de você* em algum momento. Mas, como Gus e Deema, podemos ignorar esse pensamento.

> **EXPERIMENTE:** Se você não tivesse que provar que pertence, o que estaria fazendo? O que faria mais? E menos? Como interagiria?

Do desempenho à perfeição

Jon Bon Jovi olha para o auditório lotado de uma conferência filantrópica. Ele está sentado em um banquinho, segurando a guitarra, e tem um microfone à frente. "Estou mais nervoso agora do que nos estádios lotados", diz à entusiástica plateia. Ele indica o homem de óculos e cabelo branco sentado a seu lado. "Mas o Sr. Warren Buffett e eu vamos nos apresentar para vocês."

Buffett dá um sorriso largo. "Isso foi descrito como uma experiência única, e vocês entenderão por que: uma vez basta", graceja. A sala irrompe em gargalhadas.

Com Bon Jovi na guitarra e Buffett no ukulele, os dois iniciam um dueto de "The Glory of Love", de Benny Goodman. Buffett dedilha o primeiro verso em uma serenata trêmula. Ele e Bon Jovi alternam vocais e então entram em sintonia, sorrindo um para o outro, para o final.[13]

Buffett é bom? Provavelmente, não. Se ele se importa com isso? Nem um pouco. Fica claro que está tendo a melhor noite de sua vida. Seu amor pelo ukulele está em todas as entrevistas, tocando "My Way" de Sinatra na CNN,[14] "Red River Valley" na reunião anual de acionistas da Berkshire Hathaway[15] e até mesmo convencendo Bill Gates a fazer um dueto de "I've Been Working on the Railroad" enquanto os dois passeiam de carrinho de golfe durante uma conferência, tomando picolés Dairy Queen.[16] Pelo visto, bilionários brincam e comem porcaria assim como o restante de nós.

Isso é pura diversão. A cesta da diversão nos faz acreditar que é simples. Ela está cheia de prazer e satisfação. Aqui, fazemos coisas puramente pelas boas sensações que causam. Se estamos acostumados a focar o desempenho, passar para a diversão pode parecer meio ilícito. Em casos extremos, a diversão não é permitida porque não contribui para a produtividade nem para o progresso, ou então precisa ser expiada mais tarde por meio de mais trabalho: *Vi um filme, agora preciso estudar pelo tempo equivalente.* Quando nos cobramos muito, a alegria é suspeita. Ao focar o desempenho, grande parte de nosso prazer vem de fazer as coisas direito: receber uma boa avaliação trimestral, cozinhar um suflê que desafia a gravidade, bater um recorde pessoal de levantamento de peso, fazer todo mundo rir na noite com os amigos. Mas, nesse caso, nosso prazer depende do resultado ou, ainda pior, da reação a ele. Além disso, se nosso objetivo passa a ser completar séries de exercício, perdemos o prazer do movimento. Se seguimos minuciosamente a receita, podemos não perceber o cheiro maravilhoso na cozinha. Se nos esforçamos para manter conversas animadas, podemos deixar de aproveitar o tempo com nossos amigos.

Opinião impopular: não precisamos ser bons para gostar de algo. Levei muito tempo para entender isso. Por exemplo, finalmente aceitei que sou uma confeiteira medíocre. Não sei espalhar as coberturas direito e tudo fica meio assimétrico. Paul Hollywood me mandaria para casa na mesma hora. Mas eu amo o cheiro que fica na casa quando um bolo de amêndoas está assando no forno, e lembrar que havia bolo de banana com Nutella no armário já me ajudou a sair da cama mais vezes do que gosto de admitir. Então vamos gritar isso a plenos pulmões: você não precisa ser bom para fazer algo. Você pode ser medíocre no skate e ainda querer ir para as pistas. Cante desafinado a plenos pulmões. Escreva poesia constrangedora que o faça chorar lágrimas de alegria. Dance como uma terapeuta behaviorista de meia-idade (*aham*). Qualquer que seja seu prazer, *você está fazendo direito porque gosta*.

Qual é o valor de não ser excelente? A conexão. É difícil se identificar com especialistas. Eles servem de inspiração, mas não nos identificamos com eles. Como escreve a psicóloga Dra. Harriet Lerner em *Fear and Other Uninvited Guests: Tackling the Anxiety, Fear and Shame That Keep Us from Optimal Living and Loving* [Medo e outros convidados inesperados: lidando com a ansiedade, o medo e a vergonha que nos impedem de viver e amar de maneira ótima, em tradução livre], "pessoas competentes que sempre parecem estar tendo um bom dia não me inspiram".[17] É muito fácil se identificar com as dificuldades. Se deixar alguém ver que você foi ultrapassado na pista de ski para iniciantes por um garotinho de chupeta ou que cortou as partes queimadas do frango que acabou de assar, isso significa que você confia na pessoa e a está convidando a confiar em você.*

Faça aquilo que lhe traga prazer, diversão ou satisfação. Você pode preferir a diversão tipo 1, chamada de *felicidade hedonista*,[18] que é o

---

* Juro que esses exemplos são inteiramente hipotéticos.

prazer do momento: comer um cupcake, assistir a *Simplesmente amor* pela quadragésima vez ou canalizar sua criança interior para descer uma ladeira de bicicleta a toda velocidade. Ou pode preferir a diversão tipo 2, também chamada de *felicidade eudaimônica*,[19] que é desafiadora e satisfatória: empilhar as delicadas camadas de um bolo de mel russo, passar aspirador na sala em linhas diagonais perfeitas ou subir a colina pedalando. Busque entender do que gosta naquela diversão para além de ser bom (ou não ser ruim). Preste atenção a seus sentidos. Que belezas, texturas, cheiros ou gostos você saboreia? Não há julgamento moral sobre do que você "deveria" gostar. Escolha o que quer que faça seu coração cantar: lembre-se, estamos tentando nos afastar do "deveria".

Dito isso, cuidado com a tendência de esperar felicidade extasiante. Buscar 100% de diversão só vai trazer decepção. A diversão estará misturada a outras emoções: dúvida, insegurança, um pouco de culpa. Tudo bem. Afinal, estamos tentando nos afastar do tudo ou nada. A disposição de sentir mais de uma emoção ao mesmo tempo é o que dá acesso às boas emoções.

No caso de Gus, quando parou de monitorar seu desempenho — de prestar atenção a quão descolado estava sendo — e começou a focar em se divertir, ele se sentiu dividido, mas mais leve. "É estranho não tentar provar nada", disse ele. Na verdade, algumas semanas depois, relatou que ele e os amigos haviam ido a um restaurante no fim de semana. "Eles estavam falando baboseira aos berros, e meu primeiro impulso foi conduzir a conversa para algo em que eu pudesse ser bom, como o projeto-piloto de renda básica universal de nossa cidade ou um podcast que eu tinha acabado de ouvir, mas então pensei *Dane-se* e me permiti curtir a companhia deles. Fiquei feliz por estar lá. Quando não estou prestando atenção em como estou me saindo, consigo me divertir." Gus sorriu.

> **EXPERIMENTE:** Se ninguém soubesse quão bem você se saiu, o que você tentaria fazer pela primeira vez? Se você não conseguisse progredir, o que você deixaria de fazer? O que ainda faria? O que faria com mais frequência?

Do desempenho tudo ou nada à flexibilidade

Mas e quanto à cesta do desempenho? Ela ainda está lá. Ainda é importante. Só que, mesmo nessa cesta, podemos separar o que fazemos de quem somos. A Dra. Patricia DiBartolo, da Faculdade Smith, e seus colegas descobriram que o fenômeno "sou o que faço", oficialmente chamado de *autoestima contingente*, tem duas versões.

A primeira é a *autoestima com base no sucesso* ou valor dependente do desempenho (por exemplo, quanto dinheiro ganhei este ano? Comi de forma saudável hoje? Estava bem na festa de aniversário da Julie ou estava estranha?).

A segunda é a *autoestima com base na atividade*, na qual o valor depende de quão produtivos e orientados para objetivos conseguimos ser.[20] Quando li a descrição de autoestima com base na atividade de DiBartolo, me identifiquei demais. Tantas pessoas têm o mesmo problema que eu, que tem até nome.

A autoestima contingente "dá certo" quando temos resultados excepcionais, mas enfaticamente não funciona quando enfrentamos os inevitáveis problemas e reveses da vida ou, como David Foster Wallace disse, quando estamos ocupados sendo "a porra de um ser humano".[21]

Vejamos o exemplo de Pieter. Ele me procurou pois sua relutância em se manifestar no trabalho estava prejudicando sua carreira. Na última avaliação, o chefe falou que ele deveria se fazer ouvir, falar mais, e assim Pieter viu que não podia continuar se escondendo — as pessoas o notavam e percebiam seu silêncio.

O problema era que Pieter se cobrava muito para ser impressionante. Tinha fantasias em que recebia aplausos de pé durante as conferências. Nas reuniões semanais, queria que todos os rostos à mesa se voltassem para ele sorrindo, com expressões de deslumbramento, transformados pelas pérolas de sabedoria que ele acabara de compartilhar.

Quando criança, Pieter sofreu bullying por muitos anos: por ser gordo, por ser o garoto novo na escola, por ser imigrante, por ser, parecia para ele... ele mesmo. Os outros meninos perseguiam ele, cuspiam nele, debochavam dele — repetidas vezes ele recebia a mensagem de que não era bom o bastante para ser parte da tribo, independentemente do que fizesse ou dissesse.

O bullying afeta nossa autoestima com precisão cirúrgica porque nos diz com clareza que estamos abaixo do padrão e seremos rejeitados por isso. É o exato oposto da segurança social que nosso cérebro procura. Não é de se surpreender que com anos de bullying, Pieter, quatro décadas depois, quisesse que os colegas invertessem as lições de sua infância e garantissem: *Pieter, você é incrível*.

Mas havia três coisas trabalhando contra ele. A primeira era que suas expectativas de desempenho extremamente altas e personalizadas não só o fadavam ao fracasso, como também tornavam esse fracasso muito mais pessoal. Como o padrão de adequação era o "aplauso de pé", ele se sentia tão pressionado que nem conseguia respirar direito durante as reuniões, quem dirá contribuir com um comentário semierudito. Para ele, cada comentário potencial era um referendo sobre seu trabalho. Não admira que permanecesse em silêncio. Quando conseguia falar, os olhos desviados e as reações neutras dos colegas que ouviam passivamente ou liam e-mails no telefone sub-repticiamente — em outras palavras, o comportamento normal em reuniões — faziam com que se sentisse um fracasso miserável.

O segundo problema era que, na autoestima contingente, nosso valor nunca é uma questão resolvida. Todo desempenho se torna um referendo sobre nosso valor. Temos que nos provar sempre: provar que somos bons, inteligentes, dignos e que pertencemos, o que inevitavelmente leva a ansiedade, evitação e burnout.

Terceiro, o objetivo de Pieter de ser impressionante, assim como o de ser gostado ou respeitado, dependia das reações alheias. Ele não podia controlar a maneira como as pessoas o viam. Ter como base a reação das pessoas — ou quaisquer circunstâncias fora de nosso controle — nos deixa com pouco poder. No caso de Pieter, isso significava todo mundo, dos perseguidores de sua infância aos colegas das reuniões de segunda-feira.

Em contraste, quando focamos aquilo que podemos controlar — sermos solícitos e gentis, fazermos um bom trabalho pelo prazer de fazê-lo

—, ganhamos mais poder. Não dá para controlar as reações alheias, mas é possível controlar nossas ações. E, ao colocar a atenção nas próprias ações — buscando a excelência pela excelência em si —, o resultado não só tem mais chances de ser bom como, ironicamente, também de obter reações positivas.

Durante vários meses, em vez de buscar admiração, algo fora de seu controle, Pieter tentou mudar o que conseguia: ser solícito, disponibilizar conhecimento na solução de problemas, estar preparado. Pareceu arriscado. Abandonar o escudo de ser impressionante fez com que ele se sentisse vulnerável, como se um dos meninos de sua infância pudesse sair de debaixo da mesa e cuspir em seu rosto. Mas tentou dar menos valor aos próprios comentários durante as reuniões. Havia uma sutil mas grande diferença entre "*Eu* não dei uma boa resposta" e "Eu não dei uma boa *resposta*". Discutiremos isso mais a fundo no Capítulo 10, "Do 'fracasso' à condição humana", mas eis uma prévia: o fracasso é uma acusação pessoal, uma fusão entre sua resposta e seu valor. A segunda com certeza ainda é uma decepção, mas o foco está totalmente na resposta — ela mantém uma separação saudável entre as ações de Pieter e seu valor. A resposta pode ter sido ruim, mas não significa que Pieter é ruim.

Com o tempo, ele conseguiu parar com essa insistência em ser impressionante. Mais uma vez, não temos que dar uma guinada de 180º — pequenos recuos e ajustes são suficientes. Quando Pieter obtinha reações positivas, ainda ficava contente com elas; quem não ficaria? Seus padrões permaneceram altos — relaxar não está em nosso DNA —, mas ele tentou alinhar as próprias expectativas à realidade. Também tentou pensar em si mesmo de outra forma, criando mais espaço para a rotineira confusão da vida.

Lembra-se do Jogo de Palavras da Ansiedade Social de *Como ser você mesmo?* Eis um modelo parecido que ajudou Pieter a se afastar da ideia de tudo ou nada entre "Eu sou impressionante" e "Eu sou um fracasso". Em vez de se ater ao rótulo de "Sou uma pessoa [traço ou qualidade valorizados]", tente conseguir alguma merecida flexibilidade:

Sou uma pessoa [traço ou qualidade valorizados] que, às vezes, [exceção].

Sou uma pessoa inteligente que, às vezes, não sabe a resposta.

Sou uma pessoa capaz que, às vezes, faz besteira.

Sou uma pessoa dedicada que, às vezes, não se esforça ao máximo.

Sou uma pessoa tranquila que, às vezes, perde a calma.

Sou uma pessoa divertida que, às vezes, fala sério.

Sou uma pessoa séria que, às vezes, decide brincar.

Sou uma pessoa bem-sucedida que, às vezes, fracassa.

Sou uma pessoa disciplinada que, às vezes, relaxa um pouco.

Sou uma pessoa saudável que, às vezes, come porcaria.

Sou uma pessoa criativa que, às vezes, tem bloqueios.

Sou um bom aluno que, às vezes, tira notas baixas.

Sou uma pessoa que faz bons julgamentos, mas, às vezes, toma decisões idiotas.

Sou uma pessoa produtiva que, às vezes, não cumpre prazos.

Sou um trabalhador esforçado que procrastina.

Sou uma pessoa gentil que sabe se defender.

Sou uma pessoa boa com alguns arrependimentos.

Eu cheguei lá, mas ainda procuro por algo.

Esse modelo nos afasta do tudo ou nada da autoestima contingente e nos dá uma muito necessária flexibilidade. Uma muito necessária permissão. Um muito necessário espaço para sermos humanos.

> **EXPERIMENTE:** Busque exemplos com os quais se identifique e/ou personalize o modelo "Sou uma pessoa [traço ou qualidade valorizados] que, às vezes, [exceção]" para sua vida.

Vamos dar uma olhada no que temos até agora. Em vez de uma única cesta de desempenho, temos três cestas, uma ao lado da outra, com uma distribuição de ovos ordenada: desempenho, conexão e diversão. Sua vida e seus valores podem exigir outra cesta, talvez de serviço ou justiça. Um artista visual ou performático como Yo-Yo Ma pode passar alguns ovos para a cesta da expressão. Mas a conexão e a diversão serão os fundamentos para retornar à sua vida. Como Yo-Yo Ma nos lembra, podemos perguntar "Estou tentando tocar direito? Ou estou tentando encontrar algo?". Porque, quando passamos de tentar fazer tudo direito para nos conectarmos a outros seres humanos e nos divertirmos um pouco ao longo do caminho, talvez encontremos exatamente o que estávamos procurando.

Mudança 3

DAS REGRAS À FLEXIBILIDADE

8
Reescrevendo o livro interno de regras

> Você deveria ser capaz de suportar tudo, entender tudo, gostar de todo mundo e sempre ser produtiva.
> — Dra. Karen Horney, *Neurosis and Human Growth*, 1950

Francesca entrou atrasada na nossa sessão de quinta-feira. "Desculpe, acabei de chegar do mercado", disse, sem fôlego, e sua imagem desapareceu por um momento de meu monitor enquanto ela se abaixava para colocar o carregador na tomada.

Francesca costumava passar muito tempo no supermercado porque comparava com atenção os itens em termos de valor, nutrição e qualidade. Os vegetais tomavam bastante tempo. Orgânicos ou locais? Em pedaços ou inteiros? Mas seu arqui-inimigo era o departamento de flores. Francesca amava flores e se deixassem, passava 45 minutos em frente às cestas, comparando: *Esta aqui está com as pontas queimadas, aquela ali perdeu um botão.* Sua regra consciente, articulada, era: "Quero fazer meu dinheiro valer." Isso era verdade. Mas também havia regras mais internas e pessoais nas profundezas de seu cérebro, das quais já falaremos.

Quando eu estava na faculdade, me lembro de trabalhar com alguns dados e ter dificuldade com a análise estatística. Confusa, agonizava por horas. Quando mostrei, tímida, meus resultados à professora, de dedos cruzados, meus números estavam todos errados. Ela olhou para mim e disse: "Ellen, você não precisa fazer isso sozinha." Em um instante, articulou as regras que eu nem sabia que estavam em meu livro interno: *Não posso pedir ajuda. Preciso fazer tudo sozinha.*

Um exemplo extremo é meu cliente Jason contando sobre o irmão com quem já não falava, que fez a família inteira se tornar vegana e abandonar os combustíveis fósseis, sem exceção. "Ele diz que estamos matando o planeta. Mas os filhos dele estão cansados de não comer pizza ou bolo nas festas de aniversário dos amigos, a mulher está irritada porque ele faz chantagem para que ela não vá de avião visitar a família, e todo mundo adoraria no mínimo pegar um ônibus em vez de pegar a bicicleta quando chove", disse Jason. A regra era *Não posso prejudicar o meio ambiente, jamais.*

Nós três estávamos tão presos a nossas regras que elas acabaram trabalhando contra nós. Custaram um tempo valioso a Francesca, uma pequena humilhação diante de minha mentora, e a boa vontade de toda a família, no caso do irmão de Jason. Nossos altos padrões haviam se calcificado em regras que nos faziam ignorar o argumento mais amplo.

Cada um de nós tem um livro interno de regras nas profundezas da mente. Ele não é padronizado; na verdade, é feito sob medida para cada um de nós, pelos adultos importantes em nossa infância, por nossas experiências e pelo líquido amniótico cultural no qual estamos imersos desde que nascemos.

É importante ter algumas regras: "Ser gentil. Pagar os impostos. Não ser racista." Nossas regras pessoais variam de claríssimas a vagas e indistintas, mas nosso cérebro entende a essência. Algumas são grandes: "Você sempre deve buscar se aperfeiçoar. Você não deve magoar as pessoas, nem mesmo por acidente. Se quiser que algo seja feito direito, tem que fazer você mesmo." Algumas são pequenas: "Você deve incluir uma mensagem personalizada escrita à mão em todo cartão de Natal. Você não pode misturar as cores da massinha. Essa é a única maneira de colocar as louças na lava-louças. Pelo amor de Deus, não monte um look só com jeans."

Seguir o livro interno de regras conquista muitas coisas: clareza e simplicidade, uma reconfortante sensação de controle, grandes realizações, admiração (ou, ao menos, redução das críticas) e bastante segurança: *É assim que as coisas devem ser, estou fazendo tudo certo.* As regras são especialmente úteis quando nos ajudam a saber como nos comportar em determinadas situações ou com pessoas que conhecemos pela primeira vez. De modo geral, regras são muito boas. Não é preciso jogar todas fora, abandonar nossas responsabilidades e ir morar em um acampamento de surf em Baja.

Mas qualquer regra pode sair pela culatra se for desnecessária, rígida, arbitrária ou estiver identificada em excesso com nosso caráter.

Vamos solucionar um enigma? Temos três regras: 1) desenhe quatro linhas retas 2) que conectem todos os nove pontos 3) sem tirar a caneta do papel. Pode tentar — é mais divertido na prática.

Quando tentei resolver isso pela primeira vez, fiquei encarando os pontos por muito tempo, testando diferentes soluções na minha cabeça. Um impulso familiar de perseverança — "Vou conseguir!" — se instalou. Eu queria achar a solução sozinha. Mas não consegui.

Quando me mostraram a resposta, descobri que sem querer criara outra regra: 4) sem sair do quadrado criado pelos nove pontos. Eu havia estipulado uma regra extra desnecessária e acabei podando minhas opções. (Insira uma piada sobre pensar fora da caixa aqui.)

Esse é o problema dos nove pontos, introduzido por Dr. Norman Maier em 1930, em um artigo para o *Journal of Comparative Psychology*. A lição? Às vezes, as regras são úteis e necessárias, mas aqueles de nós que estão familiarizados com o perfeccionismo costumam acrescentar regras extras desnecessárias que nos restringem.

Eis a solução, embora o cabo do guarda-chuva ou do cogumelo, como queira, possa estar em qualquer canto:

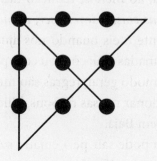

Por que gostamos tanto de regras mesmo quando elas às vezes nos dão uma facada nas costas? As regras aumentam a certeza. A ansiedade, em contraste, é motivada pela incerteza. Situações sem regras claras nos deixam ansiosos porque ficamos em dúvida se estamos fazendo as coisas direito ou bem o bastante. Por consequência, as regras, sobretudo as autoimpostas, criam ordem em meio ao caos.

Mas não se trata somente de entender o mundo. Seguir regras nos ajuda a entender a nós mesmos. Vamos voltar à autoestima contingente. Como tendemos a nos mensurar com base em nossa habilidade de atingir nossos elevados padrões, seguir as regras existentes ou criar exigentes regras autoimpostas nos dá padrões a seguir. O esforço para segui-las é uma maneira de nos provarmos. Estamos fazendo coisas difíceis de modo aceitável; então, somos aceitáveis.

É por isso que, às vezes, exageramos e seguimos as regras mesmo quando elas trabalham contra nós. Por exemplo, "devo ser agradável" funciona bem na maior parte do tempo. Mas isso significa que jamais podemos pedir um aumento, porque isso deixa nosso chefe desconfortável? Ou não podemos gritar "Me deixe em paz!" para um estranho que nos persegue na rua? Seguimos a regra "ser agradável" independentemente da situação porque isso diz algo sobre nosso caráter.

As regras das regras

Enquanto Xavier descrevia seu dia, eu podia sentir minha energia diminuindo. Só de ouvir a agenda dele, eu queria tirar um cochilo sob a mesa. Ele contou nos dedos os compromissos: "Primeiro tive uma aula de técnica, depois participei de um seminário de escrita, fui para o trabalho e tive uma reunião com meu chefe. Em seguida, reservei uma sala e tentei fazer meu dever de casa para a turma de composição. Agora estou aqui, mas em seguida tenho dois ensaios e às 20h preciso gravar uma apresentação. Ontem à noite também gravei uma apresentação, mas houve dois pedidos de bis, então só consegui pegar o trem às 23h e tentei responder aos e-mails no telefone, mas cochilei e perdi minha parada."

Xavier é estudante de teatro musical no conservatório local. Os pais são músicos de sucesso: a mãe é cantora de jazz e o pai é timbaleiro. Durante toda a vida, Xavier os viu trabalhar por muitas horas, viajar para apresentações e oficinas, colocar muita energia na preparação para as apresentações e devotar muito tempo à mentoria daqueles que seguiam seus passos.

"Eles sempre foram amorosos e encorajadores", disse, "mas com certeza esperam que eu me esforce." Ele explicou: "A indústria musical é complicada.. Empregos são conseguidos em testes, mas conexões com frequência conseguem esses testes ou outras oportunidades, como shows independentes. Os verões são superimportantes. Existe a não verbalizada expectativa de que eu passe o verão em festivais e oficinas."

No começo, Xavier me procurou por um sério problema de tricotilomania que o deixou com entradas no cabelo difíceis de esconder, mas acrescentamos tratamento do perfeccionismo quando ele me disse: "Sempre sinto que estou falhando."

O livro interno de regras de Xavier era fácil de ler: "Sempre seja produtivo. Nunca perca tempo." Como muitas pessoas com regras rígidas sobre produtividade, ele planejara algumas rotas de fuga, articulando: "Sempre devo estar trabalhando, menos depois das 21 horas nas sextas-feiras e nos sábados." Nesses períodos, permitia-se dar uma aloprada, em geral com drogas ou bebidas. No restante da semana as regras pendiam sobre ele. Então, sempre que se distraía, fazia uma pausa, procrastinava ou era ineficiente, ele quebrava as regras. Por isso que se sentia fracassando o tempo todo. Sem margem de erro nem espaço para respirar, não havia como fazer "tudo", então ele consistentemente se via preso no "nada".

Regras rígidas têm seu lugar. Cirurgiões jamais devem comprometer o campo esterilizado. Pilotos sempre devem estar sóbrios no trabalho. Mas, com mais frequência, como aquela cena cômica de pisar no cabo do rastelo, nossas regras rígidas nos dão um tapa na cara.

Uma descrição exata vem da Dra. Karen Horney, a psicanalista pioneira que conhecemos no Capítulo 5. Décadas depois, suas ideias sobre o perfeccionismo, que ela descreveu como "a tirania dos deveres", ainda nos atingem como bombas da verdade. Ela enfatizou três características das regras rígidas:

1. Regras rígidas ignoram a viabilidade. Tentamos seguir as regras, independentemente de serem realistas. Devemos saber, entender e prever tudo, mesmo que não seja possível. Precisamos saber o que fazer em toda situação, mesmo sem esclarecimentos ou informações completas. Temos que ser capazes de superar toda dificuldade assim que se apresente. Tudo que nos pedirem deve ser feito no mesmo instante, sem aquecimento, prática ou erros.

Esse era exatamente o dilema de Xavier. Ele não acreditava de verdade que precisava transcender as limitações do dia de 24 horas ou a necessidade humana de sono, "mas meio que parece que tenho". Se via muitas vezes desejando mais horas no dia. Havia a sensação de que *deveria* ser capaz de fazer tudo. De fato, as regras rígidas são mais fortes que a lógica.

2. Regras rígidas ignoram o contexto. Quer sejamos crianças pequenas dependentes de uma família tóxica, adultos ainda não completamente formados de vinte e poucos anos ou estejamos presos em um relacionamento abusivo, acreditamos que deveríamos, de forma mágica, saber mais e nos sair melhor. Como diz Horney: "Eu deveria sair dessa como um lírio de um pântano." Independentemente de com que estejamos lidando ou em que direções estejamos sendo puxados, nossos resultados e nosso julgamento devem ser ótimos. Fazer o nosso melhor não é o bastante.

3. Regras rígidas são contraditórias. Quando visto em conjunto, nosso livro interno de regras está cheio de mensagens constraditórias. Devemos estar profundamente conectados a nossos amigos, familiares e parceiros, mas, de algum modo, jamais ficar magoados ou irritados com eles. Devemos nos expressar integral e livremente, mas sempre controlar nossos sentimentos. Devemos ser independentes, mas saber trabalhar em equipe. Devemos sempre agradar a todos, mas não nos importar com o que pensam.

Da última vez que vi meu amigo Juan, ele me contou sobre uma viagem de fim de semana que sua família fizera a Cape Cod com duas outras famílias. O céu da tarde de sábado estava azul e cheio de nuvens fofinhas, e Juan estava inspirado. Ele convenceu todo mundo a fazer uma caldeirada da Nova Inglaterra na praia.

Improvisaram tudo. Juan lembrava mais ou menos que uma caldeirada envolvia fogo em um buraco raso e algumas algas. Enquanto ele e o pessoal cavaram um buraco, juntaram pedras e madeira, forraram com algas e acenderam o fogo, uma pessoa foi fazer compras. Não funcionou e tiveram que recomeçar; então, às 21h, todo mundo jantou sorvete e eles colocaram as crianças na cama. Mas continuaram trabalhando e, por volta da uma da manhã, os adultos se banquetearam com a caldeirada, beberam vinho e cantaram sob as estrelas. No dia seguinte, as crianças comeram milho, batata e salsicha no café da manhã enquanto corriam pela praia, os cabelos esvoaçantes ao vento.

Eu me lembro de ouvir a história de Juan de olhos arregalados. Se eu decidisse fazer uma caldeirada, teria pesquisado com antecedência, conseguido uma autorização para acender uma fogueira na praia, embalado todos os ingredientes necessários e seguido as orientações de um artigo confiável. A caldeirada provavelmente daria certo e no tempo esperado. Acredito que eu a teria feito coincidir com o pôr do sol.

Ambos os métodos resultariam em uma caldeirada com amigos. Quer dizer que o meu jeito era o certo? Talvez. Talvez não. Eu teria servido a caldeirada no jantar, mas teria perdido a confiança que conquistamos ao solucionar problemas de improviso. Teria perdido os elos que se formam quando você enfrenta situações com os amigos. Teria perdido o lembrete de que, de modo geral, as coisas dão certo.

Também existem custos pessoais e sociais em insistir na maneira certa. Quando Susanna oferece um jantar, ele sempre é delicioso, muito bem apresentado e muito elogiado. A preparação leva tempo, então o marido costuma se oferecer para ajudar, mas guarda os temperos na ordem errada, não corta os vegetais direito, e os dois ficam frustrados porque Susanna não consegue articular sua visão e ele não consegue ler a mente dela. Mas, quando ela recusa ajuda, colocar todos os pratos na mesa na hora certa se torna muito estressante. Ela sempre consegue, mas, ao longo dos anos, começou a achar solitário fazer tudo sozinha.

Nossos livros de regras nos dizem que existe um jeito certo e um errado de fazer as coisas. É curioso que a "maneira certa" varie de pessoa para pessoa (spoiler: a *nossa* é sempre a certa). Há um milhão de formas certas de arrumar a mesa, ter boa higiene, fazer café, dar uma festa, educar-se, criar filhos ou (rufar de tambores) viver, o que significa que nosso livro de regras interno pode ser bastante arbitrário, a despeito de insistir que sabe qual é o caminho das pedras.

Por que "bom o bastante" parece errado

Se nosso livro interno de regras tem todos esses defeitos, por que o seguimos? Por que não ignoramos as regras chatas, como leis desatualizadas que ninguém se deu o trabalho de revogar?[1] Porque ele é pessoal. Seguir nossas regras está relacionado ao nosso caráter. *Você* deve *fazer seu melhor. Você* deve *se orgulhar de sua aparência. Você* deve *manter*

---

* Como a lei do Missouri que proíbe dirigir em uma rodovia com um urso solto no carro. Além disso, mulheres solteiras, tomem nota: vocês não podem saltar de paraquedas no domingo na Flórida.

suas promessas. Quando cumprimos nossas regras, elas nos afirmam como pessoas.

A Dra. Roz Shafran, da University College London, cuja definição de perfeccionismo clínico forma a base deste livro,[2] e seus colaboradores, a Dra. Zafra Cooper e o Dr. Christopher Fairburn, afirmam que o perfeccionismo clínico é "mantido pela avaliação do estabelecimento e da manutenção de padrões pessoalmente exigentes".[3] Em nossa conversa, Dra. Shafran se lembrou de dar uma palestra e perguntar à plateia: "Quem, podendo escolher, escolheria o caminho mais fácil?" A maioria das mãos se levantou. Então ela perguntou: "Quem de fato faria isso?" Algumas mãos se levantaram. Ela pediu que elaborassem. "É o prazer que você sente; significa mais do que receber de bandeja", disse um. Outro: "Há satisfação em ter merecido a recompensa." Um terceiro: "É sentir orgulho por um dia de trabalho duro."

Um conselho comum para os perfeccionistas é: não deixe que o perfeito seja inimigo do bom. Dizem-nos para parar quando as coisas estiverem "boas o bastante". Mas "bom o bastante" não nos satisfaz quando se trata de algo de que derivamos valor. É por isso que, no momento em que os clientes percebem que estou pedindo que baixem seus padrões, isso funciona tão bem quanto pedir que arranquem as unhas dos pés. Quando comecei a aprender a tratar o perfeccionismo, sugeri que um cliente tivesse um dia 80% produtivo, o que não funcionou de jeito nenhum. Eu poderia muito bem ter sugerido que ele começasse a furtar lojas.

Do mesmo modo, Jamila, do Capítulo 1, resistiu à ideia de uma contribuição "boa o bastante" para seu projeto de grupo. Para ela, o desempenho refletia seu esforço, o qual, por sua vez, refletia seu caráter. Para Jamila, o esforço intenso costumava dar bons resultados, o que significava que *ela* era boa. Em retrospecto, eu entendo. Sei que, em meu caso, aceitar um trabalho ou comportamento social "bom o bastante" equivale a aceitar uma revisão de freios "boa o bastante" em meu carro.

Além disso, vemos o controle, o autocontrole e o estresse como evidências de que estamos nos esforçando. Pode até haver um processo específico, um nível de intensidade ou esforço que nos reflete como pessoas. O "sucesso" inclui quão árduas foram minhas tentativas, quanto esforço fiz, quão disciplinada fui?[4] Quantas vezes me distraí, abri o TikTok ou foquei o teto?

Do mesmo modo, às vezes nos identificamos em excesso com as consequências adversas de nossos esforços, tomando-as como evidências de que nossa busca é exigente o bastante. A exaustão é estimulante, o estresse é indicador de sucesso. Dormir apenas quatro horas por noite se torna evidência de que estamos fazendo nosso melhor ou não tomar banho por uma semana mostra que estamos levando as provas a sério. Meu cliente Jonathan trabalhou 48 horas direto em um relatório para provar a si mesmo que lhe fizera justiça. Mas avancemos alguns anos. Terminamos cronicamente exaustos, privados de sono e solitários. A maioria de meus clientes perfeccionistas me procura por causa da depressão, do burnout, do isolamento social ou de relacionamentos problemáticos, um efeito cumulativo do esforço extremo por longos períodos.

Então o que faço agora?

Felizmente, não precisamos jogar o livro interno de regras pela janela e recomeçar do zero, como um monge medieval trabalhando em um manuscrito ilustrado com um pincel ultrafino. A Dra. Shafran nos lembra que questionar as regras não significa baixar nossos padrões nem trair nossos valores. Em vez disso, significa "recuperar o controle".[5] Editar o livro interno de regras nos permite escolher em vez de meramente obedecer e permite que sejamos flexíveis em vez de obrigados. Que tal? Vamos dar uma repaginada em nosso livro.

Depois que colocou o laptop para carregar, Francesca me contou sobre o último episódio com o perfeccionismo. A festa de aniversário dos filhos gêmeos estava chegando. Ela adorava dar festas "Eu deveria ter sido planejadora de eventos", mas ao mesmo tempo as temia, porque ficava obcecada com os preparativos e a execução. Contou: "Já participei de festas nas quais os pais não fizeram *nada* e pensei 'Ah, Ok, é assim que eles fazem as coisas". E tudo bem, mas não é assim que *eu* faço as coisas. Passei tempo demais on-line na noite passada. Mas estava comprando a decoração no Etsy e queria ter certeza de que combinava com o bolo, então olhei milhares de faixas e peças de centro. E aí comecei a comprar lembrancinhas e quis encontrar os adesivos certos para cada criança. Eu não queria que ninguém ficasse chateado."

Para alguns de nós, customizar as lembrancinhas de acordo com a personalidade de cada criança parece tão excessivo quanto usar vestido arrumado para o trabalho, mas, para Francesca, parecia a coisa certa a fazer. Contudo, ela decidiu que estava saindo caro demais — ao ficar no Etsy desde o jantar até a madrugada, perdeu a hora de colocar os filhos na cama e passou o dia seguinte bocejando. "Não posso continuar fazendo isso." Suas ações estavam seguindo uma regra; só tínhamos que descobrir qual.

Para Francesca e todos nós, o primeiro passo da revisão é **notar e nomear as regras**. Isso pode ser fácil. Procure pensamentos com palavras definitivas como *deveria, sempre, nunca, tenho que, todo mundo, preciso*. É o que o lendário psicólogo Dr. Albert Ellis chamou de *musturbation* [de *must*, "dever" + *masturbation*, "masturbação"].*[6] *Preciso superar qualquer desafio ou obstáculo. Preciso otimizar o tempo e ser o mais eficiente que conseguir. Tenho que me mostrar calmo e centrado em todas as situações. Devo sempre viver a vida da melhor maneira possível. Tenho que atender às necessidades de todos. Todo mundo tem que gostar de mim.*

Mas, às vezes, nomear as regras não é tão fácil. Ainda bem que podemos seguir a trilha das emoções fortes para encontrar nossas regras. Elas estão ligadas às emoções fundamentais da vida: sentir-se bem a respeito de si mesmo, evitar sentir-se mal a respeito de si mesmo e permanecer nas boas graças dos outros seres humanos.

Para encontrar regras que tentam fazer com que você se sinta bem a respeito de si, preste atenção quando tiver muita certeza de que está fazendo tudo direito. Quando você se sente superconfiante e um bocadinho superior? A ideia de "Não é assim que eu faço as coisas" de

---

* O único remédio receitado por Ellis? "*Stop* shoulding *on yourself*" [Pare de se *devezar*].

Francesca levou a "Tenho que ser impressionante" ou "Tenho que vencer". Sentir certa superioridade quando alguém admira sua agenda com código de cores pode levar a "Eu deveria sempre estar no controle de tudo". Sentir-se um pouquinho orgulhoso por não precisar de ajuda para construir a horta do quintal leva a "Tenho que fazer as coisas por mim mesmo".

Também preste atenção quando se sentir crítico ou preocupado. Quando é que as *outras* pessoas não fazem as coisas direito? Karim se lembra de ficar preocupado de verdade com os amigos que deixaram de estudar para jogar videogame. Foi quando descobriu a regra "Você sempre deve fazer algo produtivo".

Quanto a evitar sentir-se mal consigo, preste atenção aos momentos nos quais se sente ressentido ou obrigado. Quando você se sente obrigado a fazer a "coisa certa" genérica? Jenna perdeu o interesse em um livro muito recomendado já no terceiro capítulo e ficou ressentida por ter que se arrastar até o fim: *Tenho que terminar o que comecei.* Isaac passou duas horas no refeitório com os amigos, mas então se sentiu obrigado a estudar por duas horas a mais: *Tenho que compensar o fato de ter sido "autoindulgente".* Sentir-se ressentido porque seu parceiro não comprou o que você queria de presente de aniversário, embora você nunca tenha mencionado, pode revelar *Meu parceiro deveria ser capaz de ler minha mente.*

Quanto a ter um bom relacionamento com as outras pessoas, preste atenção em que áreas você está fracassando ou ficando para trás. Em que ponto você está fazendo as coisas do jeito errado? *Preciso me livrar dessa gordurinha no quadril; meu corpo não é o que deveria ser. Eu deveria ter mais dinheiro guardado, preciso melhorar.*

Você pode não pensar nessas regras conscientemente, mas com certeza as sente, o que nos ajuda quando tentamos notá-las e nomeá-las. Para Francesca, prestar atenção aos sentimentos que a faziam passar 45 minutos comparando flores no mercado levou às três regras gerais que mencionei no início do capítulo: *Não posso cometer erros, tenho que ser a minha melhor versão e tenho que fazer todo mundo feliz.*

Notar e nomear as regras cria espaço, perspectiva e, ainda mais importante, opções. Quando a regra é articulada, podemos decidir se vamos segui-la ou não. As regras *parecem* obrigatórias, mas sempre temos escolha. Falaremos sobre isso mais tarde, mas, às vezes, seguimos uma regra porque é isso que queremos e valorizamos e, às vezes, escolhemos ignorá-la por ser inconsistente com o que importa de verdade.

Depois de articular sua regra, note o que acontece quando você a segue. **O que a regra conquista e quanto ela custa?**

Imagine isto em um telão: *Até mesmo a regra mais cara compra algo*. Honre o fato de que suas regras conseguiram muitas coisas boas. Você não as teria se elas não tivessem funcionado extraordinariamente bem em algum momento de sua vida. No meu caso, *Tenho que fazer tudo sozinha* me ajudou a me tornar capaz e engenhosa. Mas, quando passei a aplicar a regra no automático, ela me prejudicou ao enviar a mensagem "Não preciso de você" às pessoas que me amam, além de custar mais tempo do que gosto de lembrar.

No caso de Francesca, seguir as regras *Não posso cometer erros, tenho que ser a minha melhor versão e tenho que fazer todo mundo feliz*, seja na hora de fazer compras, dar uma festa ou só viver sua vida, garantiu segurança social: seu cérebro tentava manter a harmonia fazendo com que ela fosse tão boa que nunca seria criticada. Não admira que ela tenha continuado a segui-la.

As regras conquistavam coisas, mas também tinham custos. Ficar horas no site da Etsy depois da meia-noite para encontrar a decoração exata ocupou toda a sua noite, além de diminuir seu nível de energia no dia seguinte. Comparar dálias no mercado tomou um tempo precioso e fez com que se atrasasse para um compromisso. No longo prazo, as regras a faziam se sentir insuficiente e ansiosa, porque ela não conseguia atender a suas expectativas impossíveis. Ela nunca teve a chance de aprender que "impecavelmente otimizado" não é o mesmo que "totalmente suficiente". Em mais e mais situações, os contras passaram a superar os prós.

Consulte seus valores: o que é importante para você? Lembra-se da discussão de valores no Capítulo 6? Em vez de só seguir as regras, faça o que é importante para você. Como escreveu Karen Horney, "o 'dever' [...] não tem a seriedade moral de um ideal genuíno".[7] Então, em vez de pensar naquilo que "deve" fazer, pense na pessoa que você quer ser ou em como empregar seu tempo no que de fato importa, em vez de para a ideia genérica do que é correto.

Lembre-se: seguir os seus valores pode não ser agradável. Escapar da armadilha ardilosa do livro interno é difícil e pode gerar muitas emoções: medo de fazer as coisas errado, de cometer um erro, de receber desaprovação, rejeição ou críticas e de decepcionar alguém.

Por exemplo, Alejandro seguiu seus valores de ser ativo e socializar mais fazendo musculação com seu amigo Nathan. Mas, a caminho da academia, ficou de mau humor, pensando sobre sua antiga regra: *Eu deveria estar estudando*. Contudo, ele sabia que, se passasse essas duas horas na frente do laptop, terminaria procrastinando de qualquer forma. Ele ficou preso em um espaço liminar no qual era impossível vencer, podendo escolher entre se sentir culpado ou sobrecarregado.

No meu caso, voltando para casa depois de ter caminhado com uma amiga, passei pela livraria local, que estava aberta (o que é genial: todas as livrarias deveriam abrir às 7 horas da manhã). Meu livro interno de regras disse automaticamente que eu deveria ir para casa e começar a trabalhar: *Sempre seja produtiva*. Mas meus valores de cuidar de mim mesma, explorar e fazer coisas interessantes, sem mencionar que acho livros importantes, pairavam à minha volta. Entrei na livraria, mas admito que não fiquei bem. Me sentia meio errada e fiquei triste por não poder aproveitar mais. Mas sabia que, se tivesse ido direto para casa, teria ficado frustrada. Eu me sentiria mal se fosse e se não fosse.

Espere esse tipo de situação impossível de vencer no início. Mas, como digo a meus clientes, já que vai se sentir desconfortável mesmo, sinta-se desconfortável seguindo seus valores.

Essa descoberta foi mágica para Stevie, que costumava se sentir culpado por escolher o trabalho em vez de passar tempo com a mulher e o filho de 9 anos, porque sua ansiedade profissional era alta e insistente.

Quando percebeu que seu alto rádio metafórico iria transmitir *Você precisa se provar* independentemente do que ele fizesse, experimentou priorizar as reuniões de pais e mestres e passar o aniversário da esposa com ela, em vez de comprar um grande presente em função da culpa. O rádio alto ainda estava lá, mas ele estava vivendo seus valores de estar presente para a família em vez de deixar que a ansiedade profissional o controlasse. Viver uma vida viável e flexível nem sempre é confortável, mas é melhor que viver sob o regime ditatorial do livro interno de regras.

Foque o que funciona em determinado contexto. Lembre que o livro interno de regras ignora contexto e viabilidade. Vamos examinar isso mais a fundo. O *contexto* é a circunstância ou situação — distante ou recente — que prepara o cenário para o momento presente, incluindo seu próprio Self, sua história e sua mentalidade. A *viabilidade*, juntamente com sua prima mais oficial, a *exequibilidade*, significa o que funciona em determinado contexto, considerando-se seus objetivos e valores. Tanto o contexto quando a exequibilidade variam com o tempo e de situação para situação.

Contexto e exequibilidade podem ser externos: você ajusta as expectativas sobre o que é exequível ter para o jantar no contexto de um domingo preguiçoso com muito tempo para cozinhar *versus* uma escala de 45 minutos no aeroporto. Contexto e exequibilidade também podem ser internos: o contexto de dormir oito horas e se sentir muito bem torna um tipo de atividade física viável, ao passo que o contexto de ter um tornozelo torcido pede outra (leia-se "nenhuma"). Em todo este livro, no contexto da flexibilidade psicológica, é exequível observar nossas preocupações com curiosidade compassiva em vez de se estressar sobre elas como problemas a serem resolvidos.

Por isso, em vez de seguir à risca nosso livro interno de regras, podemos perguntar: "O que funcionaria para meus objetivos e valores neste contexto?" O objetivo é sermos funcionais e flexíveis e nos adaptarmos *ao que é*, em vez de ao que "deveria ser" segundo nossos livros de regras.

Por exemplo, "Sempre ser educado" pode funcionar na maioria dos contextos, mas não quando estamos sendo fraudados, perseguidos ou abusados. "Ser boa mãe" pode incluir amamentar por um ano e depois preparar toda a comida do bebê em casa em certas circunstâncias de vida, mas, no contexto do vício não tratado e de morar na rua, pode significar desistir do bebê. Podemos pensar que comer trinta cachorros-quentes em dez minutos é um sinal de que algo está errado, mas, no contexto da competição da feira estadual, com uma bolsa de estudos como prêmio, faz mais sentido.

Se você não tem certeza do que pode ser exequível, pergunte a familiares e amigos confiáveis. Se estiver enfrentando "Trabalhe sempre", pergunte a seus colegas quantos dias de férias eles tiram por ano e se participam de reuniões pelo Zoom e leem e-mails de trabalho nesses dias. Para obter mais informações sobre "Faça todo mundo feliz", Francesca perguntou às amigas com que frequência elas faziam jantares personalizados para cada um dos filhos.

O objetivo não é criar uma regra, como *Vou ensaiar minhas apresentações só três vezes como meu colega Dilshad em vez de ensaiar repetidamente até me sentir pronto* ou *As crianças devem comer só o que cozinho para elas, como Darlene faz com os filhos*, mas enxergar um conjunto maior e mais diversificado. Como eu, Juan e nossas caldeiradas, há grande flexibilidade no que é "certo". O objetivo é a descoberta: há uma variedade de respostas, valores e práticas que permitem que você tente fazer aquilo que funciona para você, seus objetivos e seus valores.

Mais uma vez, a pergunta não é "Eu segui a regra?". Em vez disso, tente: "O que dá certo nesta situação, levando em consideração o que eu acho importante?"

Vamos juntar tudo e testar sua nova ação. Não saberemos o que funciona — o que leva contexto, exequibilidade, objetivos e valores em consideração — até tentar. É o que chamamos de *experimento comportamental*,[8] sendo a técnica clínica favorita da Dra. Shafran. Experimentos comportamentais são exatamente o que parecem ser: experimentos com novos comportamentos.

Nossos pensamentos e comportamentos podem ser independentes uns dos outros. De fato, quem nunca pensou *Eu deveria ir para a cama* e continuou a mexer no celular à meia-noite? Ou pensou *Eu não deveria comer todo esse saco de batata* e então sacudiu a embalagem para ir atrás das últimas batatinhas lá no fundo? A lição: podemos pensar de um modo e agir de outro. Em consequência, podemos pensar *Ninguém quer ouvir o que tenho a dizer* e então falar durante uma reunião. Podemos pensar *Se eu não aconselhar meu filho sobre seu projeto de inglês, ele nunca entrará na faculdade* e então permanecer em silêncio até que ele peça ajuda.

Podemos fazer o mesmo com as regras. Podemos pensar *Eu tenho que perder peso antes de começar a namorar de novo*, mas então perceber *Aí está o livro interno de regras* e aceitar um convite para sair. Francesca pode pensar *Eu tenho que fazer todo mundo feliz*, depois notar *Essa é aquela coisa que meu cérebro faz* e comprar um pacote gigantesco de adesivos variados para as lembrancinhas, confiando que se, por um acaso improvável, alguma criança ficar triste de ter recebido um trem em vez de um trator, ela vai conseguir lidar com isso, além de cuidar da rotina de dormir dos filhos e ir se deitar na hora certa.

Durante anos, em situações nas quais eu estava claramente passando por dificuldades — analisar dados para uma professora, fechar o zíper de minha roupa de mergulho, descansar quando estava com febre —, minha reação automática foi recusar com educação as ofertas de ajuda: "Não, tudo bem." "Sem problemas, eu me viro." Agora, tento notar meu ímpeto automático de fazer tudo sozinha. Penso *Eis a regra de ter que fazer tudo sozinha*. E então, às vezes recuso, mas às vezes digo: "Eu adoraria uma ajuda, obrigada por oferecer."

Em suma, notar pensamentos e sentimentos no momento presente e selecionar conscientemente os comportamentos que se alinham a seus objetivos e valores pessoais. Parece muita coisa, mas se resume a fazer o que funciona e o que importa para você.

Como avaliar o resultado de seu experimento comportamental? Pergunte-se: "Meu teste me aproximou da vida que quero viver? Da pessoa que quero ser?" Isso é diferente de perguntar: "Como me sinto?"

Parte de viver seus valores é estar disposto a sentir dúvida, ansiedade e outras emoções negativas a fim de ter uma vida significativa. As velhas regras não gostam de ser contornadas nem quebradas. Pode parecer estranho fazer algo diferente, mas *funcionou* naquele contexto específico?

Por exemplo, Elliot tinha a regra *Não se sobressaia; quem não se conforma, apanha*, mas experimentou comparecer a uma manifestação, dado seu valor de justiça social e o contexto dos eventos políticos recentes. Molly tinha a regra *Cuidar de todo mundo*, mas experimentou vir à terapia e me deixar cuidar dela, porque chegara a um burnout incontornável. Jessie tinha a regra *Respeitar os mais velhos*, mas decidiu pedir que a avó não se referisse a suas amigas pela etnia, como *aquela mexicana fofa*.

Xavier decidiu testar voltar de metrô para casa. Durante várias semanas, às vezes lia seus e-mails às 23h no metrô, porque era isso que funcionava — tinha um prazo a cumprir, seu chefe esperava uma resposta —, mas, às vezes, não havia nada urgente e ele apenas ouvia a playlist que adorava. Da primeira vez que ouviu música em vez de responder a e-mails de trabalho, sentiu que estava quebrando uma regra porque, de fato, estava, mas gostou da ideia de decidir por si mesmo. Em seguida, experimentou caminhar após o almoço. Pareceu errado no início, como se estivesse desperdiçando um tempo precioso, mas, em um belo dia de primavera, aproveitou toda a caminhada. Hoje, diz: "Às vezes, essa é a melhor parte do meu dia." Numa quinta-feira, em vez de comprar outro café, ele se permitiu tirar um cochilo na grande e confortável poltrona da biblioteca e percebeu que era exatamente daquilo que precisava.

Então note e nomeie as regras, pese seus prós e contras, inclua seus valores, foque a exequibilidade em diferentes contextos e experimente novos comportamentos. Depois de tudo isso, ainda seremos conscienciosos. Ainda esperaremos muito de nós mesmos. Ouso dizer que ainda seremos perfeccionistas. Mas, em vez de seguir regras desnecessárias, rígidas e arbitrárias com as quais nos identificamos em excesso, seremos mais flexíveis. Estaremos dispostos a tolerar algum desconforto em nome da exequibilidade e dos valores. Podemos seguir nossas regras com tranquilidade: mantê-las se fizerem sentido ou optar por algo diferente, caso isso funcione melhor.

Para a festa de aniversário dos gêmeos, Francesca consultou seus valores para ver o que era importante e significativo para ela. Decidiu que era importante exibir suas habilidades artísticas e artesanais, porém, mais que isso, queria celebrar o aniversário dos meninos e unir as pessoas.

Quando chegou a hora de testar "O que funcionaria neste contexto?" durante a festa — um evento ao ar livre em uma fazenda de abóboras —, Francesca acabou com um experimento mais amplo do que planejara. Estava ventando e, enquanto tentava arrumar as coisas na área de piquenique coberta, teve que abandonar um plano após o outro. Na quinta-feira seguinte, me contou: "O vento levou todo o confete para o estacionamento. Tive que colocar pedras — pedras sujas! — nos cantos da mesa para segurar a toalha, não consegui pendurar a placa de feliz aniversário, e os fios dos balões ficaram todos embolados. Mas quer saber? Dei às crianças a tarefa de procurar pedras para a toalha e, quando os guardanapos saíram voando, todas correram para recolhê-los. Elas adoraram ajudar. Ficaram muito felizes."

A surpresa, disse, foi que no passado, teria ficado ao lado da mesa do bolo, garantindo que tudo estivesse perfeito, mas nesse ano foi passear de carroça: "Os meninos adoraram. Eles estavam muito felizes: 'Eba, a mamãe está aqui!'"

9
Por que transformamos diversão em tarefa

Limpando o porão, Ben descobriu sua antiga caixa de artes do ensino médio sob uns móveis de jardim. Como se estivesse na biblioteca de Hogwarts, segurou-a com ambas as mãos e soprou a poeira. Então a abriu e a caixa revelou gizes pastel, carvão e lápis Faber-Castell há muito esquecidos. *Eu adoraria voltar a desenhar*, pensou, lembrando as horas de almoço felizes que passava na sala de artes trabalhando em retratos dos amigos ou naturezas-mortas com seus tênis All-Star.

Mas então, sem perceber, uma bola de neve de tarefas rolou em sua mente. *Ok*, pensou, *preciso encontrar alguns exercícios de desenho. Talvez consiga achar uma rotina de quinze minutos diários na internet. E preciso de uma mesa de desenho ou de um cavalete. Vou procurar no Craigslist. E uma aula. Acho que tenho tempo livre às quartas*. Em um segundo, seu cérebro transformou uma descoberta feliz em uma série de tarefas.

Quando conto a história (anônima) de Ben a outros clientes perfeccionistas, eles se reconhecem. "Ah, sim, eu estava no Instagram e vi um post sobre uma geladeira arco-íris, que é quando você corta vegetais, guarda em potes separados e os arruma na geladeira de acordo com as cores do arco-íris, e me peguei pensando *Preciso fazer isso*", disse Camila e deu um tapa na mesa para enfatizar: "E eu nem corto meus vegetais com antecedência!"

Também me identifico com a história. Da última vez que fui convidada para um casamento, minha mente na mesma hora se voltou para seguir as regras. O que eu "deveria" vestir para um casamento de inverno em Los Angeles? Qual seria o presente "mais apropriado" da lista e qual a faixa de preço "certa", dado meu relacionamento com o noivo? Eu não estava estressada nem ansiosa. Meu cérebro só flutuou como sempre para como fazer as coisas de forma "apropriada".

Sensibilidade à demanda

O que Ben, Camila e eu (e talvez você) sentimos é tão comum que tem nome: *sensibilidade à demanda*,[1] uma sensibilidade aumentada a solicitações ou demandas percebidas, tanto internas quanto externas. É aqui que nosso superpoder de eficiência transborda de seu recipiente metafórico. Os "deveres" da vida nos atraem. Regras e tarefas orientam a nossa vida. Logo prestamos atenção a responsabilidades e deveres percebidos.

Isso se manifesta interpretando situações e comentários neutros como demandas. A tendência é diferente da consideração, pois subentende-se um "ter que". Todos conhecemos (ou somos) alguém que, quando um membro da família pergunta em voz alta onde está seu telefone, começa a vascular a cozinha. Notamos um livro da biblioteca no carro de um amigo e nos oferecermos para devolvê-lo, já que vamos à biblioteca no dia seguinte. Nosso colega pergunta a toda a sala como soletrar "paralelepípedo", e somos nós que olhamos no dicionário. No outro dia, comentei em voz alta os requerimentos para conseguir uma licença de psicologia, e uma colega decidiu pesquisar e me enviar os resultados. Foi gentil e simpática, mas também me senti mal por ela interpretar minha dúvida como uma tarefa atribuída a ela.

Nossa sensibilidade às demandas facilita mas também dificulta a vida. Isso porque ela cria certeza — nos orientamos na direção do que "deveríamos" estar fazendo, o que com frequência é útil ou apropriado, mas também acabamos gerando muitos deveres e responsabilidades para nós mesmos, com nossa consciencidade superdesenvolvida, o que pode fazer com que a vida pareça um esforço constante para agradar aos outros.

Um dia desses, por exemplo, recebi a oferta de contribuir para uma série de videoaulas e comentei com meu terapeuta: "Eu provavelmente deveria aceitar. É uma boa oportunidade." Ele olhou para mim e perguntou: "Você está tentando decidir se aceita ou sente que deve aceitar e está tentando descobrir como fazer dar certo?" Houve uma longa pausa. "A última opção", admiti.

Ele captara a mesma palavra mágica à qual presto atenção para identificar sensibilidade à demanda.[2] Ela surge regularmente, alta e inconfundível como o apito de um detector de fumaça com as baterias fracas: "dever". Lembre-se da descrição de perfeccionismo da Dra. Karen Horney: a "tirania dos deveres".[3] Vamos à festa não porque parece divertida, mas porque devemos: é a coisa certa a fazer, não queremos decepcionar o anfitrião e "seria bom" sociabilizar mais. A palavra se infiltra em todas as horas do dia: devemos escolher a salada e não a batata frita. Devemos ajudar na venda de bolos da escola. Devemos responder rapidamente a nossos e-mails. Mas o que acontece então?

De desejos a deveres

Quando só há espaço para deveres, não há espaço para desejos. Eis a pegadinha: como nosso cérebro gravita na direção do *dever*, transformamos nossos desejos em deveres. Como declarou em 1982 o Dr. Allan Mallinger, psiquiatra e professor aposentado da Faculdade de Medicina da Universidade da California em San Diego, em seu subapreciado artigo sobre o assunto, transformamos "o volitivo em obrigatório".[4] Ao ler seu artigo, tive uma epifania. Transformar o volitivo em obrigatório era justamente o que Ben estava fazendo enquanto matutava deveres sobre aulas e exercícios de desenho após descobrir sua antiga caixa de artes.

Reconheço isso em minha vida: quando encontro um filme que gostaria de ver ou um livro que gostaria de ler, eu o adiciono a uma lista em meu laptop. Mas então ele se torna parte de uma lista. E minha vida já está cheia de coisas que preciso fazer, dos registros eletrônicos da clínica à lista de compras e à agenda. Isso sem mencionar os e-mails, que são a lista de tarefas que outras pessoas fazem para nós, e que sou culpadamente terrível em responder a tempo. Quando pego o livro na biblioteca local e o coloco no topo da pilha oscilante perto de minha mesa ou me sento para colocar o filme na fila da Netflix, eles parecem uma tarefa. E então perco totalmente o interesse.

Muitos de nós fazemos isso porque, direta ou indiretamente, aprendemos a colocar nossos desejos e nossas necessidades em segundo lugar. Talvez tenham nos ensinado que sermos indulgentes com nossos desejos era apenas isto: autoindulgência. Ou nos ensinado a "ser fortes", o que equivalia, ao menos parcialmente, a quão completamente negávamos nossas vontades. Ou, quem sabe, tentássemos evitar as críticas alheias investigando as regras e as seguindo. Descobríamos o que era esperado a fim de não fazermos nada errado.

Qualquer que seja a causa, nossos músculos do "querer" permaneceram subdesenvolvidos, contribuindo para nos sentirmos isolados ou solitários apesar do nosso desejo de agradar. Quando conversei com o Dr. Mallinger, ele comentou que somos "influenciados com facilidade pelos campos de força das outras pessoas"[5] e, por isso, temos que ficar longe.

Em alguns casos, nem sabemos o que queremos. Minha cliente de 70 anos, Dorothy, teve que cuidar das três irmãs mais novas durante toda a infância. Ela suprimiu seus desejos infantis e, mais tarde, adultos, pois tinha deveres de cuidadora a cumprir. Do mesmo modo, Eleanor, de vinte e poucos anos, aprendeu cedo que os desejos e as necessidades do pai eram os únicos que importavam na família. Viu a mãe subordinar sua vida à dele, e fez o mesmo. Percebeu que havia algo errado quando, na faculdade, foi comprar roupas sozinha pela primeira vez e, parada em frente à prateleira de camisetas, viu que não sabia do que gostava.

Por outro lado, podemos saber do que gostamos e o que queremos, mas como "porque eu quero" ou mesmo "porque isso me ajudaria a ficar feliz, encorajado ou realizado" não são razões suficientes, nós, assim como Ben com sua caixa de arte, transformamos o "querer" em tarefa.

Como disse Mallinger, há "caos associado à autonomia e a fazer o que se quer".[6] Não é seguro dizer "eu quero", então mudamos para "eu tenho que": volição em obrigação.

Resistência à demanda ou desafio à conformidade

Às vezes, as coisas param aí. Transformamos "quero" em "tenho que", e as coisas simplesmente se tornam menos divertidas. Mas a sensibilidade à demanda em muitas ocasiões se transforma em algo ainda mais espinhoso: *resistência à demanda*,[7] que é uma oposição negativa e desafiadora às demandas percebidas.

Conforme nossa pilha de "tenho que" cresce, começamos a ficar ressentidos, mesmo que a tarefa seja algo que a princípio queríamos fazer. Começamos a abordar tanto os deveres quanto os quereres com indignação. Eles passam a ser um fardo. Nos sentimos coagidos.

E então? Empacamos. Procrastinamos. Adiamos. Dizemos não ter tempo. Em seguida, ficamos irritados: "Isso nem é tão difícil!", "Qual é o meu problema?" Nos chamamos de *preguiçosos*, *desorganizados*, *desmotivados*, *mentalmente doentes*. Não faz sentido demorar duas semanas para responder à mensagem de nosso amigo, seis semanas para responder a um e-mail ou literalmente um ano para aceitar o conselho médico de que somos intolerantes à lactose e precisamos mesmo parar de comer queijo, não que eu tenha passado por nenhuma dessas coisas.

Mas faz sentido: trata-se da resistência à demanda. Muito trabalho e nenhuma diversão causa ressentimento em qualquer ser humano. Após atender às demandas — "Tenho que terminar o projeto às 17h", "Deveria comer esse brócolis", "Preciso lidar com essa pilha de correspondência", "Não posso esquecer de telefonar para o dentista", "Tenho que encontrar a fita adesiva para devolver esses sapatos", "Preciso meditar porque estou participando do desafio de trinta dias" —, nós nos vemos presos no TikTok sem pensar enquanto dizemos em voz alta: "Eu deveria ir para a cama."* No caso da resistência à demanda, qualquer traço da palavra *dever* faz com que nosso cérebro se mostre relutante.

E isso quando resistimos somente às nossas demandas. Quando resistimos às demandas alheias, as coisas ficam mais complicadas. Ninguém gosta de receber ordens. Ninguém quer se sentir explorado ou um pau-mandado. Mas, no caso da resistência à demanda, mesmo que saibamos logicamente que uma tarefa não é inapropriada, ela ainda nos irrita. *Sentimos* que alguém está tirando proveito. Mallinger confirmou: "A sensação é muito orgânica para a pessoa, como engasgar quando há algo que precisa fazer, mesmo que seja uma coisa que inicialmente queria fazer."[8]

Quando as demandas são de um chefe ou parceiro, o problema aumenta. Sentimos não poder recusar diretamente, porque estamos sendo pagos ou porque amamos a outra pessoa. Então nossa relutância é um pouco passivo-agressiva. Somos passivos porque, mesmo que pudéssemos definir o problema, não poderíamos anunciar "Estou resistindo a você para sentir alguma autonomia", mas agressivos porque nossas ações são motivadas pelo ressentimento.

E então nosso lado rabugento e sombrio se revela. Se vivemos com outra pessoa conscienciosa, basta esperar porque, em algum momento, ela fará a tarefa. Se não pudermos nos livrar, enrolamos. Criticamos. Fingimos. "Eu estava indo lavar a louça, por que você é tão impaciente?" Então fazemos o que precisa ser feito, mas apenas bem o suficiente para não sermos censurados. "Dá um tempo", dizemos. "Fiz aquilo, não era o que você queria?" Mas incluímos um toque sutil de ressentimento. Talvez ainda estejamos lavando o deque quando os hóspedes chegam.

---

* Não ir para a cama é tão comum que tem até nome: *procrastinação da hora de dormir*. Jasper foi um de meus primeiros clientes, quando eu ainda estava em treinamento. Me lembro dele porque me sentia muito nula. Entre outros desafios, Jasper não conseguia dormir. Se sentia incapaz de desconectar ou desligar a TV, mesmo quando estava exausto e queria desesperadamente se deitar. Em certa semana, ele relatou ter se flagrado pensando *Preciso ir para a cama* e então prontamente se conectando ao AOL Instant Messenger (ah, os anos 2000...). Olhando para trás, percebo que era o "tenho que" que o mantinha em frente à tela.

Talvez jamais escrevamos aqueles cartões de agradecimento não porque estejamos ocupados demais, mas porque eles parecem esperados. Talvez trabalhemos a noite toda e coloquemos a culpa no chefe, em vez de na nossa procrastinação. Esperamos até o último minuto para comprar um presente e então fazemos um manifesto intelectual sobre como presentes de aniversário são invenções corporativas que sustentam a indústria de joias. Agimos assim porque precisamos de uma explicação para uma resistência que parece inexplicável.

A resistência nos prejudica. Jeanie e o namorado não faziam sexo há meses. Ela "queria querer", mas, sempre que a surgia uma oportunidade, ficava estressada e se sentia pressionada, o que não ajudava a criar um clima de romance. O namorado era compreensivo e encorajador, mas admitia estar ficando frustrado. Ela estava tão confusa quanto ele: "Eu amo meu namorado. Confio nele. Não sei o que há de errado comigo."

Por que fazemos isso? A resposta: para ter voz. Nossa resistência fala em alto e bom som. Quando sentimos que precisamos aquiescer a tudo, a resistência adquire um ar de escolha, autonomia e agência. Como diz Mallinger: "Me oponho, logo sou."[9]

Se estamos mergulhados em uma sensibilidade à demanda que se transformou em resistência à demanda, a única maneira de não sentir que estamos sendo explorados, pressionados ou controlados é resistir, mesmo que isso consista em ainda estar no chuveiro quando nossos convidados chegam, deixar nosso chefe nervoso esperando até o último minuto para começar um projeto profissional ou colocar nosso relacionamento em risco com uma abstinência de um mês. Mallinger confirmou: "Você tem que presumir que, se alguém é obstinadamente resistente, então é altamente sensível à demanda."[10]

O que podemos fazer a respeito? O Dr. Mallinger comentou que a resistência à demanda é uma das coisas mais difíceis de modificar quanto a nos cobrar menos.[11] "Ter que" é um hábito difícil de romper. Mas somos bons em fazer coisas difíceis, lembra? Então vamos tentar. Nossa vida e nossos relacionamentos merecem que nós tentemos.

Ouse ser improdutivo

Aqueles de nós que se cobram demais se sentem culpados ou disfóricos quando não estão fazendo algo que os ajude a alcançar seus objetivos ou seu aperfeiçoamento. Nosso livro interno de regras sussurra: "Eu sempre deveria ser produtivo", "Eu sempre deveria melhorar" ou "Não perca tempo". Quando nos jogamos no sofá e assistimos a algum programa na Netflix após um longo dia, nosso livro interno de regras argumenta que "deveríamos" assistir a um documentário. A sensibilidade à demanda está à toda quando tentamos prestar atenção à história do Talibã porque realmente deveríamos saber mais sobre a história moderna.

Então ouse ser improdutivo. A questão não é tanto a atividade, mas prestar atenção ao que parece interessante, àquilo a que sua mente sempre retorna. Quando tiver o impulso de ser produtivo em seus momentos de lazer, pergunte a si mesmo o que faz seu Sentido Aranha disparar: *Vingadores: ultimato*? Finalmente comer cachorro-quente coreano com a amiga com a qual você estava ocupada demais para se encontrar? Você fica namorando o último lançamento de Emily Henry? Estamos trocando o filtro "O que eu deveria estar fazendo?" por "O que parece divertido, bacana, interessante?". Dito de modo simples: O que eu quero? Do que preciso?

Dica profissional: no começo, você pode se ver justificando a não produtividade como produtividade. E não faz mal, porque você está cedendo a seus desejos, mesmo que disfarçados de deveres. É 100% permitido racionalizar ler um romance de Beverly Jenkins como produtividade furtiva porque "Preciso relaxar". Por favor, justifique uma noite sendo bobo com seus colegas de quarto como "Isso é bom para nossa amizade" ou assistir a uma comédia como "Isso me equilibra".

Quando começamos a tratar a depressão de Alejandro, adotamos a *ativação comportamental*, que é só um jargão psicológico para fazer as coisas das quais gostamos. Alejandro adorava as pistas de skate, mas não ia há meses porque "deveria estar estudando". Mas, quando isso virou uma tarefa sancionada pela terapia, tornou-se permissível e ele passou a ir todas as semanas. De novo, se seu cérebro precisa justificar a diversão e o relaxamento como "faz bem para você" ou "ser flexível", não há problema: você ainda está se divertindo e relaxando.

Mas, após alguma experiência ousando ser improdutivo, você também pode se pegar pensando *Eu quero fazer isso, então é inerentemente Ok*. De fato, atender a necessidades e desejos, presumindo que você não esteja matando filhotes de foca ou algo do tipo, é importante e correto porque você gosta. Vamos repetir: suas necessidades e seus desejos são importantes, simplesmente porque você precisa e gosta deles.*

Há algo de inquietante na autonomia, certa insegurança em fazer o que queremos. No começo, pode parecer ilegal declarar uma preferência quando nosso amigo pergunta onde queremos jantar, abrir o pacote de Oreo no carro a caminho de casa ou pintar nossos All-Star com materiais de arte redescobertos só porque é divertido, sem nenhuma aula ou melhoria sendo necessária.

> **EXPERIMENTE:** Sintonize no que parece interessante, legal ou tentador. O que você não deve fazer porque é improdutivo ou inútil? O que acontecerá se você tentar mesmo assim? Dê espaço para todos os sentimentos resultantes.

Reconecte-se com seus valores

Talvez se permitir ser improdutivo não seja o problema. Talvez tempo demais esteja sendo improdutivo por causa da resistência à demanda e da resultante procrastinação. Assim, vamos analisar o fenômeno alucinante que é a resistência à demanda. Às vezes, resistimos a coisas que

---

* Isso significa que seus desejos e suas necessidades são mais importantes que os das outras pessoas? Não necessariamente. Seja flexível de acordo com a situação. Sua necessidade de sono será ignorada quando você tiver um recém-nascido, mas pode ser levada em consideração um dia em que você disse a si mesma que iria à ioga às seis da manhã, mas acordou com dor de cabeça. Você pode ignorar sua preferência por paz e silêncio para a despedida de solteira de sua amiga, mas levá-la em consideração quando ela quiser sair para dançar em uma terça-feira qualquer.

não queremos fazer, mas que são males necessários: lavar a louça, retornar uma ligação, qualquer tarefa que faça parte de nossa descrição de cargo. E, às vezes, resistimos ao que a princípio queríamos fazer, mas transformamos em tarefa e agora evitamos.

Por exemplo, e eu tenho vergonha disso, eu negligencio meus e-mails, sobretudo por causa da resistência à demanda. Quando penso *Eu realmente deveria ler meus e-mails* ou *Eu preciso zerar minha caixa de entrada*, mover a represa Hoover parece mais fácil. Mas, quando penso em termos de conexão ou comunicação com as pessoas do outro lado dessas mensagens, minha resistência diminui. Parece uma escolha que faço: eu quero responder porque me importo com essas pessoas.

Outros exemplos podem incluir lavar a louça porque você valoriza contribuir com as tarefas domésticas, retornar telefonemas porque você acha importante ser confiável ou, no caso de Jeanie, estar disposta a momentos íntimos com o parceiro, com a opção de parar a qualquer momento, porque sentir-se próxima dele é importante e o que quer que aconteça em seguida pode ser divertido. Preste atenção e ouvirá ecos sutis do Dr. Michael Twohig no Capítulo 6: "Corra atrás daquilo em que está interessado, do que acha que gostará, do que é significativo e se alinha a seus valores."[12]

Um adendo superimportante: não podemos fingir. Somos espertos demais para acreditar que um "dever" agora é magicamente um desejo. O "desejo", quando nasce de nossos valores, é inerentemente uma reação visceral livremente escolhida, intuitiva, pessoal e subjetiva. Como descreve a Dra. Clarissa Ong, sabemos estar no "desejo" porque "a qualidade da experiência muda"[13] de uma maneira que não podemos analisar ou racionalizar.

Outro adendo superimportante: do nada você gostará de tudo que está fazendo? Vai fazer tarefas aversivas com um sorriso estampado no rosto, ficará em um emprego que o explora ou sorrirá quando for maltratado em um relacionamento? De jeito nenhum. Como escreve o Dr. Mallinger, quando você sente pressão interna ou externa, "a decisão de aquiescer ou não é toda sua".[14]

Eu aplico isso aos desejos reais que meu cérebro transforma em tarefas. Ler, por exemplo. Adoro ler, sempre adorei. Cada um dos livros da pilha de trinta centímetros perto de minha mesa começou como empolgação: *Nossa, isso parece muito legal!* Mas, graças à sensibilidade e à resistência à demanda, a pilha se tornou uma tarefa: camada após camada de depósitos sedimentares que preciso peneirar. É aqui que entra a curiosidade, certo espírito brincalhão e a capacidade de não me levar a sério: posso acessar a alegria inicial que ficou enterrada sob uma camada de deveres. *Do que eu mais gostaria? O que parece bacana?* Vou encontrar uma maneira mágica de ler toda a pilha? Não. Essa não é a questão. Lerei aquilo pelo que me interesso e deixarei o restante para lá.

A parte mais importante, como escreve o Dr. Mallinger, é não permitir "que o controle sobre sua vida lhe escape".[15]

> **EXPERIMENTE:** Identifique uma tarefa, um evento ou uma interação ao qual está inexplicavelmente resistindo. O que pode trazer de bacana, significativo ou importante? Reflita se isso muda sua disposição em relação a ele e como.

Mudança 4

ERROS: DE SE APEGAR A ELES A DEIXÁ-LOS IR

10
Do "fracasso" à condição humana
Superando erros passados

"**E**u nunca contei isso a ninguém."

No trabalho, sempre que ouço essa frase, sobretudo quando associada a olhos marejados de lágrimas ou um olhar que evita o meu, me preparo para tudo: uma admissão de recaída no vício, uma agressão sexual no passado, a confissão de sentimentos por mim.* Mas, com muita frequência, não é de modo algum o que eu estava esperando.

Văn confessou que, no último semestre na faculdade, uma gentil professora assistente de sociologia lhe deu uma nota temporária para que ele pudesse participar da cerimônia de graduação, com a promessa de que ele entregaria o trabalho na semana seguinte. Văn pegou o diploma e nunca entregou o trabalho, uma traição que o envergonhou por duas décadas.

Brigita carregava a vergonha de uma situação sem saída. Anos antes, uma amiga de fora da cidade a visitara para celebrar seu aniversário. Mas os amigos locais haviam planejado celebrar o aniversário em um bar. A amiga deixou claro que não queria ir, então Brigita fez as duas coisas: ficou com a amiga em casa antes e depois da festa, mas saiu com o grupo, deixando a amiga sozinha. A mãe ficou horrorizada: "Você fez

---
* Isso acontece não por causa de qualquer coisa relacionada a mim, mas em função da natureza única do relacionamento terapêutico. Quando a revelação vulnerável encontra aceitação incondicional, é claro que o cérebro responde com ternura e afeto. Faz parte de ser um humano totalmente normal e dotado de sentimentos profundos.

o quê? Você a deixou *sozinha na sua casa*?" Brigita carrega essa vergonha como um carrapicho desde então.

Em um momento de desespero, Libby falsificou a assinatura do chefe em um relatório de supervisão e foi descoberta. Ela não foi demitida, mas o incidente foi relatado a um conselho monitor formado por especialistas no campo em que ela esperava um dia conseguir um emprego.

Nenhuma dessas confissões foi um crime grave. No caso de Brigita, eu me pergunto seriamente se ela fez algo de errado. Mas, tenhamos ou não feito algo objetivamente errado — ética, emocional ou socialmente —, todos tivemos experiências como as de Văn, Brigita ou Libby, na qual sentimos que (*vamos esconder nosso rosto nas mãos*) fracassamos.

Fracasso. Ah, essa palavra. Ela nos dá arrepios. Mas vamos defini-la. "Fracasso" significa não estar à altura de expectativas próprias ou alheias. Às vezes, estas são objetivas e universais — leis, normas sociais, bom senso. Mas aqueles de nós que se cobram demais fazem duas coisas para complicar tudo: primeira, nossas expectativas costumam ser subjetivas, rigorosas e autoimpostas.[1] A adequação corresponde a "um padrão alto e pessoalmente exigente". Segunda, adotamos uma abordagem de tolerância zero em relação a erros, tentativas ou dificuldades. Nesse contexto, é inevitável que transgridamos nossos padrões pessoais com muita frequência. E, quando fazemos isso, é um problemão. Reagimos com intensidade.

Considere o humilde amendoim. Quando uma pessoa sem qualquer restrição alimentar come um amendoim, tudo transcorre numa boa. Em contrapartida, quando alguém com alergia come um, há uma reação intensa: urticária, inchaço, diarreia e até anafilaxia. Aqueles de nós que são duros consigo têm uma alergia metafórica a erros. Quando alguém que não é perfeccionista comete um erro, não é grande coisa. A pessoa pode se sentir meio constrangida, exclamar "Foi mal!" e, se necessário, pedir desculpas.

Entretanto, quando *nós* cometemos um erro, objetiva ou subjetivamente, temos uma reação exagerada. Nossos erros são registrados de maneira exponencialmente mais alta em nossa escala Richter pessoal que os erros das pessoas não perfeccionistas. Até mesmo pequenos fracassos — perder a noção do tempo e faltar a um compromisso, recomendar um restaurante que acaba se revelando ruim — grudam na gente como chiclete. Para mim, estar dez minutos atrasada é um festival de estresse movido a adrenalina. Chamar alguém pelo nome errado, clicar em "responder a todos" sem querer, esquecer o aniversário de nosso amigo, qualquer coisa assim nos enche de vergonha: uma abelhinha com um ferrão enorme.

Nossas ondas de choque podem emanar para fora: talvez fiquemos na defensiva, culpemos os outros ou insistamos ainda mais na lógica e na razão. Ou nossa intensa reação pode se voltar para dentro: dura autocrítica, isolamento, dor de barriga, procrastinação.

Por que sentimos nossos erros tão profundamente? Superavaliação. Confundimos nossos erros com nosso caráter. Tomamos os inevitáveis problemas da vida como transgressões pessoais. E o fracasso público? Esqueça. Preferimos ler de cabo a rabo os termos de serviço de nosso banco on-line. No Detran.

A forma como fomos programados piora tudo porque focamos naturalmente as falhas. De fato, em 1965, o Dr. M. H. Hollender, um dos primeiros clínicos a descrever o perfeccionismo como transtorno, escreveu que as pessoas que se cobram demais estão "sempre em alerta para o que está errado e quase nunca focam o que está certo. Procuram defeitos ou falhas com tanta atenção que vivem a vida como se fossem inspetores de uma linha de produção".[2]

Para alguém com fobia social motivada pelo perfeccionismo, um momento de silêncio na conversa do dia anterior ainda incomoda; ao passo que, para alguém sem fobia, pode nem ter sido registrado. Para alguém cuja imagem corporal jamais é boa, um quilo extra consome as energias mentais até ser eliminado pela dieta; já para outra pessoa, sequer é percebido. Também levamos nossos padrões muito a sério; temos a chamada *alta certeza moral*,[3] o que significa que temos um forte senso de certo e errado, do que devemos ou não fazer e do que deve ser recompensado ou punido.

Por fim, quando tendemos a nos ver com severidade, também vemos nosso passado assim. Ao olharmos para trás, focamos os pontos baixos, os enganos, as tentativas que poderiam ter sido feitas. Com nossos padrões rígidos, não nos permitimos muitos sucessos definitivos. Acho que foi isso que o pesquisador Dr. Martin Smith quis dizer quando afirmou que as pessoas duras consigo olham para trás e veem uma sucessão de fracassos.[4] Com tantos arrependimentos preenchendo nosso espelho retrovisor, começamos a pensar em nós mesmos como fracassados, impostores ou perdedores.

Ataques de constrangimento

— Alô?
— Alô, sou do Departamento de Memórias Constrangedoras da Infância. Quem fala é a Sara?
— Sim.
— Ótimo. Gostaria de discutir algo que aconteceu com você na quinta série. Os nossos arquivos mostram que você correu até o amigo de sua irmã mais velha, que você achava lindo, e o abraçou, mas ele a apertou com tanta força que os ossos de suas costas estalaram e você exalou todo o ar dos pulmões, além de soltar o maior pum de toda a vida, certo?
(Pausa longa e horrorizada.)
— Certo.
— E isso aconteceu em uma sala com cinquenta pessoas?
— Uhum.
— Ótimo. E, logo depois que todo o ar foi expelido de seu corpo, você caiu no chão?
— Caí.
— E todo mundo a cercou?
— Isso.
— Então ele gritou "Ela está bem, foi só um peido!"?
(Olhos fechados, assentindo dolorosamente.)
— Foi isso, mesmo.
— Perfeito. É exatamente assim que temos registrado!*[5]

---

* TikTok viral de Sara Hopkins (@sayhopkins) contando um ataque de constrangimento.

Um tipo especial de erro dá origem ao ataque de constrangimento, que é quando nosso cérebro decide por vontade própria nos atingir com a memória de um momento humilhante ou vergonhoso do passado.[6] Ataques de constrangimento são repentinos, acontecem de modo geral quando estamos sozinhos e fazendo algo no automático, sem pensar, como tomar banho ou dobrar as roupas lavadas.[7] É algo físico: nos encolhemos, fechamos os olhos, sacudimos a cabeça como um cachorro molhado. Carter, nosso estudante da cidadezinha, é sempre lembrado do comentário negativo de um professor respeitado. Ele fecha os olhos, baixa a cabeça e sussurra para si mesmo: "Que merda!" No meu caso, sempre que meu cérebro decide lembrar da vez que inocentemente me apresentei de novo a uma mulher com a qual já interagira *a ponto de trocarmos números de telefone*, estremeço como se estivesse engolindo algo amargo, o que, metaforicamente, suponho estar fazendo.

As memórias que ouvi de outros clientes também são constrangedoras: vomitar na frente de toda a turma, tentar dançar de maneira provocante e ver uma expressão de horror no rosto do crush, não conseguir esconder uma ereção na aula de matemática no ensino médio. No livro de Melissa Dahl *Cringeworthy: A Theory of Awkwardness* [Constrangedor: uma teoria da vergonha, em tradução livre], uma mulher confessa: durante a festa de Halloween, "tomei ecstasy e fiquei com dois caras da mesma equipe de improvisação", um pecado que pode ser interpretado como estranhamente enternecedor, mas que, para ela, é tão constrangedor que, quando a memória volta enquanto escova os dentes, ela grita para o reflexo no espelho do banheiro: "Meu Deus, meu Deus, meu Deus, por que você fez isso?"[8]

Aqueles de nós que se cobram demais parecem mais propensos a ataques de constrangimento que a maioria. Nosso cérebro não nos deixa esquecer quando transgredimos as regras de nosso livro: "Eu sempre deveria fazer a coisa certa", "Eu sempre deveria ter bom julgamento", "Eu não deveria fazer papel de bobo" — a lista é infinita. Falando nisso...

Não é você, são suas expectativas

O cérebro da pessoa que se cobra demais funciona na base do tudo ou nada. Ou atingimos nossas expectativas, ou falhamos. Lembremos que nossos padrões estão enraizados em uma coisa boa: a eficiência. Mas, às vezes, eles são tão altos que se tornam inumanos. Muitos dos exemplos a seguir vieram do Dr. Thomas Lynch, o desenvolvedor da empírica teoria comportamental dialética radicalmente aberta, que conhecemos no Capítulo 5.[9] Podemos não ter essas mesmas expectativas palavra por palavra, mas a essência é precisa.

Eu espero...
... sempre fazer a coisa certa.
... sempre ser gentil e atencioso.
... sempre tomar decisões ótimas.
... controlar como os outros me veem.
... saber o melhor jeito de agir.
... controlar as emoções, experiências e reações alheias.
... ser capaz de prever com precisão o que acontecerá no futuro.
... conhecer as intenções alheias.
... superar qualquer obstáculo e solucionar qualquer problema, onde e como quer que surjam.

O veredito? Não somos nós, são nossas expectativas. Ninguém faz sempre a coisa certa. Nenhum ser humano pode prever com exatidão o que acontecerá no futuro. Apesar da tenacidade enfatizada por nossa cultura de nunca desistir, não podemos superar todo obstáculo e solucionar todo problema. Como se diz, ninguém sai dessa vivo. Em resumo, quando não alcançamos nossas expectavivas, nós nos culpamos, mas o problema não somos nós, é o padrão pelo qual nos mensuramos.

A solução é repensar as expectativas. Você lamenta ter se irritado com um amigo? Desculpe-se, é claro, mas também se liberte da convicção de que *sempre* será gentil e atencioso. Você sente ter desistido da faculdade dos seus sonhos por um relacionamento que não deu certo? Desafie a expectativa de que *sempre* tomará a decisão certa, assim como a expectativa de que pode, com a precisão de uma bola de cristal, prever o que acontecerá no futuro.

Quando sugiro aos clientes que repensem suas expectativas, eles às vezes me olham como se estivesse propondo expulsar senhoras idosas das próprias casas. Sentem que estou pedindo que baixem seus padrões. Não é isso que estou fazendo. Na verdade, estamos mantendo padrões elevados: ser gentil e atencioso, tomar boas decisões, pensar no futuro. Mas permitimos alguma flexibilidade, alguma margem de manobra. Reconhecemos que não podemos passar pela vida esperando não cometer *nenhum* erro, não ter *nenhum* lapso de julgamento ou não encontrar *nenhum* desafio insuperável.

Os erros fazem parte da vida. Os arrependimentos são a taxa que pagamos por ter relacionamentos humanos. Todos deixamos a bola cair. Todos magoamos pessoas com quem nos importamos. Todos fazemos coisas idiotas. Ainda podemos ter expectativas altas, mas tendo em mente que se não atendermos a elas, está tudo bem; significa simplesmente que estamos vivendo a experiência humana.

Isso pode ser desanimador. Sentir tristeza e decepção com a perda de nossas expectativas irreais é um passo importante na direção da autoaceitação. O luto é a resposta emocional à perda. De fato, o Dr. Lynch ensina que, assim como podemos ficar de luto pela perda de uma pessoa ou animal de estimação, podemos ficar de luto pela perda de nossas expectativas e convicções tudo ou nada.[10] Lamentamos ter ficado com dois caras na mesma noite: ficamos de luto pela expectativa de sempre fazermos julgamentos ótimos. Tudo que queríamos era flertar com um crush, mas terminamos soltando um pum sísmico na frente de cinquenta pessoas: ficamos de luto pela crença de que podemos prever com precisão o futuro ou de que nada constrangedor jamais acontecerá conosco.

Sentir a perda é importante porque, quando tentamos evitar "sentir", muitas vezes terminamos "pensando".[11] E então? Nos preocupamos, ruminamos e insistimos; ficamos presos no que "deveríamos" ter sabido ou feito.

Não é imediato. Elaborar o luto pela perda das expectativas — mesmo as pouco realistas — leva tempo. Abandone várias vezes a expectativa de que jamais fará algo vergonhoso, idiota ou errado. Adote a ideia de que erros não são falhas pessoais, apenas parte de estar vivo.

É difícil. Eu entendo. Em seguida, vamos falar dos erros percebidos que você parece não conseguir superar.

Abrindo espaço para erros passados

Um de meus métodos favoritos para lidar com o arrependimento e com outras emoções negativas vem do Dr. Russ Harris, o autor do best-seller *A armadilha da felicidade*. Ele se chama *fisicalização* e consiste em imaginar a emoção negativa como um objeto físico no interior do corpo.[12]

Eis um exemplo: pense no erro. O sentimento de arrependimento, culpa, vergonha ou remorso provavelmente provocará alguma sensação corporal. Talvez seja uma pressão nos olhos, um embrulho no estômago, um aperto no peito ou um peso nas costas.

Em seguida, imagine a sensação como um objeto físico em seu corpo. Elabore os detalhes. De que cor ele é? De que tamanho e forma? É transparente ou opaco? Sólido, líquido ou gasoso? Está em movimento ou parado? É pesado ou leve? Se você pudesse passar os dedos sobre ele, que textura sentiria?

Por exemplo, Justin retratou seu arrependimento por abandonar a escola como uma esponja preta e cheia de água — pesada, pingando — alojada no centro de seu peito, sob o esterno. Kara retratou seu ansioso pesar pela perda de uma amizade em razão de uma falha de comunicação como uma rede vermelha e brilhante sob sua pele. Rachel imaginou a profunda tristeza pelos anos afastada da mãe como uma caixa quadrada e prateada alojada em sua barriga.

Depois de o objeto ser retratado e situado, vem a parte mais importante. Abra espaço para ele no interior de seu corpo. Inspire e imagine o ar inflando a área devagar, criando espaço ao redor. Imagine esse espaço se abrindo e permitindo que o objeto esteja lá.

Note que não estou dizendo "Let it go" [deixe ir]. Isto não é *Frozen*, é Beatles: "Let it be" [deixe estar]. Deixar ir implica tentar se livrar de algo, mas pensamentos reprimidos voltam como um bumerangue. Em vez disso, estamos abrindo espaço para o erro. Quando abrimos espaço para nos sentirmos mal, muitas vezes ficamos um pouco melhor. Ao permitir o sentimento, ele muitas vezes se torna menos intenso.

Isso é aceitação. Pode parecer errado no início. Criar espaço para o arrependimento é tão atraente como criar espaço para um hipopótamo fazendo cocô no meio da sala. Mas não abra espaço para o arrependimento porque "deve" fazer isso. Há deveres suficientes em sua vida. Abra espaço para o arrependimento, a tristeza e o pesar buscando seguir em frente, fazer o que é importante para você, ser a pessoa que quer ser. A disposição de Justin de criar espaço para a esponja encharcada de ter abandonado a escola permitiu que se manifestasse no trabalho, em vez de sempre se sentir um impostor não qualificado. A disposição de Kara de criar espaço para a rede vermelha e brilhante da amizade perdida que ela imaginava sob a pele permitiu que conhecesse outras pessoas e formasse novas amizades. Rachel criou espaço para a caixa prateada do distanciamento a fim de poder amar a própria filha tão integralmente quanto possível.

Autoperdão e por que é tão difícil deixar ir

Há quinze anos, quando Gabby tinha vinte e poucos, sua mãe foi diagnosticada com câncer de pulmão em estágio avançado. Gabby, uma enfermeira de infinita energia, tornou-se a cuidadora da mãe, sempre ao seu lado. Mergulhou em todos os aspectos dos cuidados, de acompanhar os medicamentos a lavar a louça e passar horas ao telefone com o plano de saúde.

Meses depois, o namorado lhe implorou que fizesse uma pausa. "Só alguns dias", disse ele. "Você precisa descansar. Além disso, quase não nos vemos. Temos que regar nosso jardim se quisermos que floresça." Gabby ficou ressentida com a pressão. *Ele* não estava morrendo

— ele não conseguia ver que aquilo era mais importante? Mas a mãe a incentivou a ir. O irmão de Gabby podia cuidar das coisas por alguns dias.

Um dia antes de embarcar, Gabby levou a mãe a uma consulta. O médico prescreveu um novo medicamento, que Gabby comprou na farmácia a caminho de casa. Ela explicou a rotina ao irmão e lhe entregou uma pasta cheia de listas, horários e orientações. "Eu dou conta, Gab", disse ele. "Está tudo bem, conseguimos sobreviver sem você." Gabby não se sentia confortável, mas todo mundo, incluindo a mãe, disse que ela deveria se divertir. Então ela foi.

Vinte e quatro horas depois, enquanto caminhava por uma praia cheia de palmeiras de mãos dadas com o namorado, o telefone tocou. Era o irmão. A mãe tivera uma reação negativa ao novo medicamento e estava agitada e confusa, parecendo totalmente diferente da mulher sólida e estoica que eles conheciam. Gabby conseguia ouvi-la ao fundo — "Por que você está aqui? Onde *está* ela? Eu não pedi isso". Seguiu-se uma briga épica com o namorado. Gabby queria voltar na mesma hora, mas ele queria ficar. O irmão e a equipe de cuidados resolveriam tudo, disse ele. Gabby não podia fazer nada que os médicos não pudessem. Então ela ficou, chorosa e relutante. Quando eles chegaram em casa, a mãe estava mais calma, mas ainda confusa. Ela olhou para Gabby sem reconhecê-la. A mãe viveu mais algumas semanas, mas Gabby jamais a viu lúcida outra vez.

Quinze anos depois, ainda carrega o peso daquela época. "Não sou uma boa filha. Tomei a decisão errada. Todo mundo ficava repetindo para eu sair de férias, mas eu sabia que não era para ir. Eu deveria ter me escutado, mas cedi aos outros, e a minha decisão a prejudicou." Ela nunca queria ter saído do lado da mãe. "Eu sei que ela não teria vivido para sempre, mas eu poderia ter conseguido mais alguns meses para ela."

É claro que Gabby queria que as coisas fossem diferentes. É claro que ela carrega emoções pesadas daquela época. São reações humanas normais. Mas ela também sente que cometeu um grande erro. Sua vergonha, sua culpa e seu pesar ainda a consomem, quinze anos depois.

Entra o *autoperdão*, uma mudança positiva em nossos sentimentos, nossas ações e nossas crenças sobre nós mesmos após uma transgressão.¹³ O autoperdão tem três partes.*

Paradoxalmente, o primeiro passo é a **autocrítica**, além da culpa, da vergonha e das outras emoções negativas que a acompanham. Afinal, não haveria nada a perdoar se não tivéssemos feito algo errado. Para nós, essa parte é fácil. Nos cobramos pelo que "deveríamos" ter feito. Desejamos fervorosamente poder voltar no tempo e recomeçar. Ou escondemos nossas transgressões de todos, ou as confessamos compulsivamente. Se confessamos, precisamos de excessiva validação. De qualquer modo, ansiamos por absolvição.

Por que nos criticamos tanto? Surpreendentemente, por causa de nossa necessidade de conexão humana. A culpa e a emoção associada, a vergonha, estão ligadas à empatia, à honestidade e ao altruísmo.¹⁴ Por pior que nos façam sentir, ambas as emoções persistem há milênios porque nos ajudam a assinalar remorso, reparar relacionamentos, permanecer na tribo e, consequentemente, sobreviver.

A culpa e a vergonha não se aplicam só a transgressões objetivas. Elas ocorrem quando percebemos que não cumprimos certas normas ou correspondemos a determinados padrões, se os acreditamos corretos e obrigatórios.¹⁵ É por isso que seu tio Gary, que é contra o governo, pode sonegar impostos e não sentir nenhuma culpa, mas sua prima adolescente Chloe pode entrar em uma espiral de vergonha se a calça jeans skinny for considerada fora de moda pelas garotas populares do ensino médio.

Observe que eu não disse "normas ou padrões realistas". A transgressão ética de Gabby foi construída sobre padrões irreais: *Eu deveria ter previsto o futuro. Deveria ter ficado com minha mãe, sem nenhuma folga, pelo tempo que fosse necessário. Eu deveria tê-la salvado.* No fim das

---

* Às vezes, quatro. A parte discricionária — desculpar-se e corrigir as coisas, na medida do possível — é para quando causamos dano. Nossa consciência culpada nos leva a reparar o dano e retornar à tribo. Em uma entrevista de 1983 para o *New York Times*, a pioneira psicóloga Dra. Helen Block Lewis disse: "A culpa é um dos cimentos que nos mantêm coesos e humanos." E continuou: "Se você achar que fez algo para prejudicar outra pessoa, a culpa o compelirá a agir para consertar a situação, reparar o vínculo."

contas, estarmos ou não de fato errados é menos importante que as conclusões a que chegamos sobre transgredir padrões pessoais ou sociais.

Em seguida, vem a **desconstrução da superavaliação**. Lembra-se da superavaliação, na qual derivamos nosso valor de nossos resultados? Confundimos um resultado negativo com nosso caráter. Minha cliente Xiao, uma professora, culpava-se pelo fato de alguns alunos faltarem às aulas: *Preciso ser mais interessante*. Ela nunca pensou que os alunos podiam estar trabalhando, priorizando outras coisas ou de ressaca. Quando Claire descobriu que o marido saía com uma garota de programa há meses, concluiu que isso se devia ao fato de não ser suficiente: atraente o suficiente, atenciosa o suficiente, fascinada o suficiente. Arthur perdeu a casa durante a crise das hipotecas e concluiu que era um fracasso na vida e nos negócios. Gabby equiparou o fracasso percebido a seu caráter: *Como não atendi minhas expectativas, não sou uma boa filha*.

Os pesquisadores de emoções continuam a discordar sobre as distinções exatas entre culpa e vergonha, mas Dr. Lewis indicou uma diferença significativa e comumente aceita: a culpa foca o ato; a vergonha foca o Self, especificamente o que os pesquisadores chamam de "avaliação negativa do Self global".[16] Gabby concluiu que é inadequada, uma filha ruim. Ela condena toda a sua pessoa. O diferencial clássico? A vergonha insiste "*Eu* fiz aquela coisa horrível", ao passo que a culpa diz "Eu fiz aquela *coisa* horrível".

Experimente tirar seu caráter de cena e focar o resultado negativo. Tente separar as duas coisas. Passe de "*Eu* fiz aquela coisa horrível" para "Eu fiz aquela *coisa* horrível" ou, nos exemplos de Xiao, Claire e Arthur, "Aquela coisa horrível aconteceu". Embora a culpa não seja "melhor" ou mais fácil que a vergonha, ela é menos pessoal. Desativar a superavaliação desativa a vergonha.*

---

* Placa de néon piscando: às vezes, sentimos vergonha quando, na verdade, estamos com raiva. A raiva saudável e construtiva olha para fora e diz: "As coisas deveriam ser diferentes." Mas, se ficar com raiva não é seguro ou permitido, ela se transforma em vergonha. A vergonha olha para dentro e diz: "Eu deveria ser diferente." Em outras palavras, quando ousamos dizer, mesmo que em nosso tom mais educado, "Com licença, isso não está funcionando e eu gostaria que mudasse", a vergonha reage e diz: "Não, é você que não funciona e precisa mudar."

A última parte do autoperdão é **fomentar emoções positivas em relação a si**. Fazer isso é complicado. Não podemos estalar os dedos e nos sentir bem a respeito de nós mesmos. Mas considere o seguinte: após assumir qualquer responsabilidade necessária e oferecer reparação, você tem permissão para se sentir bem consigo. O âmago do passo três é que *o fracasso e uma visão positiva de si mesmo podem coexistir*.

É importante dizer que sentir-se melhor não depende de uma promessa de aperfeiçoamento pessoal. Como somos todos tão duros conosco, vou repetir: não precisamos prometer "Eu me sairei melhor da próxima vez para compensar" ou "Aprenderei com o que aconteceu e me tornarei uma pessoa melhor". O autoperdão não precisa de um contrato de caução que será resgatado por uma versão mais merecedora de você mesmo. Você pode simplesmente se perdoar, agora mesmo.

Tampouco depende de se esquivar da responsabilidade. Não se trata de encontrar outra pessoa para culpar.[17] Estou certo de que muitas pessoas disseram a Gabby que seu irmão deveria ter lidado melhor com a situação ou insistiram que seu namorado deveria ter sido mais empático, mas ela não se sentiu melhor com isso. O autoperdão vem de se libertar da autocrítica.

Uma maneira de se sentir melhor a respeito de si é fazer justamente o que a vergonha não lhe pede que faça. Ela nos urge a esconder e ocultar, pois é aí que floresce: no escuro. Para fazer a vergonha murchar como um vampiro ao sol, faça o oposto do ocultamento: compartilhe com alguém confiável.[18] Quando Văn, Brigita e Libby compartilharam suas histórias com pessoas que julgavam ser compreensivas — apesar de a vergonha lhes dizer para não fazerem isso, com medo do julgamento —, encontraram apoio, empatia e validação, o que lhes permitiu se livrar da culpa e da vergonha.

Em resumo: todos nós decepcionamos alguém. E a nós mesmos também. Se dê permissão para viver toda a gama de experiências humanas. Permita-se algum perdão por ações passadas que seu cérebro acha ruins, erradas, bobas, constrangedoras, ridículas ou horríveis. Você tem permissão para se sentir bem sobre si, mesmo quando seu passado inclui fracassos. Isso se chama ser humano.

O autoperdão não é instantâneo. Ele muitas vezes é gradual e requer diversas rodadas. Mesmo que entendamos intelectualmente o autoperdão, leva algum tempo para ele ser internalizado. Assim, em uma metainiciativa alucinante, perdoe a si mesmo por ter dificuldade em se perdoar.

Gabby ainda sente falta da mãe todos os dias. Ainda se sente triste, mas encontrou alguma paz. "A culpa não me mantém conectada a ela. Posso amá-la e sentir falta dela sem me censurar", concluiu.

11
Da prova ao experimento
Compaixão por erros futuros

Quem nunca cometeu um erro nunca tentou nada novo.
— Albert Einstein

Estava na hora. O assistente abriu a porta dos fundos e gesticulou para Tricia Park, de 13 anos, entrar. Com os aplausos retinindo nos ouvidos, ela passou pelos baixos e violoncelos, com o vestido de chiffon cor-de-rosa farfalhando enquanto andava, até chegar ao lado do maestro. Não conseguia ver nada além do palco por causa das luzes, mas não se incomodava com isso: seu coração já batia rápido o suficiente sem todos os olhos da plateia sobre si. Fez uma mesura, colocou o violino em posição e iniciou um concerto de Paganini, acompanhada pela Orquestra Sinfônica de Baltimore. Ao fim do concerto, ficou claro que presenciaram um prodígio. Foi emblemático: o fruto de anos voltando da escola para casa a fim de ensaiar enquanto os gritos de alegria dos colegas no parquinho ficavam lentamente para trás.[1]

Quando Tricia tinha 5 anos e a mãe perguntara casualmente se ela queria aprender violino, ninguém poderia ter previsto o futuro de sua carreira. Ela era um talento natural, passava pelos livros Suzuki como se fossem uma cascata de dominós. Tal talento chamou a atenção dos adultos. Mesmo no jardim de infância, Tricia, extremamente tímida, descobriu que a expressão no rosto das pessoas quando a ouviam significava que ela era especial. Sem perceber, continuou tocando violino porque ele conquistava aprovação. Eles gostavam dela pelo que ela podia fazer.

Mas isso significava que todas as vezes que ela pegava o violino, ela sentia que era uma prova final. Toda apresentação era um referendo de seu valor. Não havia espaço para erros, experimentos ou segundas chances. Antes de sua estreia em Baltimore, o professor de Tricia lhe passou uma mensagem que ainda ricocheteia em seu cérebro: "Quando as pessoas compram um ingresso para ouvir você tocar, elas só ligam para quão perfeita você é. Ninguém liga se você está triste, preocupada, cansada, doente ou se seu cachorro morreu. Você tem que ser consistentemente perfeita."[2]

Nossa. Embora poucos de nós possam compreender as pressões de viajar pelo mundo como prodígio do violino, muitos entendem a sensação de ter pessoas observando, prontas para apontar qualquer erro que cometamos. Editamos as legendas do Instagram, depois editamos de novo. Não gostamos de ser vistos antes de termos tomado banho e nos arrumado — não é vaidade, é como operamos. Perguntamos a nosso colega se um e-mail parece estranho antes de enviá-lo. Com os amigos, nos esforçamos para agregar valor a cada conversa. A impressão é de que as apostas são sempre altas. Grande parte da vida se parece com uma prova.

No capítulo anterior, olhamos para o passado e nos perdoamos pelas coisas das quais nos arrependemos. Neste capítulo, olharemos para o futuro e examinaremos três coisas que fazemos com frequência para evitar o fracasso em todas as suas variações. Eis uma prévia resumida. Primeira: no início do século XX, o influente psicólogo Dr. Alfred Adler viu o perfeccionismo como forma de supercompensação.[3] E é exatamente isso que fazemos para evitar erros. Vamos além do que é necessário, criando uma camada de amortecimento que, no fim das contas, custa mais do que pode comprar. Segunda: usamos indicadores pouco confiáveis para acompanhar nosso progresso e nos dizer se fizemos "o suficiente". Terceira: tentamos evitar as coisas em que podemos ser ruins.

Mas, como aprender coisas novas implica ser ruim nelas, desistimos de atividades nas quais podemos ter dificuldades ou — *suspiro!* — ser ineptos. Para todos nós que sentimos que a vida é um grande boletim, vamos analisar essas três técnicas e ver o que podemos tentar no lugar delas.

Reduzindo o excesso

Ao longo dos anos, os professores disseram a Tricia que o que ela pensava, sentia ou queria não importava: ela só precisava reproduzir a música escrita pelo compositor. Foi instruída a focar a execução técnica, a precisão, o timing. Era esperado que tocasse da mesma maneira todas as vezes, o que — considerando-se que era um ser humano, e não um robô — se provou impossível. A única solução era se esforçar ainda mais: se ela praticasse seis horas e não obtivesse o resultado desejado, passava a praticar oito. E, se isso não funcionasse, praticava dez. "Essa era a aritmética", ela me disse quando a entrevistei.[4] Em outras palavras, a solução de Tricia era praticar em excesso.

Aqueles de nós que lidam com o perfeccionismo podem se preparar, treinar, estudar, limpar, se comprometer, explicar e ensaiar além da conta. Podemos nos vestir bem demais, ser amigáveis demais e tentar seguir padrões éticos demais. De fato, em 1965, o Dr. M. H. Hollender definiu o perfeccionismo como a "demanda de si mesmo de uma qualidade de desempenho superior à exigida pela situação".[5]

Depois que meu primeiro livro, *Como ser você mesmo*, apresentou o estudante de Medicina Diego, que estava muito distraído pela fobia social para se concentrar em seus estudos, recebi um número desproporcional de pedidos de terapia de estudantes em situação parecida. Um desses jovens foi Kalkidan, uma aluna do segundo ano que fazia a transição da teoria dos livros para a clínica. Suas avaliações eram geralmente positivas, mas ela sentia que todo dia exigia de si um esforço tremendo para não ser expulsa da faculdade. Um filme com o pior cenário possível passava em sua cabeça o tempo todo. Nele, ela era chamada à sala do reitor, via sua ficha aberta sobre a mesa de mogno, toda rabiscada com comentários em caneta vermelha, e o reitor fazendo que não com a cabeça, decepcionado.

Com a sensação de que cada dia era uma prova importantíssima, Kalkidan supercompensava, dando seu máximo para ser muito entusiástica, solícita, engajada e cuidadosa com pacientes, enfermeiros, residentes, com todos. Quanto mais se esforçava, mais exausta ficava, e sua voz adquiria uma qualidade aguda e frenética. Fiquei sabendo que tentava se preparar memorizando e recitando as apresentações palavra por palavra, mas isso significava que, sempre que se desviava do roteiro mental, ela se perdia e congelava. Do mesmo modo, era muito cautelosa: passava horas que não tinha reescrevendo as notas sobre cada paciente nas próprias palavras, a fim de jamais ser acusada de plagiar as notas dos colegas. Durante as aulas, tentava parecer muito envolvida: dizia a si mesma que só podia fazer perguntas que mostrassem que refletira com profundidade sobre o assunto, mas, quando a pergunta estava editada o suficiente, o momento passara e ela perdera o que o professor estava dizendo. Toda essa supercompensação estava sendo um tiro pela culatra, com residentes e médicos preocupados com sua ansiedade e má gestão do tempo.

Quando temos medo de cometer erros como Kalkidan, podemos tentar chegar a 110%. Se estamos nos preparando para falar com alguém intimidante, escrevemos um roteiro, pensamos em cada pergunta que a pessoa pode fazer e ensaiamos resposta após resposta em frente ao espelho do banheiro. Mas aí, se a interação é um sucesso, o excesso de preparação rouba o nosso crédito. Não temos a chance de aprender que não precisamos ir a tais extremos.

Outra desvantagem: exagerar custa tempo e energia. Sempre há um sacrifício. Cada vez que exageramos ao fazer algo, há outra coisa que não estamos fazendo, seja o sono, a conexão com pessoas importantes ou outro projeto que está três semanas atrasado. Pagamos o preço por ir a todo vapor com exaustão, um parceiro ressentido, um chefe irritado ou uma vida mais restrita.

Por fim, a supercompensação implica que há algo faltando que requer contrapartida. Ao longo da nossa vida, grande parte de nosso senso de Self vem do feedback de outras pessoas. Então, quando usamos o desempenho — na escola, em relação a nossa aparência, em uma competição — para encobrir o que percebemos como nossas falhas fatais, perdemos a chance de aprender que nosso Self, incluindo as "falhas", pode ser amado e aceito do jeito que é.

Às vezes, a expectativa de supercompensação não vem de nós mesmos, mas das instituições.[6] Garry Mitchell, da Faculdade de Educação de Harvard, estuda programas preparatórios projetados para aumentar a mobilidade social e equilibrar a desigualdade, ajudando estudantes não brancos a entrar em faculdades de elite e iniciar carreiras impressionantes. Mas, sem perceber, os programas institucionalizam a mentalidade de "duas vezes melhor" ao exigir dessas crianças padrões de comportamento e realização mais altos que os de seus pares de famílias de ex-alunos ou doadores, por exemplo, ao mesmo tempo privando-as da sensação de comunidade e identidade.[7] O desempenho excepcional parece um requerimento, e elas precisam fazer tudo certo a fim de que ninguém as veja como não merecedoras.[8]

Às vezes, supercompensar é uma estratégia compreensível. Uma sociedade desigual pode enviar a inequívoca mensagem de que você precisa mesmo oferecer alguma compensação.

Veja *The Best Little Boy in the World* [O melhor garotinho do mundo, em tradução livre], a clássica história de Andrew Tobias sobre crescer como homossexual não assumido.[9] Escrevendo sob pseudônimo, ele estabeleceu uma ligação direta entre crescer em uma cultura estigmatizadora e esforçar-se duas vezes mais nas competições — atléticas, acadêmicas e profissionais: "Outra importante linha de defesa [...] era minha prodigiosa lista de atividades. [...] Ninguém podia esperar que eu saísse para namorar [...] com uma lista de dezessete projetos urgentes para terminar." Supercompensar o protegia das críticas e da possível rejeição decorrente de ser gay.[10]

Quase quarenta anos depois, o Dr. John Pachankis e o Dr. Mark Hatzenbuehler fundamentaram a biografia de Tobias com dados.[11] Analisaram dois fatores: o número de anos no armário e o grau de discriminação codificada nas leis dos estados natais dos participantes (pense na Flórida *versus* Vermont, por exemplo), e descobriram que ambas as variáveis previam a extensão em que jovens homossexuais e bissexuais supercompensavam, baseando sua autoestima na realização e na comparação. Mais tarde, o Dr. Benjamin Blankenship e a Dra. Abigail Stewart replicaram conceitualmente o estudo incluindo mulheres queer, expandindo a hipótese para "melhor *criança* do mundo".[12] Retirar a autoestima do controle de legisladores preconceituosos é uma iniciativa compreensível, mesmo à custa do estresse e do isolamento.

O contexto mais amplo levanta muitas perguntas. Como sabemos que é seguro reduzir a supercompensação? A resposta curta é que nem sempre sabemos, e talvez não seja seguro. Mas podemos começar nossos experimentos com pessoas que nos dão segurança e a partir daí expandir. Além disso, como recomenda Garry Mitchell, podemos construir uma noção de comunidade e conexão: "Essa intensa sensação de grupo pode servir como fator de proteção."[13]

Felizmente, não estamos tentando eliminar toda a supercompensação de uma vez só, como se arrancássemos a toalha da mesa com um único puxão. A despeito da tendência perfeccionista de assumir uma postura tudo ou nada, Kalkidan não precisa passar do excesso de responsabilidade para "não me importo com o que o hospital pensa". Tricia não precisa passar da "perfeição em qualquer circunstância" para o niilismo do tipo "nada importa". Mas o que há entre o preto e o branco de "Por favor, goste de mim" e "Eu não dou a mínima"?

No fim das contas, podemos transformar o fazer em excesso em simplesmente... fazer. É possível reduzir o excesso de explicações para apenas explicações, ser excessivamente educado para ser apenas educado e assim por diante, com o objetivo de descobrir que somos adequados e capazes sem a supercompensação. Não precisamos nos salvar por meio da supercompensação porque não precisamos nos salvar, e ponto.

Minha supercompensação sempre foi a independência. De mudar os móveis de lugar a lidar com os dramas dos amigos, eu fazia tudo sozinha. Por muito tempo, hesitei em pedir ajuda. Na minha cabeça, isso me impedia de ser irritante ou um fardo, mas também me mantinha separada; ao não pedir ajuda, eu irradiava a mensagem de que ninguém tinha nada a me oferecer.

Comecei a reduzir esse excesso de independência com pessoas que me passavam segurança, revelando parte de minha bagagem para amigos que eram sinceros sobre as próprias vidas. No início, isso pareceu tão ousado que eu perdia o fôlego. Mas também foi um alívio. E me aproximou das pessoas em quem confiei porque, para minha surpresa, elas aceitaram tudo com naturalidade e várias vezes também fizeram confidências.

Após pedir conselhos sobre como lidar com as notas e apresentações a residentes e colegas, Kalkidan tentou ser só cautelosa e preparada, em vez de cautelosa e preparada demais. Ainda escrevia parte de suas notas, mas se permitia copiar a demografia e o histórico dos pacientes. Para suas apresentações, começou a memorizar itens em vez de um roteiro palavra por palavra, o que lhe permitiu falar como se estivesse contando uma história em vez de fazendo uma repetição literal. Em certa aula, se permitiu fazer as perguntas que surgiram em sua mente, em vez de passá-las pelo controle de qualidade interno antes de articulá-las. No início, pareceu errado e causou ansiedade, como se estivesse se colocando em risco, mas estava disposta a tentar métodos que haviam funcionado para as pessoas que respeitava.

Kalkidan ainda monitora com atenção o impacto que causa nas outras pessoas? Eu ainda tendo à autossuficiência? É claro que sim — nenhuma dessas coisas é ruim. Ambas retivemos, como deve ser, nossa personalidade e nossa essência, mas ganhamos algo adicional: flexibilidade.

> **EXPERIMENTE:** Em que circunstâncias você apresenta desempenho além do necessário para se sentir seguro? Como seria reduzir isso? O que você faria diferente? O que faria igual? Pense em um lugar no qual poderia tentar uma nova abordagem. Ajuste com flexibilidade, conforme necessário.

Da cabeça para o coração (e vice-versa)

Falando de flexibilidade, se lembra de Gus, do Capítulo 7, que queria ser mais relaxado com os amigos? Você também deve lembrar que ele também era um corredor de longas distâncias dedicado. Nas manhãs de sábado, acordava às 4h para correr 32 quilômetros ou dirigia até Hopkinton ou Wellesley para percorrer trechos da maratona de Boston. Quando corria, usava um monitor cardíaco e acompanhava o treino com dois aplicativos: um para ele, um para o treinador. O objetivo das corridas era garantir que sua velocidade, resistência e eficiência fossem excelentes — obter uma boa nota, digamos assim, em seus dados e suas métricas. Nos últimos meses, Gus vinha correndo cada vez menos. O que costumava ser uma alegria — o silêncio das ruas vazias no início da manhã, a sensação de realização — começou a parecer um boletim escolar.

Em contrapartida, meu cliente Timothy é um encarregado de recursos humanos que investiga queixas de discriminação, perseguição e outras terríveis experiências no local de trabalho. Ele escreve relatórios e anexa capturas de tela e e-mails incriminadores. Timothy sabe que seus relatórios fazem a diferença entre o funcionário acusado manter o emprego e ser demitido, assim como haver justiça ou não no local de trabalho. Rotineiramente trabalha a noite toda, temendo os efeitos de sua escolha de palavras e sentindo o peso das carreiras alheias em suas costas. Só entrega os relatórios no último dia e, às vezes, ultrapassa o prazo. Não parece respeitoso enviar para o diretor de recursos humanos antes de achar que tudo está exatamente certo. Para Timothy, toda essa agonia significa que leva seu trabalho a sério. Tem a impressão de que é a coisa certa a fazer, mesmo que o deixe exausto e se sentindo infeliz, além de causar ressentimento em sua parceira por ter que cuidar da casa sozinha.

Tanto Gus quanto Timothy podem se identificar com a sensação de "isso é uma prova". Mas usam indicadores muito diferentes para tentar conseguir uma boa nota. Gus se baseia em medidas quantitativas ou categóricas para saber que está fazendo tudo certo. Chamemos isso de "cabeça". A cabeça gosta de números e dados. Aumentamos as chances de ir bem na "prova" se seguirmos a receita, acompanharmos as notas, cumprirmos as metas e realizarmos fielmente o plano de treinamento de três meses para a competição de triatlo.

Timothy, em contrapartida, lança mão de seus instintos. Ele "sabe" quando o relatório está pronto. Os psicólogos chamam isso de *sensação percebida* [felt sense],[14] um conceito introduzido por Dr. Eugene Gendlin, um filósofo contemporâneo que influenciou o lendário psicólogo humanista Carl Rogers. A sensação percebida, escreveu Gendlin, é "a sensação do corpo em uma situação particular".[15] Por exemplo, digamos que você está tentando escrever um e-mail importante, mas não está conseguindo. Você pode se sentir tenso, inquieto e frustrado. Algo o incomoda. Você franze o cenho, sacode a perna, tamborila os dedos na mesa. A sensação percebida lhe diz que o e-mail não está certo. Em contrapartida, digamos que você está tentando escrever um e-mail importante e se saindo muito bem. Você sabe exatamente o que dizer e intui que suas palavras serão apreciadas e bem recebidas. Há uma sensação percebida de correção: você se inclina para a frente, foca o monitor e talvez prenda a respiração enquanto as palavras fluem. A sensação percebida de correção, calma ou satisfação informa que o e-mail está certo.[16]

Podemos sentir isso em nosso corpo quando notamos migalhas em um balcão que deveria estar limpo, vemos um quadro torto na parede ou temos a premonição de que nosso amigo está zangado porque ainda não respondemos à sua mensagem. Mas também experimentamos isso quando sabemos que arrasamos em uma entrevista de emprego, que teremos um segundo encontro ou que a casa está finalmente limpa. Sentimos dissonância quando não atingimos nossos padrões e concordância quando atingimos.

Vamos chamar essa sensação — confiança quando padrões foram atingidos *versus* inquietação quando não foram — de "coração". O coração simplesmente sabe: é intuitivo, qualitativo e instintivo.

Ambos os métodos — a cabeça e o coração — nos dizem como estamos indo em cada prova, mas, quando os custos começam a se acumular, como a falta de entusiasmo de Gus ou a tensão conjugal de Timothy, podemos tentar ter alguma flexibilidade trocando a cabeça pelo coração e vice-versa.

Por exemplo, Gus projetou um experimento que trocava os números quantitativos da cabeça pela intuição no coração: sair para correr sem monitorar nada. Só correr pela diversão. Isso não aconteceu sem ambivalência.

— Como vou saber quando voltar? — perguntou.

— Quando sentir que tem que voltar — respondi.

Gus arqueou uma sobrancelha. Após uma pausa, disse:

— Não gosto disso, mas estou disposto a tentar.

Na semana seguinte, perguntei como tinha sido.

— Um pouco desorientador — respondeu. — Como não estava preocupado com nada específico, a corrida pareceu não contar. Eu queria o crédito. Mas também foi um alívio. Senti que estava me safando de algo.

Avancemos: Gus não abriu mão do monitor cardíaco nem do treinador — lembre que não estamos assumindo a postura de tudo ou nada e esse não era o problema —, mas ganhou um pouco de valiosa flexibilidade e se lembrou da razão pela qual começara a correr: diversão.

Em seguida, foi a vez de Timothy. Juntos, decidimos quantificar alguns limites: usar a cabeça para saber quando parar, e não o coração, que o mantinha trabalhando a noite toda. Primeiro, Timothy perguntou aos colegas quantos esboços escreviam, quanto tempo passavam editando e quão longos eram seus relatórios. Descobriu que trabalhava mais que o dobro que o colega mais esforçado e que seus relatórios eram em média 50% mais extensos. Instituiu alguns limites: parar às 20h e dar banho nos filhos; não mais que cinco anexos; três esboços no máximo. Alterou as regras quase no mesmo instante, acrescentando seis anexos e aumentando para cinco esboços, mas tudo bem: a conformidade não era o objetivo. E qual era? Mais uma vez, a flexibilidade.

"Ok, Ellen, calma aí", você pode dizer. "Você fala várias vezes de flexibilidade." Ok, fui pega. Tecnicamente, *flexibilidade psicológica*[17] é o ato de permanecer em contato com o momento presente, não importam os pensamentos, os sentimentos e as sensações corporais desagradáveis, escolhendo as ações com base 1) no que funcionará naquela situação e 2) no que é importante para você (Capítulos 6 e 8!). Em outras palavras, é a disposição de passar pelas vicissitudes da vida a fim de fazer o que é viável e significativo para você.

Vemos flexibilidade quando Gus decide que está disposto a sair para correr independente da incômoda sensação de que o telefone deveria lhe dizer quando voltar. É a disposição de Timothy de fazer uma pausa para dar banho nos filhos a despeito do desejo de escrever mais uma página. É minha disposição de pedir ajuda, a despeito da angustiante sensação de que serei um fardo irritante se não puder fazer tudo sozinha.

Agora vamos aplicar algumas trocas cabeça-para-coração e coração-para-cabeça em sua vida. Em que áreas você faz esforços desproporcionais para alcançar o objetivo? Em que áreas seu controle de qualidade interno se torna um pouquinho rigoroso demais? Leia o seguinte: esses são experimentos de flexibilidade, não novas regras. Veja o que funciona em cada situação.

Experimentos da cabeça para o coração		
	Hábito atual	**Novo experimento**
Limpar	Limpar até "sentir" que a cozinha está limpa, à custa do restante da noite	Tente limpar por 20 ou 25 minutos após o jantar e veja os resultados
Ensaiar	Ensaiar uma apresentação até se sentir pronto, mas não passar tempo com a família por uma semana	Decida com antecedência ensaiar um número fixo de vezes (três, cinco etc.), em vez de compulsivamente

Experimentos da cabeça para o coração		
	Hábito atual	**Novo experimento**
Desculpar-se	Desculpar-se até ter certeza de que tudo está bem, mas exasperar seu amigo no processo	Desculpe-se genuinamente uma vez, duas no máximo, e então pare
Provar seu argumento	Argumentar até o parceiro desistir ou ficar zangado	Exponha seu argumento duas vezes e então reavalie para ver se, nesse momento, é mais importante ter razão ou preservar o relacionamento
Produtividade	Trabalhar até sentir que fez o "suficiente", o que nunca acontece	Trabalhe das 9h às 17h (ou qualquer que seja o horário que se aplique a você) quando possível — o restante ainda estará lá no dia seguinte
Desempenho social	Ruminar sobre uma conversa que pareceu constrangedora ou desconfortável	Espere e permita que 15% da conversa seja desconfortável
Otimização das experiências de lazer	Esforçar-se para aproveitar ao máximo cada momento	Espere que de um a dois terços do tempo de lazer ou férias seja passado planejando, organizando, limpando ou se recuperando
Emoções	Sempre ter o sentimento "apropriado" ou a reação "aceitável"	Permita-se sentir toda a variedade de sentimentos, sem necessariamente ter que *fazer* algo a respeito

Experimentos do coração para a cabeça		
	Hábito atual	**Novo experimento**
Cozinhar	Seguir a receita com exatidão	Experimente, substitua e acrescente a gosto
Comer	Consumir um número específico de calorias ou macronutrientes	Coma para alimentar principalmente o corpo, mas também a alma
Ir para a cama	Ir para a cama no horário estabelecido	Vá para a cama quando estiver cansado, seja mais cedo ou mais tarde
Exercitar-se	Seguir o programa com exatidão	Considere dia a dia se deve fazer mais ou menos, em função de seu nível de energia, sono, dores, ciclo menstrual etc.
Falar em público	Não cometer nenhum erro	Conecte-se com a plateia
Desempenho musical	Não cometer nenhum erro	Expresse a si mesmo e ao compositor
Peso	Perder, ganhar ou manter certo número de quilos	Veja o que seu corpo pode fazer

Você não precisa ter tudo resolvido de antemão

Ao amadurecer, Tricia percebeu que o conselho do professor: "Você tem que ser consistentemente perfeita" era tóxico e estava acabando com sua felicidade, tanto com o violino quanto na vida em geral. Então, aos trinta e poucos anos, decidiu tentar algo inédito: improvisação.[18]

Ela se inscreveu em um acampamento de violino que tinha muitas sessões de improvisação e criação espontânea de música nos corredores durante o almoço. Lembrou: "Foi horrível."[19] Ia contra tudo que haviam lhe ensinado. Ainda mais importante, ela era subitamente ruim na coisa que sacrificara a infância para ser boa: o violino. "Na música clássica, a vulnerabilidade não é uma opção. O progresso, o aprendizado e a descoberta precisam ser ocultos. Mas, em outros ambientes, como nos círculos de improvisação, a vulnerabilidade é a única opção."

Ela chorava todos os dias.

Em contraste, Tricia tinha um amigo violinista que improvisava desde a infância. Ele contou que se lembrava de ser levado a sessões de improvisação quando ainda estava na pré-escola e ficar sentado perto dos adultos que criavam música tarde da noite. "Ele começou batucando em uma tigela. Depois em um tambor. No violino, deve ter começado com cordas abertas, depois foi progredindo sozinho e, por fim, tocou com um grupo."[20]

Ele aprendeu de forma gradual, ao longo do tempo, por meio da experiência. "Improvisar é uma habilidade", concluiu Tricia.

Concordo. Além disso, acho que aprender é uma habilidade. Dê uma olhada no gráfico a seguir. Conforme aprendemos uma nova habilidade ou tarefa, a linha da competência sobe e desce ao longo do tempo. Dificuldades e retrocessos fazem parte do processo.

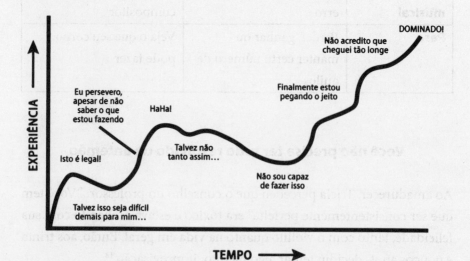

Aqueles de nós que se cobram muito desejam que a linha ascendente seja quase vertical — queremos dominar o tênis, ter confiança social em qualquer situação, ficar em forma no mesmo instante. Mas isso faz parte das expectativas irreais do perfeccionismo. Estagnação temporária, novas tentativas e os bons e velhos erros só parecem incorretos se você acha que não deveriam acontecer.

Às vezes, o ímpeto de canalizar nossa Elle Woods interna, "Direito em Harvard? Como se fosse difícil...", significa que preferimos ocultar os altos e baixos de nosso processo de aprendizado. É compreensível. Se a privacidade aumentar sua disposição de tentar algo novo, faça isso. Decore o bolo que ninguém verá. Faça ioga na frente do YouTube e de seu gato. Se ninguém o vir errar, você errou mesmo? Tricia fez exatamente isso. Depois do estresse do acampamento de violino, se dedicou a algo pelo que se interessava em segredo há anos e não contou a ninguém quando se inscreveu no mestrado de Escrita Criativa.[21] Com certeza era melhor tentar em caráter privado do que não tentar.

Mas algumas coisas não podem ser feitas em particular. Acampamento de violino. Conversar em uma nova língua. Dança de salão. Esportes em equipe. A maioria da vida inclui testemunhas e ativa nossa alergia à possibilidade de erros e julgamentos. Mas somos adequados mesmo quando fazemos algo inadequado. O ímpeto de esconder nossas dificuldades é compreensível, mas estarmos dispostos a deixar que alguém nos veja cair na pista de iniciantes ou experimentar nossos brownies quase queimados é sinal de confiança. Afinal, é mais fácil se identificar com a dificuldade que com a perfeição.

E se alguém nos julgar? É possível. Provável, até. Pessoas críticas vão julgá-lo não importa o que faça — pergunte a Dua Lipa sobre a reação a sua dança de apontador de lápis. Você se esforçará ao máximo para ser respeitado e será chamado de pretensioso. Fará todo o possível para ser modesto e alguém dirá que tem baixa autoestima. Vai tentar seguir seus padrões éticos e será considerado reprimido. Não tem como vencer. É um clichê, mas você não vai agradar todo mundo mesmo, então é melhor seguir seus valores e fazer o que for importante para você.

Só que ser julgado ainda nos machuca. Está estabelecido que nossos sistemas neurais de dor física e social se sobrepõem, o que explica por que o julgamento, a crítica e a rejeição doem tanto.[22] E, se incluímos a expectativa cultural de não nos importarmos com o que os outros pensam, concluímos que estamos agindo errado quando ficamos magoados. Na verdade, querer não reagir ao julgamento é o mesmo que lutar contra a biologia. É por isso que muitos elogios não são páreo para uma crítica, pois ela continua sendo uma ameaça social.

O que fazer? Primeiro, as pessoas autocríticas tendem a levar os julgamentos para o lado pessoal. Presumimos que o julgamento alheio é prova de nosso Self falho, ainda mais se gastamos tempo e energia garantindo ser irrepreensíveis e estimados. Mas, assim como o adágio "Seja você mesmo", a frase "Não leve para o lado pessoal" é ao mesmo tempo um clichê batido e um conselho crucialmente sábio.

Para mim, é útil lembrar que pessoas críticas costumam ser ainda mais duras consigo, mesmo que escondam isso bem. Um crítico externo em geral assinala a presença de um crítico interno. Eu leio o julgamento dessas pessoas como um anúncio não intencional que expõe seu mundo interno. Em muitos casos, isso me ajuda a sentir compaixão por elas e, no resto do tempo, bem... há crimes piores que um pouco de *schadenfreude* [prazer na desgraça alheia].

Dito isso, a chave para "não levar para o lado pessoal" não é defensivamente encontrar outro culpado. É aceitar que as críticas fazem parte da vida e abrir espaço para elas, desde que não constituam abuso emocional. O julgamento é o preço que pagamos para fazer qualquer coisa no mundo: chegar à vida adulta, encontrar um parceiro, fazer e manter amizades, existir nas redes sociais ou criar qualquer coisa, de um relatório de qualidade a uma tábua de frios e a um filho.

Mas dá para fazer o julgamento doer menos afirmando e focando o que é importante. Simples lembretes de nossos valores mais profundos podem fazer com que nos sintamos menos defensivos e mais autocompassivos.[23] A melhor parte? Eles sequer precisam estar relacionados à crítica em questão. Por exemplo, se seu desempenho acadêmico for criticado, você não precisa conter a defensividade focando todos os seus triunfos acadêmicos passados. Em vez disso, a ferida pode ser curada de forma indireta focando as coisas que você sabe serem inquestionavelmente verdadeiras a seu respeito: "Sei que sou boa mãe", "Literatura e arte trazem cor pro meu mundo", "Fui posta na Terra para ajudar os menos afortunados", "Dançar é minha paixão", "Tenho um estilo incrível" ou qualquer outra coisa que lhe seja genuinamente cara pode fortalecer sua imagem e aumentar sua resiliência, servindo de escudo contra as ameaças.

Como os psicólogos sociais Dr. Geoffrey Cohen e Dr. David Sherman explicaram em sua revisão de 2014 das intervenções de afirmação de valores, "o objetivo não é avaliar cada ameaça de maneira lisonjeira para si mesmo, mas manter uma narrativa geral sobre a adequação do Self. Uma narrativa saudável dá às pessoas otimismo suficiente para 'permanecerem no jogo' em face do massacre diário de ameaças, ofensas, desafios, aborrecimentos e retrocessos".[24]

> **EXPERIMENTE:** Sem querer plagiar a Oprah, o que você sabe com certeza sobre si mesmo e sua vida? Quando se sentir julgado ou criticado, escreva uma (ou mais) dessas profundas convicções. O julgamento ou a crítica ainda estará presente, mas suas verdades também estarão.

De modo geral, podemos passar de "isso é uma prova", com foco na prevenção de erros, para "isso é um experimento". Seja nossa atividade tão fluida quanto aprender a improvisar no violino, tão concreta quanto aprender programação ou tão amorfa quanto fazer amigos, podemos abordar a jornada como uma série de passos do tipo "vamos tentar e ver no que dá". Em outras palavras, em vez de abordar uma tarefa como se só tivéssemos uma chance, é possível abordá-la como apenas um passo.

Após uma vida inteira de "provas" importantíssimas na frente de professores e plateias mundiais, Tricia está aprendendo a ver a vida como uma série de experimentos. Hoje tenta se permitir fazer coisas somente porque quer experimentá-las.²⁵ Não é intuitivo — anos de intensa pressão são difíceis de ignorar. Após manter a escrita criativa em segredo, ela fez algo diferente. Criou um blog e um podcast, ambos intitulados *Is It Recess Yet?* [Já está na hora do recreio?, em tradução livre], sobre ser uma criança-prodígio.²⁶ Pela própria natureza, blogs e podcasts são públicos e exigem aprender na frente de uma plateia cada vez maior.

Tricia também revisitou a improvisação e aprendeu que uma única nota errada pode ser percebida como erro, mas, se for deliberadamente repetida, pode se tornar parte de uma nova frase ou tema.²⁷ Diferentemente da música clássica, ela não precisa ter um único resultado em mente: pode haver uma ampla variedade deles. Agora, quando toca peças clássicas, ela pensa: "Isso tem a ver com o personagem, a arte."²⁸ A música clássica, seu gênero original, "é mais prazerosa *porque* me desviei dela". Mas a estrada nem sempre é fácil. "No segundo em que a pressão aumenta, os velhos hábitos voltam."

Atualmente, quando tem dificuldades com o violino, em vez de se punir com mais horas de prática, ela escreve no blog, lê um pouco e então retorna. Outro dia, estava trabalhando em um notoriamente difícil capricho de Paganini. Mas, quando "empacou", ela deixou o capricho de lado e tocou alguns arranjos K-pop, só para se divertir. Tocou algumas variações e mergulhou no ritmo. Ao voltar a Paganini, tinha uma nova perspectiva. Não era uma prova. Era prazer.²⁹

Mudança 5

DA PROCRASTINAÇÃO À PRODUTIVIDADE

12
Não se trata de gestão do tempo

Amanhã, às 9h, você tem uma entrevista para o emprego dos sonhos. É exatamente o que quer fazer e o salário é o dobro do que ganha agora, além de oferecer benefícios incríveis e um monte de vantagens. Você está empolgado demais para dormir e fica se revirando na cama. Por fim, adormece às três da manhã, com visões de um gordo contracheque e do trabalho que ama.

Quando abre os olhos, se vira lentamente e vê a hora. Se senta de um pulo, sentindo a descarga de adrenalina. São 8h30! Você deve ter desligado o alarme enquanto dormia! Você se veste, entra no carro e pisa no acelerador. Sabe que está indo rápido demais, mas é a única maneira de chegar a tempo.

Na esquina, o sinal fica amarelo. Você acelera. Ao chegar à intercessão, o sinal fica vermelho, mas você fura e segue adiante. Um carro atravessa na sua frente. Você pisa no freio, mas é tarde. Bate na lateral do carro e ouve o ruído nauseante de metal amassado e vidro quebrado.

Quando volta a si e abre os olhos, está deitado no chão e um grupo de pessoas está ao seu redor. Ouve sirenes a distância. Alguém lhe diz para não se mexer, a ajuda está vindo.

Pelo canto do olho, você vê outro grupo reunido em torno de uma mulher com uma criança pequena nos braços. Ela grita: "Ela está morta! Minha bebê está morta!"¹

Estamos em meados da década de 1990. Você é aluna da Universidade Case Western Reserve e provavelmente está usando vestido sobre camiseta branca justa, camisa xadrez grunge ou tênis Reebok. Como parte da disciplina de Psicologia, o professor pediu a participação em ao menos um estudo departamental, então você se inscreveu e é por isso que está aqui. Uma aluna simpática que se apresenta como Dianne Tice se senta ao seu lado à grande mesa de reuniões, entrega uma folha com uma versão mais extensa da história acima e pede que você a leia em voz alta. "Ótimo, obrigada por ler. Pode ler mais uma vez, em silêncio?", pergunta ela assim que você termina.

Você assente e lê de novo. Está claro que a história deve conduzi-lo por uma montanha-russa de emoções. Você sabe que tem razão quando, após ler a história duas vezes, ela pede que escreva um curto ensaio sobre suas emoções, para amplificá-las ainda mais. Essa parte é fácil: arrependimento, pesar, culpa.

Mas então Dianne faz algo meio esotérico. Ela pega uma grande vela púrpura, que coloca no centro da mesa e acende com um fósforo. Quando a cera começa a derreter em torno do pavio, a vela emite um forte perfume floral. "Esta vela de aromaterapia pode congelar seu humor. É provável que permaneça em qualquer humor em que esteja agora durante todo o experimento." Então as coisas mudam outra vez. "Ok, agora faremos um teste de matemática" diz ela. Você concorda; experimentos de psicologia são estranhos mesmo. "Voltarei em quinze minutos com um teste de multiplicação bastante desafiador. Calculadoras não são permitidas. O teste deve refletir suas habilidades analíticas e de raciocínio fluido."

As coisas estão ficando pessoais. Você esperava que o estudo envolvesse testes de paladar com biscoitos ou algo parecido, não multiplicações de três dígitos que equivalem a testes de inteligência. "A maioria dos alunos mostrou melhora significativa depois de praticar entre dez e quinze minutos, mas os efeitos da prática desaparecem depois disso, então nos limitamos a esse período. Você deve praticar ao menos parte do tempo, mas, se não quiser praticar por todos os quinze minutos, tudo bem." Dianne faz um gesto em torno da sala. "Temos aqui algumas revistas, um jogo e uns quebra-cabeças. Sei que não são muito bons, mas gosto de tê-los à mão quando os participantes não comparecem e tenho que passar o tempo." Você franze o cenho. Ela está brincando? As "revistas" são uma pilha de jornais técnicos amarelados. O primeiro da pilha é datado de 1975. O jogo é um brinquedo eletrônico de pré-escola, e os quebra-cabeças são compostos de grandes peças de plástico para crianças. Há uma peça faltando em um deles. É como a sala de espera mal-abastecida de um dentista, só que pior.

Que estudo esquisito, pensa você. Histórias sobre matar bebês, velas que congelam o humor, quebra-cabeças bobos, testes de multiplicação.

De fato, é um estudo esquisito. Mas também é a criação intelectual de Dianne e seus colegas, a Dra. Ellen Bratslavsky e o Dr. Roy Baumeister, para chegar à raiz da procrastinação. Um elemento é o mesmo para todos os participantes: todo mundo recebe quinze minutos para usar como quiser antes do difícil teste de multiplicação. Mas há duas pegadinhas. Primeira: o humor. Os participantes recebem ou uma história deprimente sobre a criança morta, ou uma história animadora na qual salvam heroicamente a vida da criança e provavelmente se sentem orgulhosos, felizes e capazes. Segunda: a mutabilidade do humor. Alguns participantes têm seu humor "congelado" pela vela, enquanto outros ouvem que seus humores podem mudar, como normalmente fazem. Por fim, as distrações variam. Alguns recebem jornais amarelados e quebra-cabeças da pré-escola, ao passo que outros recebem um videogame, revistas populares e um quebra-cabeça que reflita sua idade.

Quando Dianne os deixa sozinhos para treinar multiplicação de três fatores, ela observa quanto tempo passam fazendo qualquer coisa que não seja estudar, seja folhear a *People*, mexer desanimadamente no quebra-cabeça infantil, roer as unhas ou encarar o nada.

Se a evitação direta de uma tarefa desagradável fosse a força por trás da procrastinação, pensaram Dianne e seus colegas, não importaria com o que a sala estivesse abastecida. Qualquer coisa seria preferível a evitar o estresse e o tédio da multiplicação.

Do mesmo modo, pensaram, se a reparação do humor não fosse uma opção — se as pessoas com o humor "congelado" achassem fútil tentar se sentir melhor —, talvez fossem direto para a matemática, em vez de tentarem se sentir melhor com algumas rodadas de *Tetris*.

Quem mais procrastinou? O grupo que 1) se sentia mal, 2) acreditava ter o poder de se sentir melhor e 3) tinha distrações tentadoras à mão. Dianne e seus colegas haviam achado uma solução. O experimento demonstrou que a procrastinação não é relacionada à gestão do tempo, no fim das contas, e sim à orientação das emoções. Quer estejamos procrastinando algo tão grande quanto um projeto de muitos anos ou tão pequeno quanto lavar a panela queimada que deixamos de molho — francamente! —, a procrastinação prioriza a reparação do humor.

Antes de continuar, vamos definir *procrastinação*. Segundo a pesquisadora de procrastinação Dra. Fuschia Sirois, da Universidade Durham, ela é (*por favor, imagine que eu soltei um pigarro agora*) "um problema comum de autorregulação envolvendo o atraso desnecessário e voluntário do início ou da conclusão de uma tarefa importante, independentemente do reconhecimento de que esse atraso pode ter consequências negativas".[2] Em outras palavras, é adiar o problema, mesmo sabendo que seria melhor resolvê-lo o quanto antes.

Todo mundo procrastina às vezes, contudo mais de 20% dos adultos[3] e até 50% dos estudantes universitários[4] procrastinam de maneira consistente e problemática, com impacto mensurável em seus empregos, educação, relacionamentos ou saúde. De fato, a procrastinação pode ter grandes implicações se estiver relacionada a, digamos, fazer uma colonoscopia ou mamografia,[5] terminar um relacionamento ruim ou pedir demissão de um emprego tóxico. Para piorar, ela pode estar presente por toda a vida;[6] a procrastinação está em nossos genes,[7] um estudo da Universidade do Colorado em Boulder encontrou 46% de herdabilidade.[8]

Por que a procrastinação é ao mesmo tempo tão comum e tão difícil de remediar? Tarefas aversivas requerem muita autorregulação: temos que focar, nos organizar, vencer a inércia. E evidências demonstram que a autorregulação se deteriora sob estresse emocional[9] — afinal, ninguém fura a dieta, estoura o orçamento, ou atrapalha sua sobriedade ou sua promessa de fidelidade conjugal quando se sente feliz e regulado. Quando nosso cérebro precisa escolher entre uma recompensa pequena mas imediata e uma recompensa maior mas tardia, o fato de nos sentirmos mal nos leva a escolher a primeira.

Por consequência, quando uma tarefa faz com que nos sintamos horríveis, a procrastinação surge como mecanismo de defesa[10] — e altamente reforçador, aliás. A procrastinação é uma ferramenta que tanto permite evitar a tarefa aversiva que faz com que nos sintamos mal quanto a substitui na mesma hora por algo que faz com que nos sintamos melhor, seja assistir a filhotes de baleia no TikTok, fazer um bolinho de banana saudável ou trabalhar em projetos virtuosos mas não urgentes, como ler todos os nossos e-mails ou limpar nossa casa.

Mas, então, duas coisas acontecem. Primeira, terceirizamos a gestão de nosso humor para uma fonte externa: TikTok, fazer bolo, caixa de entrada vazia, uso entusiástico de desinfetante. Na verdade, estudos com ressonância magnética relacionaram a procrastinação à atividade mais baixa em áreas do cérebro que regulam as emoções, sugerindo o enfrentamento inefetivo de uma emoção negativa.[11] Segunda, nos sentimos pior: culpados e pressionados por causa da perda de tempo, além de quaisquer emoções iniciais que tenhamos tentado evitar e que ressurgem como uma bola de praia que tentamos afundar no mar.[12]

O que põe fim a um surto de procrastinação? Nossa gangorra de emoções negativas por fim se inclina para um dos lados.[13] Em algum momento, sentir-se mal sobre procrastinar supera sentir-se mal sobre a tarefa. Nosso medo de não passar na prova finalmente supera a monotonia de estudar.

Para as pessoas que se cobram demais, a procrastinação é mais intensa em relação a tarefas que incluem algum tipo de julgamento: receberemos notas, críticas, reações ou exporemos nosso trabalho e a nós mesmos à opinião alheia. Isso leva a tarefa a um nível de aversão do tipo criptonita, mesmo que já a tenhamos feito um milhão de vezes. É por isso que trocamos tarefas com possibilidade de avaliação negativa por tarefas socialmente mais seguras — é improvável que alguém nos desaprove por uma atividade de apostas baixas, pouca pressão ou virtude alta. Um bom exemplo: já procrastinei escrever uma avaliação negativa sobre um estudante declarando meus impostos. Vou repetir para aqueles no fundo: em vez de lidar com minha própria ansiedade sobre a mágoa que causaria àquele aluno, escolhi o tédio de *fazer minha declaração de imposto de renda*. Ao menos o Tio Sam não ficaria ressentido comigo.

As muitas camadas da procrastinação

A procrastinação não está ligada somente à tarefa. No caso das pessoas que se cobram demais, os gatilhos para a procrastinação consistente e problemática são tão intrincados quanto a árvore genealógica das Kardashian. Empilhamos camadas adicionais no topo, cada uma delas acrescentando a própria dose de emoção negativa, que precisa ser reparada antes de começarmos.

A primeira é nossa antiga nêmese, os **padrões pouco realistas**. Quando nos impomos padrões irrealisticamente altos ao completar uma tarefa — uma apresentação que deslumbre o chefe, uma reflexão manuscrita de vários parágrafos em cada cartão de aniversário, a revisão anual de um subalterno que liste todos os seus pontos fracos, mas mesmo assim o faça sentir-se bem —, podemos ficar sobrecarregados, ansiosos, inseguros, com uma sensação de inadequação: todas as emoções que a procrastinação trabalha para evitar.

Em seguida, vem o bom e velho **medo do fracasso** — como você deve lembrar, aqueles de nós que são duros consigo focam seletivamente o fracasso. Olhamos para o que poderia ter sido feito melhor tanto no resultado quanto no processo, incluindo possíveis futuras falhas: nosso resultado não foi bom o bastante ou não cumprimos certo padrão de procedimento. Lembra-se de Pieter, que se pressionava tanto para fazer comentários impressionantes durante as reuniões que se sentia empacado? Sua lição de casa terapêutica era fazer comentários relativamente seguros durante as reuniões, como "Concordo com o argumento de Issa", mas ele continuava adiando por medo de se sentir estressado — o que, para ele, seria uma falha no processo. Mesmo que dissesse "Concordo com Issa", sentir o coração disparado significaria que falhara em sua expectativa de experimentar um alto nível de confiança.

O medo do fracasso também pode explicar por que procrastinamos tarefas "fáceis".* Para Noah, um jovem desempregado de 20 anos com sintomas que podem ser mais bem descritos como fracasso em iniciar,[14] matricular-se em uma turma ou preencher um formulário de emprego na cafeteria local era impossível. Por quê? Se nossa abordagem é tudo ou nada, baixas expectativas podem sair pela culatra. Da perspectiva de Noah, se ele falhasse nas "pequenas" coisas — fazer trabalho voluntário uma vez por semana, sair da cama antes do meio-dia —, o que isso *diria* a seu respeito? Baixar os padrões é ameaçador. E se não pudermos atingi-los?

Em seguida, vem a **autocrítica relacionada à procrastinação**.[15] Agora chegamos ao nível meta. Sentir-se mal sobre jogar *Minecraft* por oito horas ou evitar escrever um testamento por dez anos gera mais emoções negativas — culpa, vergonha, autoaversão —, como camadas de cobertura em um bolo muito desagradável. E não se esqueça de nossa muito praticada autocrítica geral: nos chamamos de burros, preguiçosos, incompetentes, desorganizados, irremediáveis. O desdém que sentimos por nós mesmos é levado para a tarefa seguinte, e o ciclo de emoção negativa e reparação através da procrastinação recomeça.

Às vezes, muitas camadas podem se fundir. Veja o caso de Antonio, o primeiro da família a ir para a universidade, que sofria de um caso grave

---

* Nem todo adiamento é procrastinação. Existe uma linha tênue entre despriorizar tarefas "não urgentes/não importantes" e procrastinar a fim de evitar a emoção negativa que acompanha uma tarefa incômoda, irritante, tediosa, inútil ou de algum outro modo aversiva. Já tive um cliente que evitou reciclar velhas latas de tinta durante dois anos, o que, na superfície, parecia despriorização. Mas, para ele, era procrastinação, porque pensar sobre elas criava uma sensação de ansiedade — ele não queria reciclá-las incorretamente e ser criticado pelos responsáveis sanitários.

de síndrome do impostor. Seu pai trabalhava como zelador, e Antonio sentia imensa pressão para se destacar e honrar os sacrifícios que haviam sido feitos por ele. Temia que a equipe de admissão tivesse cometido um erro ao aceitá-lo e imaginava o reitor enviando um subalterno para explicar que fora tudo um infeliz engano. Para remediar a situação, Antonio achava que, se pudesse mostrar aos professores que se esforçava para não desperdiçar aquela preciosa oportunidade, eles o deixariam ficar.

Então, sempre que tinha que escrever um trabalho, ficava cheio de dúvidas. Achava que *ele* era o problema (autocrítica geral).

Quando conheci Antonio melhor, ficou claro que ele esperava se sentar à mesa na biblioteca, abrir o laptop com calma e confiança e imediatamente gerar um fluxo constante de sentenças completas, como água jorrando da torneira (padrões irreais, medo do fracasso/processo). Esperava que o primeiro esboço fosse o trabalho final (mais padrões irreais, medo do fracasso/resultado).

Mas, devido a toda essa pressão, o que realmente acontecia é que ele se sentava à mesa na biblioteca, abria o laptop e começava a ler as notícias, racionalizando que deveria saber o que estava acontecendo no mundo. Ou navegava no TikTok, dizendo que precisava de uma pequena pausa. Antes de se dar conta, estava na hora da aula seguinte. Terminava por escrever os trabalhos no último minuto, enviava-os com aperto no peito e censurava-se por estar de novo naquela situação (autocrítica relacionada à procrastinação). Fechando o laptop, jurava que agiria melhor da próxima vez. Seria melhor.

A política de zero tolerância em relação à ineficiência e aos erros o mantinha paralisado, assim como a certeza de que haveria um desastre — ser expulso da faculdade. O estudo da Dra. Patricia DiBartolo e seus colegas na Faculdade Smith apoia tal conclusão: eles descobriram que os participantes perfeccionistas tinham tendência significativamente maior de 1) antecipar um resultado horrível e 2) achar que ele era provável, o que explica as visões de Antonio sobre o reitor e o consequente mergulho no TikTok.[16]

> **EXPERIMENTE:** Faça um balanço de sua procrastinação. Com que fatores você se identifica?
>
> *Padrões irreais*: Que padrões você espera alcançar? Qual espera que seja a qualidade de seu trabalho? Você esperaria isso de outra pessoa?
>
> *Medo do fracasso (resultado ou processo)*: Você se sente sobrecarregado ou paralisado porque seu resultado pode não atender a expectativas, suas ou alheias? Ao longo do caminho, seu procedimento, seus esforços ou suas emoções precisam ser corretos ou infalíveis?
>
> *Autocrítica relacionada à procrastinação*: Como você fala consigo mesmo durante ou após a procrastinação? "Por que não consigo fazer o que deveria estar fazendo?" "Eu deveria ser mais responsável." "Não importa o quanto eu tente, continuo adiando." "Por que não consigo começar?"
>
> *Autocrítica geral*: Como você se caracteriza em relação à procrastinação? "Sou preguiçoso." "Jamais atingirei meus objetivos." "Não tenho autocontrole." "Preciso ser melhor."

A princípio, a solução parece simples: comece! Mas não é assim tão fácil. Vamos analisar quatro maneiras pelas quais podemos evitar que a procrastinação seja mais longa que a fila de segurança do aeroporto na véspera do Dia de Ação de Graças.

Comece, e seu humor acompanhará

Se a procrastinação está relacionada a evitar emoções negativas, temos que tentar chegar a um humor melhor? Serão a gentileza e o perdão a solução para nunca mais procrastinar? Sinceramente, não. Não temos que nos sentir melhor para início de conversa. Podemos nos sentir horríveis e começar mesmo assim.

Isso pode parecer estranho. É como um sargento com uma veia saltada na testa e saliva voando da boca, que grita: "Não ligo para o que você sente! Faça o que estou mandando!" Mas ouça o que tenho a dizer. Lembre-se das duas alavancas à nossa disposição: a aceitação e a mudança. Vamos puxar ambas.

Comece com a aceitação. As pesquisas mostram que os procrastinadores não chegam à atenção plena naturalmente.[17] O fenômeno chamado de *superidentificação com os estados afetivos*[18] — se eu sinto, deve ser verdade — é quase o oposto da atenção plena. Qualquer um que já esteve irritado por estar com fome e então começou uma briga com o parceiro sabe como isso funciona. (Eu? Nunca.)

Mas, em vez de sermos puxados para lá e para cá pela maneira como nos sentimos, podemos tentar observar nossas emoções como se fossem um filme passando na tela grande de nossa mente. O filme sequer é um longa-metragem; a intensidade da emoção diminui em questão de minutos ou mesmo segundos.[19] O que sobe precisa descer. Podemos notar nossa ansiedade, sobrecarga ou qualquer outra coisa que estejamos sentindo sem precisar que passe. E então podemos abrir o PowerPoint *enquanto* nos sentimos incompetentes, determinar o próximo passo *enquanto* nos sentimos incapazes ou abrir o livro e começar a estudar *enquanto* nos sentimos ignorantes.

Isso é aceitação. Agora vamos puxar a alavanca da "mudança".

Descasque uma banana: divida as tarefas em passos ridiculamente pequenos

É muito mais fácil tolerar conscientemente o fato de nos sentirmos mal quando começamos uma tarefa minúscula do que quando começamos uma tarefa gigantesca. Vamos empregar a clássica técnica de mudança de comportamento que consiste em dividir as tarefas em pequenos passos — mas eis a chave: nós as dividiremos em passos tão pequenos, que nem vamos pensar em rótulos para eles.[20]

Nosso chicote interno não gosta de dividir as coisas. Prefere tudo ou nada. Nos diz que temos que fazer tudo, do início ao fim, de uma só vez e sem grandes esforços. Só que diminuir o tamanho das tarefas também diminui a aversão. Em meu último ano de faculdade, trabalhei em um estudo sobre indivíduos deprimidos e diabéticos.[21] Um participante tentava se motivar a ir para a academia e, embora eu não lembre seu nome, recordo o primeiro passo, que era literalmente "descasque uma banana". Esse era o precursor de comer a banana que lhe daria energia para o treino. "Encontre as chaves do carro" era um dos passos subsequentes, com o qual me identifiquei muito.

Em seu livro *Fear and Other Uninvited Guests*, a psicóloga Dra. Harriet Lerner escreve sobre uma amiga que perdeu 85 quilos. A amiga disse: "Eu nunca me imaginei perdendo 85 quilos, mas sabia que era capaz de perder um quilo. Isso era viável, então perdi um quilo 85 vezes."[22]

Ninguém tem que saber o tamanho dos seus passos. Comece com "descasque uma banana", "perca um quilo", "ligue o computador" ou mesmo "reúna mais informações para determinar o primeiro passo". Coloque os pequenos passos que já deu em uma lista pela satisfação de riscá-los quando concluídos. Se sentir qualquer relutância, passe para passos ainda menores.

Ainda mais efetivo é o golpe duplo da aceitação e da mudança, juntas: quando dividimos a tarefa em passos minúsculos *e* estamos dispostos a nos sentir temporariamente mal, é mais fácil começar. Faça isso com regularidade, e coletará uma bela coleção de *experiências de maestria*, que são essencialmente pequenos sucessos. E então, adivinhe: você começará a se sentir bem ou, ao menos, não tão mal. Cada experiência de maestria injeta um pouquinho de ar no metafórico pneu de se sentir melhor, e sentir-se melhor diminui a necessidade de procrastinação. Então, abriremos espaço para nossos sentimentos desagradáveis, daremos o primeiro e ridiculamente pequeno passo —

nosso equivalente de descascar uma banana — e deixaremos o impulso dos pequenos sucessos nos levar para a frente.

> **EXPERIMENTE:** Que passo, por menor que seja, você pode dar para começar? Se sentir resistência, experimente diminuir o passo.

Perdoe-se por procrastinar

Se o objetivo da procrastinação é reparar o humor, vamos tentar outras maneiras de fazer isso. O pesquisador da procrastinação Dr. Timothy Pychyl e seus colegas descobriram que alunos universitários que se perdoaram por procrastinar enquanto estudavam para a primeira prova de Psicologia procrastinaram menos ao estudar para a segunda.[23] A razão: "diminuição do afeto negativo." Em outras palavras, em vez de repararem seu humor procrastinando ainda mais, eles se perdoaram e, com isso, obtiveram uma reparação real do humor e mais motivação para estudar. Do mesmo modo, a Dra. Fuschia Sirois realizou uma metanálise que descobriu que a relação entre estresse e procrastinação pode ser modificada pela autocompaixão.[24] Faz sentido: se a procrastinação nos faz sentir melhor, falar conosco com carinho — com autoperdão e autocompaixão —, pode produzir o mesmo efeito.

Antonio não gostou disso. Ser amável consigo, em especial frente à procrastinação, parecia errado, como se estivesse se esquivando da responsabilidade, perdendo o foco ou o vigor. Seus instintos lhe diziam para melhorar, não perdoar.

Gostaria de poder dizer "mas ele tentou o autoperdão e funcionou". Só que não foi exatamente o que aconteceu. Quando se flagrava lendo as notícias ou navegando pelo TikTok, ele simplesmente pensava *Tudo bem*. Não era bem gentileza, mas era menos crítica e menosprezo do que costumava usar consigo. No fim das contas, nosso objetivo é fazer aquilo que funciona. Essa foi a versão de autogentileza e autoperdão de Antonio, e diminuiu a tensão o bastante para que se sentisse um pouquinho melhor. Com o passar do tempo, se mostrou mais disposto a dizer a si mesmo, depois de procrastinar: "Eu devia estar precisando mesmo disso" ou "Ah, faz sentido, trabalhei muito ontem". Ele se aproximou um pouquinho mais do autoperdão.

Quanto a nós, podemos dizer: "Querer limpar a casa inteira foi mesmo excessivo, dá para ver por que adiei. Tudo bem, essas coisas acontecem." Ou só "Calma" e "Você está bem". Isso não é concluído magicamente com um estalar de dedos. Repita, seja paciente com os sentimentos contrários, como frustração e insistência, e deixe o processo funcionar devagar.

Antonio parou de procrastinar? Caro que não. Mas experimentou o poder de relaxar um pouco. O TikTok ainda tinha lugar, assim como a compreensão, o perdão e a compaixão.

> **EXPERIMENTE:** Reflita sobre um surto recente de procrastinação. Como ela faz sentido? O que a torna compreensível? Desse lugar de entendimento, você pode escolher em liberdade perdoar a si mesmo, mesmo que só um pouco? Isso pode exigir mais de uma tentativa. Perdoe a si mesmo por ter dificuldades com o perdão.

Conecte-se com seu futuro eu

Quando estamos estressados ou cansados, depositamos nossas esperanças no nosso "eu" do futuro. Achamos que ele estará de algum modo menos cansado, mais motivado e mais apto a trabalhar com entusiasmo. É a mesma razão pela qual o dia mais comum para se começar uma dieta é "amanhã". É claro que experimentamos diferentes versões de nós mesmos ao longo da vida. Ouço muito dos clientes: "A pessoa que eu era antes de ficar sóbrio nunca me reconheceria." "Eu parecia uma pessoa diferente no ensino médio." "Depois que terminei meu relacionamento, virei outra pessoa."

A Dra. Sirois descobriu que pessoas que procrastinam se sentem mais desconectadas que a média de seu futuro eu, mesmo que esse futuro seja a manhã do dia seguinte.[25] Uma pesquisa neurocientífica ratifica sua conclusão: quando participantes que se sentiam desconectados de seu futuro eu eram instruídos a imaginá-lo, seu cérebro se acendia igual a quando imaginavam um estranho.[26]

Como a procrastinação está centrada no reparo do humor, ter fé em nosso futuro eu imaginário e entusiástico faz com que nos sintamos melhor no momento, não só porque não temos que nos sentir mal começando a tarefa, mas também porque não precisamos nos sentir mal sobre procrastinar — é um problema para o futuro!

No entanto, como o futuro eu é tão diferente de como nos sentimos agora (motivado! enérgico! disciplinado! confiante!), nos sentimos desconectados dele, como se fosse um estranho. Além disso, adiar a responsabilidade para um eu futuro idealizado que limpará a cozinha, irá à academia ou escreverá o trabalho final de literatura inglesa nos impede de perceber integralmente que o eu futuro *real* provavelmente tampouco vai querer lidar com a louça acumulada na pia, a aula de spinning ou a leitura de *Ulisses*.

Embora não possamos viajar no tempo, a Dra. Eve-Marie Blouin-Hudon chegou perto. Ela criou uma "intervenção com imagens mentais para aumentar a futura autocontinuidade e reduzir a procrastinação".[27] Em seu estudo, guiou estudantes universitários por uma prática imagética que lhes pedia que "vissem" o eu do fim do semestre de uma perspectiva externa. Alguns exemplos:

> *Preste atenção ao rosto e ao corpo de seu futuro eu. Com que roupa ele está? Você repara que ele está lendo. Preste atenção ao livro. Ele parece novo ou é manuseado com frequência? Você olha em torno e vê mais livros, artigos e cadernos de outras disciplinas empilhados em torno de seu futuro eu. Os artigos estão anotados ou não? Os cadernos foram usados ou parecem novos? Você vê seu futuro eu abrir*

um caderno e ler as notas para um trabalho que deve ser entregue em poucos dias. O trabalho parece quase terminado ou ainda há muito a fazer? Como você acha que seu futuro eu se sente? Ele está preparado para essa época do ano?

Observe que o roteiro não instrui a visualizar um livro muito manuseado ou sentir-se preparado para as provas finais. É você quem escolhe a aventura. A razão? Imaginar vividamente nosso futuro eu com muitos detalhes sensoriais, tanto internos quanto externos, pode nos fazer sentir mais conexão e empatia por ele e seus objetivos.[28]

EXPERIMENTE: Quando estiver tentado a procrastinar, imagine seu futuro eu. Não se trata de saber se ele procrastinará ou não. Simplesmente pense nas imagens pessoais que promovam empatia e conexão com ele.

Quanto a Antonio, após um período particularmente estressante, ele procrastinou a ponto de precisar pedir uma extensão de prazo ao professor, que na mesma hora respondeu: "Não." Foi difícil de engolir. Entregou o trabalho com atraso e perdeu pontos por isso. Mesmo enquanto enfrentava problemas com a procrastinação, tentou ser mais gentil consigo. Suas expectativas continuaram altas: ele queria melhorar a vida da família a fim de agradecer seu trabalho duro. Mas descobriu que podia fazer isso com mais efetividade se seu crítico interno não estivesse gritando que ele fosse melhor. Aprendeu, também, que a excelência podia incluir alguma gentileza consigo e até um pouquinho de tempo de TikTok.

Mudança 6

DA COMPARAÇÃO AO CONTENTAMENTO

13
Programado, mas não caótico

"Todas as minhas razões para não ir são ridículas", disse Liz. "Acho que preciso perder os 7 quilos que ganhei durante a quarentena, mas digo a mim mesma que isso é loucura, ninguém se importa. Aí penso que não devo ir nessa, deixar para a próxima, que é em cinco anos, quando estiver mais feliz com meu emprego, mas foi por isso que eu não fui na reunião de quinze anos. Acima de tudo, não quero ir até lá e dizer às pessoas que me divorciei, mas, estatisticamente falando, muitas outras pessoas provavelmente fizeram o mesmo."

Ouvir as preocupações e reformulações de Liz era como assistir a uma partida de tênis. Seu cérebro jogava a bola metafórica de um lado para o outro: preocupação, lógica, preocupação, lógica.

Liz estava quebrando a cabeça, dividida se iria comparecer ou não à reunião de vinte anos de sua turma do ensino médio. O prazo para confirmar presença se aproximava rápido e ela não gostou de ter faltado à última. Mas, nas profundezas de seu cérebro, não conseguia deixar de comparar: seu peso, seu emprego, seu relacionamento. Antes da reunião de quinze anos, acontecera a mesma coisa: comparara seu salário, seu marido, seu cabelo e até mesmo o cabelo dele com o dos colegas, que imaginava ricos, em casamentos felizes e com cabelos dignos de um comercial da Pantene.

É óbvio que ela sabia que as pessoas ficariam felizes ao vê-la, mas ainda sentia que iria decepcioná-las.

"Não sou a melhor versão de mim mesma nesse momento. Quero que as pessoas vejam do que sou capaz."

Pode haver cinquenta maneiras de se separar de seu amor, como na música de Paul Simon; mas há um zilhão de maneiras de se comparar. Em 1954, o psicólogo social norte-americano Leon Festinger publicou sua *teoria da comparação social*, que propunha que os seres humanos estão o tempo todo se comparando a seus pares.[1] Trata-se de uma das maneiras mais básicas e onipresentes de aprender sobre nós mesmos e o mundo — começa já na pré-escola[2] e pode ocorrer inconscientemente.[3] Estamos tentando discernir quem somos e como estamos nos saindo, mas toda resposta é relativa. Só sabemos se nossas notas, nosso tempo nas corridas ou nosso padrão de limpeza do banheiro são "bons" se eles forem comparados aos dos que nos cercam. Sequer conseguimos dizer se somos altos ou baixos sem comparação.

Também pode funcionar como *comportamento de segurança*: uma tentativa de conter a ansiedade e evitar que nossos medos se concretizem. Dá para pensar na comparação como um tipo de conferência, como verificar mais uma vez se desligamos o forno. Só que, aqui, estamos conferindo nossa posição: estou indo bem? Melhor que os outros? Pior? Muito pior? É uma maneira de responder à ansiedade existencial da pergunta "Sou bom o bastante?".

Mas, como todos os comportamentos de segurança, mesmo que por um momento nos sintamos melhor ("Minha publicação teve mais curtidas que a de Kendra"), ele sai pela culatra no longo prazo, porque 1) requer uma energia que de outra forma usaríamos para viver nossa vida e 2) rouba o crédito quando nos saímos bem, enfatizando a ideia de que comparar era necessário e inevitável. Mas, ainda mais importante, ele sai pela culatra porque 3) estamos terceirizando nosso valor; nossa autoestima sobe e desce a cada comparação.

Singular mas separado

Um tipo de comparação, postulou Festinger, é a *comparação social descendente*, que consiste em comparar-se com aqueles que são percebidos numa situação pior. As emoções resultantes podem ser negativas e dirigidas aos outros: pena, no melhor dos casos; desdém, no pior.⁴ Ou podem ser positivas e voltadas para dentro, como gratidão.

Mas decidir que vencemos a comparação também pode fazer com que nos sintamos um pouquinho superiores.⁵ Talvez você se sinta *um tiquinho* orgulhosa por ser melhor que seus pares na turma de meditação, ter sido a única do grupo de química orgânica que cumpriu o plano de três semanas para a prova final ou ser a pessoa menos sem graça da sala.

Às vezes, nosso crítico interno nos diz que precisamos ser excepcionais apenas para atender ao padrão de "bom o bastante". Nós nos esforçamos ao máximo para conseguir um desempenho superior. Para o bem ou para o mal, podemos conseguir isso aumentando nosso autocontrole, retardando a gratificação e tendo muita tolerância ao sofrimento ("Estou *bem*").

Minha cliente Jordan era uma atleta universitária que treinava mesmo quando estava machucada ou exausta porque, após refletir muito, concluíra que isso a fazia se sentir singular: um pássaro canoro entre pardais. Suas colegas não tinham um fluxo ininterrupto de treino diário por três anos, mas ela tinha. Liz Jones, a editora britânica da *Marie Claire*, sofreu com um transtorno alimentar durante quarenta anos. Ela escreveu: "Estar no limite da anorexia faz com que você se sinta superior, limpa, moralmente inquestionável."⁶ No meu caso, por muito tempo me senti durona e honrada por dar à luz sem analgésicos, mas agora percebo que eu estava me esforçando muito para ser excepcional.

Como todos os comportamentos de segurança, o fato de sermos durões unido à comparação descendente acaba saindo pela culatra. Nós nos sentimos singulares e ao mesmo tempo excluídos, separados da comunidade potencial⁷ e da diversão pura e simples,⁸ sem mencionar as sobrancelhas arqueadas do obstetra cético.

Separados por sermos inferiores

A outra direção, teorizou Festinger, é a *comparação social ascendente*, quando nos comparamos àqueles que achamos que estão em situação melhor. As emoções resultantes geralmente se voltam para dentro: nós nos sentimos intimidados ou desanimados.[9] Ou para fora: temos ressentimento quando percebemos que outros estão se saindo melhor em uma esfera com a qual nos importamos, sobretudo se achamos que não são qualificados ou merecedores.[10] Às vezes, as emoções são positivas e nos sentimos inspirados: "Se ela pode fazer, eu também posso!" Mas costumam ser negativas, levando a insegurança, hostilidade, ressentimento.

Veja o caso de Conor, um jovem extrovertido e bonito com sotaque de Boston. As recepcionistas da clínica o adoravam: "Ei, você ainda está dando trabalho?", flertava o rapaz com uma piscadela. Conor se sentiria em casa em um filme de Ben Affleck ambientado no Southie — ele até gerenciava um pub. Mas essa persona era justamente o problema.

Conor sentia que seu lado divertido, paquerador e bobo tinha que estar presente o tempo todo só para ser bom o bastante. Pior, recebia feedback quando não estava "ligado": "Ei, você está quieto hoje" ou "Você está bem?", o que o fazia sentir que não estava atendendo às expectativas. Suas comparações sociais internas eram sonoras e poderosas. Se um de seus amigos contasse uma história envolvente ou fizesse todo mundo rir enquanto jogavam golfe ou assistiam a um jogo do Red Sox no bar, sua mente concluía de forma automática: *As pessoas preferem a companhia dele a minha.* Mesmo na família, tinha certeza de que todos gostavam mais do cunhado do que dele. Ficou constrangido ao admitir tudo isso: "Por que não consigo parar?"

Na mesma linha da pergunta de Conor, podemos nos sentir silenciosamente ressentidos com a promoção de um colega, com a sorte de um amigo ou as habilidades organizacionais da copresidente do comitê, sobretudo se achamos que estamos trabalhando mais que eles. E o ressentimento? Além de nos deprimir, nos separa das pessoas.

Festinger teorizou que a comparação social era automática e inevitável.[11] Significa que tentar não se comparar é lutar contra a biologia. Não conseguimos parar, mesmo que queiramos. Desde a hipótese inicial de Festinger, muitas evidências neurais foram observadas para apoiá-la.[12] o Dr. Tobias Greitemeyer e a Dra. Christina Sagioglou, da Universidade de Innsbruck, na Áustria, escanearam o cérebro dos participantes de um estudo enquanto eles ganhavam dinheiro por uma tarefa simples: estimar instantaneamente quantos pontos surgiam em um monitor.[13] Ao fim da tarefa, os participantes recebiam dinheiro não só por seu desempenho, mas também por como haviam ido em relação aos outros. Nas imagens, o estriado ventral, a parte do cérebro que registra o valor subjetivo dos estímulos, brilhava como uma fogueira ao se deparar com o pagamento *relativo*. Era ativado pela comparação, independentemente de quanto cada participante tivesse ganhado sozinho. Isso pode explicar por que os bilionários tentam ficar contando vantagem sobre os iates uns dos outros.[14]

Qualquer que seja o sentido da comparação — para cima ou para baixo —, Festinger teorizou que nos comparamos a pessoas similares,[15] o que explica por que Liz não se compara com Jennifer Lopez ou Jeff Bezos, mas com a Jennifer e o Jeff de sua sala do ensino médio.

Por quê? Somos animais sociais. Como nossa sobrevivência ancestral dependia de termos uma boa posição no grupo, observávamos nosso comportamento, com isso nos comparávamos aos outros para garantir que estávamos seguindo o mesmo ritmo e agindo dentro dos limites aceitáveis. A comparação garantiu nossa sobrevivência e a do grupo por milênios.

Mas é notável que uma tendência tão primeva tenha sido ampliada pela mais moderna das tecnologias: as redes sociais. Hoje, já sabemos que foram projetadas com precisão cirúrgica para fazer com que os usuários se sintam deficientes e desmoralizados por meio do uso de lindas mesas de café, destinos de viagem incríveis, tutoriais de maquiagem de nível profissional e exibições cuidadosamente pensadas de quão reais podemos ser: #CabeloBagunçadoNãoLigo.[16] Quando o padrão é "vertiginoso", temos a incômoda sensação de que nossa mesa bagunçada, nosso pacote de férias em Orlando, nossas parcas habilidades com o delineador e mesmo as inseguranças comuns da vida real simplesmente não são suficientes. Isso resulta em uma sensação de *discrepância*, que é o termo psicológico para a diferença entre como somos e como queremos ser. A discrepância, seja nas redes sociais ou na vida real, alimenta todo tipo de sentimento de não ser bom o bastante: ansiedade por status, fobia social, medo de ficar de fora e anseios.

Às vezes, as redes sociais criam comunidades. Encontramos pessoas como nós, nos sentimos mais conectados. Mas, outras vezes, esse engajamento virtual meramente *simula* a satisfação de necessidades fundamentais. Além disso, o psicólogo Dr. Andrew Przybylski, de Oxford, descobriu que, quando necessidades humanas básicas não são satisfeitas — amor, pertencimento e comunidade —, temos *maior* tendência de gravitar para as redes sociais.[17] Faz sentido: quando sentimos que precisamos de alguma afiliação, é claro que buscamos mais informações sobre outros seres humanos. Mas não podemos satisfazer essas necessidades apenas espreitando. Um estudo liderado pelo Dr. Philippe Verduyn descobriu que o uso passivo da mídia social — espreitar, em vez de participar — andava lado a lado com maior comparação social, em geral ascendente.[18]

Porém, mesmo que a comparação seja programada, ela não precisa ser caótica. A despeito da inevitabilidade, nós é que decidimos quanto avivar as chamas. O problema não é o ato da comparação, e sim o resultado: terceirizar nossa autoestima para outros.

O que podemos fazer? A técnica mais fácil mas mais demorada para reduzir a ferroada da comparação é envelhecer.[19] Um estudo publicado na revista *Personality and Individual Differences* descobriu que a comparação tende a diminuir com a idade. Ela atinge o auge quando somos jovens e declina conforme vivemos nossa vida. Mas podemos acelerar um pouco as coisas.

Maçãs e bolas de tênis

A comparação social sobreviveu ao longo da evolução em parte por causa da eficiência.[20] O que pode ter começado com homens das cavernas comparando suas fogueiras se transformou em comparar nosso cargo ao de Larry ("*Aquele* cara é diretor executivo?"), porque isso é rápido. Poupamos preciosa energia ao focar em um subconjunto de informações — sua fogueira *versus* a fogueira de Zog, seu cargo *versus* o cargo de Larry — em vez de analisar cada variável, da disponibilidade de gravetos ao possível nepotismo. Mas isso revela uma falha fatal. A comparação social é, em seu âmago, falta de informação. Então, para limitar seus efeitos negativos, precisamos de mais informações.

Minha cliente Abby se preocupava com o fato de ter a mesma idade do chefe. "Por que não estou naquele ponto de minha carreira?", perguntou.

Começou comparando idades, ou seja, maçãs com maçãs, e cargos, ou seja, maçãs com tortas de maçã. Então ampliou o escopo até comparar maçãs com bolas de tênis. Ela tinha alguns dados: ele tinha um MBA e ela um bacharelado; ele trabalhava na empresa há cinco anos, ela há somente um. Mas também havia muitos pontos de comparação para os quais não tínhamos dados: ambição, horas de trabalho, sexismo institucionalizado, apoio ou falta de apoio do parceiro, desafios de saúde mental e muitos outros.

A essa altura, já sabemos que as redes sociais consistem em destaques cuidadosamente escolhidos das vidas alheias. Mas o mesmo é verdade para tudo que vemos em público. A casa enorme de seu colega de trabalho pode valer menos do que ele ainda precisa pagar por ela. A promoção de sua amiga pode ter incluído uma úlcera e o desejo secreto de pedir demissão para fazer queijo de cabra artesanal.

Quando nos comparamos, o que estamos realmente perguntando é: "Eu sou bom o bastante?" Por consequência, o objetivo é incluir tantos pontos de comparação, em termos tanto de quantidade quanto de variedade, que a resposta se torna "não posso determinar isso me comparando a essa pessoa!". A comparação vai por água abaixo.

Bônus: às vezes, reunir mais informações nos permite reconhecer que nosso alvo de comparação é uma pessoa real. Inevitavelmente, haverá diferentes personalidades, aspirações, mentalidades, histórias, motivações, vícios e quedas. A questão não é revelar "fraquezas" ou alimentar o *schadenfreude*. Quando conhecemos as pessoas com quem nos comparamos, vemos que seu retrato é mais complexo e a comparação, felizmente, é fútil.

> **EXPERIMENTE:** Reflita sobre quando conheceu alguém que antes o intimidava. Como isso pode se aplicar às pessoas com as quais você se compara hoje?

Propósito: amortecedor de comparações

Hassan veio à clínica como universitário do primeiro ano traumatizado com a metamorfose de figurão — ele fora tanto orador da turma quanto rei do baile — no seu minúsculo colégio para apenas mais uma pessoa entre milhares em uma grande universidade privada. Alguns meses após o primeiro semestre, ele se viu se comparando não só aos outros alunos, mas a seu eu anterior. O conselho comum de "só se compare com quem era antes" estava dando muito errado. Publicações antigas no Instagram dele recebendo medalhas ou usando a coroa de rei do baile da escola geravam ansiedade, pesar e tristeza. "Nunca mais serei aquela pessoa", disse ele. Hassan ou ficava o tempo todo nas redes sociais ou as evitava durante semanas, ignorando as mensagens dos amigos. "Qualquer coisa menos que isso", disse ele, indicando suas publicações antigas no celular, "é um tipo de fracasso, porque já sei que posso fazer isso. Então deveria poder fazer outra vez."

Ele me lembrou da atriz idosa olhando para cenas de seus antigos filmes. "Eu só queria ser de novo quem era." Dado que viagens no tempo não faziam parte do repertório da clínica, focamos o que ele valorizava em suas realizações. Os elos com uma equipe vencedora? O senso de maestria de fazer algo bem-feito? Representar sua família e comunidade?

Estávamos tentando chegar a seu *propósito*, definido como "algo que organiza e estimula objetivos, gerencia comportamentos e agrega sentido".[21] O propósito tem significado pessoal, mas também vai além do indivíduo, fornecendo conexão. Em um ilustrativo estudo publicado no *Journal of Experimental Social Psychology*, o Dr. Anthony Burrow e a Dra. Nicolette Rainone, da Universidade de Cornell, pediram que os participantes postassem uma foto em um site que achavam ser o Facebook e então deram falso feedback sobre quantas curtidas a foto recebera: poucas, algumas ou muitas. Descobriram que o número de curtidas previsivelmente alimentava ou drenava a autoestima dos participantes, mas o efeito *em ambas as direções* diminuía no caso daqueles que tinham uma forte noção de propósito na vida.[22] Em outras palavras, não é que as pessoas com fortes propósitos não notassem as curtidas, mas sua autoestima não dependia delas, estando menos ligada à aprovação social.

Então Hassan se perguntou: "Com o que me importo profundamente? O que continuaria a fazer mesmo que jamais recebesse uma medalha ou coroa?"* Em nossa última sessão, ele ainda estava triste por passar de "o cara importante do colégio" para "um aluno qualquer da faculdade", mas comparar seu eu atual com o antigo parecia menos relevante quando ele focava mais a inspiração e menos as condecorações.

> **EXPERIMENTE:** O propósito não é um truque único — é mais uma mentalidade —, mas preste atenção no que importa para você e no que o faz se levantar de manhã.

O contrário da inveja

Não conseguimos controlar nossos sentimentos ou pensamentos — não pense sobre um cheeseburger em cima da sua cabeça! —, mas podemos controlar nossas ações. Uma técnica clássica da terapia comportamental dialética é fazer o contrário do que nossas emoções negativas nos dizem para fazer.[23] A ansiedade nos diz para evitar, então fazer o oposto significa encarar ou fazer aquilo que tememos. O estresse nos diz para correr, então o oposto significa ir mais devagar.

A comparação social pode levar à inveja.** Esse sentimento vem da escassez percebida: há um número limitado de algo.[24] Com Conor e a boa vontade dos amigos, ele achava que mais para os outros significava menos para ele. Comportar-se de maneira oposta à inveja seria desejar

---

* A resposta: coreografias de hip-hop, biologia e sua fraternidade filantrópica.

** A inveja é comumente igualada ao ciúme, como em "Ah, estou com tanto ciúme da promoção dela". Ambas são emoções sociais complexas e negativas, mas tecnicamente diferentes; a inveja é querer algo que você não tem; o ciúme é ter medo de perder algo que tem.

o bem desses amigos: querer mais para eles, em silêncio ou em voz alta. Conor tentou desejar em silêncio mais reações positivas para o cunhado e os primos. Pareceu forçado e pouco natural, mas, com o tempo, ele descobriu que mais piadas significavam mais diversão para todos e, igualmente importante, ele não tinha que carregar o fardo de entreter todo mundo.

"Sou um cara engraçado que pode ter alguns momentos de silêncio", maravilhou-se ele.

A comparação social também causa vergonha. Ela nos diz que recuemos e nos isolemos, como Liz optando em não comparecer à reunião. Assim, fazer o contrário da vergonha pode incluir a cooperação.[25] Nas profundezas da comparação social, há a suposição de que as outras pessoas são competidoras. Alguns de nós adoram competição, mas não todos. Muitos prefeririam ficar de fora. Então, em vez disso, faça amigos. Monte uma equipe. Peça conselhos. Quando nos comparamos, ficamos presos na vida dos outros. Mas, quando compartilhamos e pedimos ajuda, a proximidade enriquece a nossa.

> **EXPERIMENTE:** O que a inveja, vergonha, intimidação ou comparação estão lhe mandando fazer? Faça exatamente o contrário: peça conselhos em vez de se gabar, deseje o bem das outras pessoas em vez de falar mal delas.

A comparação ainda estará presente. De novo, ela é programada. Quando bate à nossa porta, faz sentido atender, mas não temos que convidá-la para entrar e oferecer nossa senha da Netflix. A comparação pode existir como um ruído baixo ao fundo enquanto você continua a fazer o que é importante para sua vida.

No fim, Liz foi à reunião e, embora não conseguisse calar completamente as comparações — *Como Louisa consegue manter essa aparência depois de três filhos?* —, ficou feliz por ir a despeito de sua hesitação inicial. Sentiu algumas pontadas de inveja e insegurança ao ver cabelos com mechas coloridas e alianças de diamante, mas demonstrou impressionante generosidade em relação a si mesma, relatando:

"Acho que todos voltamos a ser colegiais durante uma reunião do ensino médio." E ainda melhor: "Vou sair para um brunch com alguns deles no mês que vem", contou com um sorriso. "Todos concordamos que não queremos esperar mais cinco anos."

Mudança 7

DO CONTROLE À AUTENTICIDADE

14
Reavaliando o perfeccionismo emocional
Sendo verdadeiro por dentro

"Ela disse que sou fofo, que me ama ou gosta de mim, mas não consigo acreditar que é pra valer", disse Carter. "Penso: 'Por que ela está dizendo isso? Provavelmente só está sendo gentil. Será que ela quer algo?'"

Carter, que abandonou a matemática para voltar para a biologia no Capítulo 6, estava me explicando que a namorada fica irritada porque ele nunca acredita quando ela o elogia ou é otimista de verdade.

Eis o contexto: quando era pequeno, a mãe de Carter valorizava muito o comportamento adequado. Quando ele ia para uma festa no colégio, ela esperava que ele não só fosse encantador para garantir que seu par se divertisse, mas também que fosse altruísta, tirando as garotas sem par para dançar e garantindo que também se divertissem. Ele descreveu a maneira "certa" de se sentir durante os torneios de basquete: "Você deve querer vencer, mas também ser otimista e demonstrar conduta esportiva." E, nas reuniões familiares, suas únicas opções eram simular interesse nas histórias dos mais velhos ou fingir gostar de cuidar dos priminhos. Ele se lembra de se sentir obrigado a demonstrar felicidade e sociabilidade, mesmo sem se sentir assim. Então, sorria e fazia de conta.*

---

* Isso é diferente de "fingir até conseguir". Fingir até conseguir presume que você *quer* ser capaz de fazer a coisa que está fingindo. Significa que está enfrentando seus medos: falando em reuniões a despeito da fobia social, entrando em um avião a despeito do medo de voar. Mas Carter nunca quis ser um Casanova durante os bailes ou um LeBron nas quadras — ele queria estar lá, mas recebeu a mensagem de que participar e se divertir não eram suficientes; ele precisava fingir ser excepcional todas as vezes.

Sem querer, introjetou que as emoções devem corresponder à situação externa, não à experiência interna. Carter aprendeu com os melhores: viu os pais fingirem reações de prazer, empolgação ou preocupação adequadas à situação, criando emoções personalizadas sob encomenda.

Emoções sob encomenda parecem ruins, mas a intenção por trás delas é boa. Como somos criaturas sociais, o bom relacionamento com o grupo é essencial para o pertencimento e, por extensão, para a sobrevivência.[1] Moldar nossas emoções para nos mantermos em harmonia com o grupo é uma estratégia inteligente para permanecermos conectados e sermos aceitos.

Além disso, às vezes as emoções sob encomenda são apropriadas: você finge gratidão ao desembrulhar o colete de tricô anual feito pela vovó. E se mostra muito afável durante uma entrevista de emprego. Três palavras: "serviço com sorriso". Mas, quando as emoções manufaturadas se tornam um hábito, empregá-las faz com que nos sintamos falsos, vazios ou até meio mortos. Como escreveu a Dra. Karen Horney, "os sentimentos são nossas partes mais vivas; se colocados sob um regime ditatorial, uma profunda incerteza se cria em nosso ser essencial, o que pode afetar negativamente nossas relações com tudo que está dentro e fora de nós mesmos".[2] A coisa é séria.

A necessidade de sempre sentir emoções "certas" e demonstrá-las de forma adequada é um fenômeno chamado de *perfeccionismo emocional*.[3] O "ter que" se estende aos próprios sentimentos. De forma previsível, isso ocorre de duas maneiras: ou você tem que se sentir de certa forma (feliz, controlado, confiante, forte), ou não deve se sentir de determinada maneira (qualquer outra coisa).

Às vezes, alguns clientes negam por completo ter algumas emoções específicas: "Não sinto raiva." "Nunca choro." Mas relatam se sentir anestesiados, distantes ou, quando fazemos a pergunta terapêutica clássica, "Como isso faz você se sentir?", respondem com o que pensam e o que fazem; às vezes, também com uma inclinação da cabeça e um longo silêncio. Em outras ocasiões, conheci clientes que confundiam emoções normais, como pesar, decepção, constrangimento, vergonha, ambivalência, irritação ou tédio, com problemas a serem resolvidos, e não experiências universais.

Ou, quando tendemos a fabricar emoções como Carter, achamos que os outros fazem o mesmo,[4] e essa é uma das razões de ser difícil aceitar elogios. Carter presume que a namorada está fingindo porque é exatamente o que ele aprendeu a fazer.

Em resposta aos Carter do mundo, nós nos voltamos em espírito para o Sr. Rogers. Em 1969, o presidente Nixon propôs cortar pela metade o financiamento das transmissões televisivas públicas, de 20 milhões para 10 milhões de dólares. Com sabedoria, a PBS enviou Fred Rogers para testemunhar perante o Subcomitê de Comunicações do Senado sobre a importância de abordar temas socioemocionais na televisão.[5] Quem liderava a audiência era o notoriamente abrasivo senador de Rhode Island John Pastore, que nunca vira ou ouvira falar do programa de Rogers. Ele ouviu com atenção o argumento de Rogers, incluindo a letra de "What Do You Do with the Mad That You Feel?" [O que você faz com a raiva que sente?] e, ainda mais importante, a afirmação de que sentimentos eram "mencionáveis e gerenciáveis".

Depois que Rogers terminou, Pastore comentou: "Espera-se que eu seja um cara durão." Mas o depoimento de Rogers o deixara arrepiado. "Acho isso fabuloso. Parece que você acaba de ganhar 20 milhões de dólares." Os aplausos ecoaram pela sala.

"Sentimentos são mencionáveis e gerenciáveis" é uma afirmação simples, mas profunda o suficiente para comover um amargo senador da Nova Inglaterra. Quando sabemos de onde eles vêm, os sentimentos fazem sentido e podem ser regulados ou apenas experimentados.

Com isso em mente, a Mudança 7, "Do controle à autenticidade", é composta de dois capítulos. Primeiro, focaremos na vida privada de nossas emoções: como nos sentimos por dentro, nossa *experiência emocional*,[6] e nossas tentativas de gerenciá-las, ou *regulação emocional*.[7] O Capítulo 15 se concentrará nas emoções em público: o que mostramos do lado de fora — como falamos, nossas expressões faciais e como agimos —, nossa *expressão emocional* (e sua contraparte, a *supressão emocional*).[8]

Por isso, cada um de vocês que ouviu "Você deve se sentir assim" ou "Você não deve se sentir assim", continue lendo e permita-se ficar feliz, orgulhoso, magoado, inseguro, envergonhado ou qualquer outra coisa. Isso é para você, vindo diretamente do Sr. Rogers.

Mencionável e gerenciável

No depoimento de Fred Rogers, "mencionável" significa reconhecer a existência de *todas* as nossas emoções. "Gerenciável" significa controle emocional: tentativas implícitas ou explícitas de modificar nossas emoções ou emoções alheias (ou só permitir que existam, poder sentir o que quer que sintamos). Mas "gerenciável" *não* significa "reprimir todas as emoções".

Há muitas maneiras de gerenciar as emoções, algumas mais efetivas ou sustentáveis que outras.[9] Podemos:

- abandonar a situação: *sair da sala, ir dormir*;
- permanecer na situação, mas modificá-la: *contar uma piada para aliviar a tensão, mudar de assunto, perguntar "E os Red Sox?"*;
- mudar o foco da atenção: *engajar-se em uma atividade, usar atenção plena, distrair-se com o celular*;
- reenquadrar a situação: *"Poderia ter sido muito pior", "Eu não queria o emprego, mesmo"*;
- usar evitação disfarçada ou declarada: *fazer o caminho mais longo para não ter que conversar com ninguém ou pegar o caminho mais curto com fones de ouvido e óculos escuros*;
- preocupar-se ou ruminar (sim, ambos são formas de controle emocional);*[10]
- suprimir: *comer por estresse, fingir que tudo está bem, nunca mais tocar no assunto*.

---

* Simplificando muito, preocupação e ruminação são métodos cognitivos de se engajar com emoções que nos mantêm em um espaço mental abstrato, intelectual e verbal, na tentativa de controlar e evitar a ativação fisiológica da ansiedade. O cérebro da pessoa preocupada decide que preocupação e ruminação podem causar sensações ruins, mas a ansiedade definitivamente é pior.

Embora nenhum método seja intrinsicamente "bom" ou "ruim", os problemas com o controle emocional estão na raiz de entre 40% e 75% dos transtornos fisiológicos, incluindo 100% dos transtornos de humor e ansiedade.[11]

Geoff chegou para a primeira consulta três semanas antes de uma importante apresentação no trabalho. Queria parecer calmo e livre de ansiedade em seu grande momento, mas, acima de tudo, queria *estar* calmo e livre de ansiedade. Não queria se sentir nem um pouquinho ansioso. Para ele, a tendência de ficar ansioso antes de falar em público era um defeito pessoal. Veio me ver querendo "resolver isso de uma vez por todas".

Eu entendo Geoff. Faz mal se sentir mal. Ninguém quer metaforicamente tocar "Everybody Hurts" [Todo mundo sofre] no volume máximo. Preferimos tocar "I Feel Good" [Eu me sinto bem] ou, no mínimo, "Peaceful Easy Feeling" [Sensação pacífica e leve].

Porém, lembra-se da superavaliação? Geoff achava que se sentir mal era um sinal de que havia algo errado com ele. Ficar nervoso antes de falar em público era uma falha de caráter. Em contraste, sentir-se calmo e confiante e ter total controle emocional significava que ele estava se saindo bem como pessoa.

Como acabamos sendo perfeccionistas emocionais, não dispostos a sentir nada que consideremos inapropriado? Muitas vezes, crescemos em um lar alérgico a emoções negativas.[12] Talvez tenhamos aprendido que é errado se sentir mal: "Ponha um sorriso no rosto." "Supere." "Você está sendo dramático." "Deixe de ser tão sensível." "Não tem motivo para se comportar assim." "Se não pode dizer algo agradável, não diga nada." "Com o que você está tão irritadinho?"

Stephanie, por exemplo, cresceu com uma mãe perfeccionista que era muito sensível a críticas, mas sabia criticar como ninguém. "Ela fazia comentários sobre meu peso fingindo estar preocupada com minha saúde. E insinuava que estávamos destinados a ser porcalhões preguiçosos se não a ajudássemos a limpar a casa. A expectativa de que ajudássemos era razoável, mas os projetos de limpeza eram sempre muito complicados. Me lembro de uma vez em que ela parou de falar comigo porque eu não a ajudei a aspirar a parte de cima dos armários da cozinha", lembrou Stephanie.

Sempre que o pai sentia que Stephanie estava ficando irritada, ele interferia e dizia algo como "Você tem a melhor mãe do mundo" ou "Ela é uma mãe fantástica". Em quase tudo, Stephanie concorda: a mãe lhe proveu uma infância estável e plena. Mas, após receber mais uma crítica do tipo "só estou tentando ajudar", Stephanie fervilhava em silêncio por horas. "Muito depois do tempo apropriado. Eu tentava parar dizendo a mim mesma 'Tenho a melhor mãe do mundo', mas nunca funcionava."

Em resumo, Stephanie não tinha permissão para ficar magoada nem zangada com a mãe. Então, quando inevitavelmente ficava, sentia confusão e culpa. Dizia a si mesma que precisava superar, que não era nada. Mas negar emoções funciona tão bem quanto usar salto alto na praia, ou seja, não funciona.

Como você pode ter adivinhado, o perfeccionismo emocional tem muitas regras. Elas impedem que o medo de Geoff e a frustração de Stephanie sejam "mencionáveis". Vamos dar uma olhada em três regras comuns do livro interno que dizem: "Não se sinta mal, apenas se sinta bem."

Repensando as regras de não se sentir mal

A primeira regra que nos impede de sentir o que sentimos é **aguente tudo**. Essa regra foi articulada por nossa velha amiga Karen Horney.[13] É uma regra fundamental para muitos de nós que são duros consigo. Somos ensinados a perseverar, permanecer fortes e superar desafios — todas coisas boas. Mas, quando se espera isso de nós, em qualquer esfera, a regra começa a ir contra nós.

Por exemplo, no mesmo período em que estava tendo sessões com Carter, a namorada dele quase o traiu. Não traiu, mas quase. Ele ficou arrasado, mas, como ela não cruzara a linha, ele não se sentia no direito de experimentar todas aquelas sensações: ciúme, traição, desânimo.

(Ela não ajudou ao adotar a atitude "Vamos fingir que isso nunca aconteceu"). Tentar esquecer o ocorrido consumiu a vida dele por semanas. Finalmente, descobrimos que "aguente tudo" estava se manifestando como "Tenho que superar isso".

Ficar chateado violava seus padrões pessoais. Ele achava que precisava lidar com a situação com benevolência sábia e impassível, não com emoções conturbadas que o mantinham tão obcecado que seus amigos realizaram uma mini-intervenção: "Ei, cara, você está bem?"

Não corresponder a nossos padrões é a definição perfeccionista de fracasso. Assim, todos os dias Carter concluía que sua mágoa era outra falha. Ele se apegava ao clima da suposta frase de Winston Churchill "Jamais, jamais, jamais ceder". Mas o que Churchill realmente disse foi "Jamais ceder, exceto a convicções de honra e bom senso".[14] Reconsiderar, recuar com graça ou mudar de direção é muito diferente de falhar.[15] Em vez de aguentar tudo, podemos saber quando parar. Quando Carter por fim se deu a opção de *não* superar e sentir mágoa, ciúme, ultraje e tristeza — além de ter várias conversas muito sinceras com a namorada —, ele decidiu ficar.

Uma segunda regra que impulsiona o perfeccionismo emocional: **sentimentos precisam de uma causa clara e lógica.** Aprendemos isso com nossa família. Podemos ter crescido ouvindo "Não tem por que chorar", "Não sei por que você está bravo" ou "Com o que está tão chateado?". Nossos sentimentos eram negados, a menos que houvesse uma boa razão — e, às vezes, nem assim. "É só um cachorro." "Crianças trocam de escola o tempo todo." "Talvez agora você aprenda uma lição." Nossa família podia ignorar as emoções que a deixavam desconfortável. Mas, quando nossos sentimentos são ignorados, isso passa a mensagem de que eles é que são o problema. Então nos esforçamos ainda mais para permanecer no controle: toleramos demais o sofrimento, regulamos em excesso ou mantemos um descompasso entre exterior e interior.

Ao crescer, podemos atualizar o que temos permissão para sentir. Graças à Dra. Marsha Linehan, a desenvolvedora da terapia comportamental dialética, sabemos que existe diferença entre emoção *válida* e emoção *justificada*.[16] Todas as emoções são válidas, ponto. Só sentir uma emoção já a torna válida. Uma emoção justificada, no entanto, é o que seus pais chamariam de "justificável". Ela se adequa aos fatos da situação. Sentir ciúme tendo evidências concretas de que o parceiro está traindo? Válido e justificado. Sentir culpa por ter amassado o carro da família? Válido e justificado.

Mas sentir ciúme mesmo quando o parceiro é claramente fiel e devotado? Na verdade, isso é totalmente válido. O sentimento deve estar vindo de algum lugar: da experiência de um amigo, de uma traição no passado, de ver os casamentos de *Real Housewives* serem destroçados. Mas não é justificado e seria improdutivo agir com base nele, como vasculhar o telefone do parceiro e questionar obsessivamente sua fidelidade.

Não controlamos nossos sentimentos — não dá para ligá-los ou desligá-los como um interruptor de luz. Qualquer um que já tenha tentado banir a ansiedade antes de falar em público ou o pesar após perder um animal de estimação confirma essa afirmação. O que dá para controlar são nossas ações. Podemos sair da sala antes de dar um soco motivado pela raiva e nos levantar para fazer um discurso durante um casamento mesmo que nossos órgãos internos pareçam estar mudando de lugar, o tempo todo sentindo nossas muito válidas emoções. Isso nem sempre funciona, é claro — seja generoso consigo. Mas pode ser libertador mudar o foco do controle dos sentimentos para o controle do comportamento.

A terceira e última regra sobre se sentir mal que sai pela culatra? O enunciado exato varia, mas a regra vê a emoção negativa como violação da boa conduta: **sempre seja adequado/esteja no controle/seja forte**. Pessoas que se cobram muito são ótimas com essa regra. Mas podem ser um pouquinho boas *demais* em gerenciar emoções — um pouquinho reguladas demais, controladas demais.[17] Geoff, por exemplo, era muito bom em voltar sua atenção para outra coisa quando se sentia ansioso

— organizar a mesa de trabalho, ler e-mails —, mas isso só postergava o problema. A saída de Stephanie era a ruminação, que é uma forma de regulação. Mas, se você perguntasse a qualquer um deles se estava bem, receberia a mesma resposta: "Sim, tudo bem."

Isso é comum. Aqueles de nós que são duros consigo mesmos frequentemente dizem "Estou bem" quando claramente não estão. Parte disso é biológico. Temos uma tolerância à dor seletivamente alta ou, como diz o Dr. Lynch, uma *tolerância excessiva ao sofrimento*.[18] Podemos suportar certos tipos de estresse ou desconforto por muito tempo. É assim que passamos a noite inteira trabalhando, fazemos aquele último e imenso esforço e vivemos sob o edito de que "O show tem que continuar". "Estou bem" nos consegue muitas coisas. Somos recompensados com "Não poderíamos ter feito isso sem você". Salvamos o dia. Somos uma rocha. Há uma sensação de capacidade, indispensabilidade, orgulho, heroísmo ou superioridade a tudo. *Sou o único que pode fazer o trabalho do jeito certo por causa de minha resistência, meu comprometimento ou minha disposição de ir além.*

Mas "Estou bem" também nos custa. Ao longo do tempo, a tendência de minimizar, suprimir ou ignorar nosso sofrimento pode gerar problemas médicos ou depressão.[19]

A supressão emocional foi ligada até mesmo à agressão,[20] o que pode explicar por que "Estou *bem*" às vezes é rosnado entredentes. E, em um paradoxo, como Stephanie fervilhando por não ter permissão para ficar zangada com as críticas da mãe, "Estou bem" aumenta o período no qual nos sentimos mal.[21] Levamos mais tempo para nos recuperar de um insulto, conflito ou irritação. *Eu já deveria ter superado isso.*

Às vezes, "Estou bem" cruza a linha do martírio, da arrogância ou da amargura.[22] E então nos isola. Mesmo enquanto dizemos "Estou bem", está claro para os outros que não é verdade. Eles sabem que há algo errado, mas, se insistimos que tudo está bem, eles ficam paralisados, sem poder ajudar.

Abordaremos isso no próximo capítulo, mas eis um spoiler: as pessoas gostam mais de nós quando demonstramos emoções autênticas, mesmo que negativas.[23] Longe de nos tornar irritantes ou um fardo, a admissão de que nos sentimos mal, sem nos criticarmos, desmoronarmos ou culparmos alguém, envia duas mensagens: "Confio em você" e "Somos iguais", ambas blocos de construção da simpatia e da proximidade.[24]

Repensando as regras de se sentir bem

O perfeccionismo emocional também pode nos dizer que é ruim nos sentirmos bem. Na superfície, isso é contraintuitivo. Mas, quando olhamos mais fundo, faz sentido. Sentir orgulho de si pode parecer beirar o limite do egotismo. A despreocupação da alegria pode parecer falta de controle. Se crescemos em um lar sempre apropriado, podemos ter recebido reações negativas por falar com empolgação, dançar de modo exuberante ou demonstrar afeto irrestrito.[25] Ainda me sinto desconfortável quando recebo um elogio, embora tenha aprendido a não rejeitá-lo com o equivalente de "Imagina, esta coisa velha?".

Para deixar tudo ainda mais confuso, a sociedade ocidental reforça a versão extrovertida da diversão. Devemos gostar de dançar em bares, comer rosquinhas em estacionamentos ou nadar pelados depois de uma noite de bebedeira. Mas me escute: é perfeitamente aceitável ser mais parecido com Bert que com Ernie.[26] Nem toda diversão é igual.[27] Para muitos de nós, "sentir-se bem" significa esforço, satisfação e reflexões otimistas após a conclusão de um trabalho. Isso é ótimo, e não é preciso mudar. Os problemas começam quando evocamos o livro interno de regras e não conseguimos relaxar ou nos divertir nem quando escolhemos fazer isso. Portanto, vamos analisar algumas das regras de se sentir bem.

A maior regra "não se sinta bem" que encontro com clientes é a de que **se divertir significa estar fora de controle**. Podemos não articular isso com tanta clareza, mas a sensação percebida está lá. Carter se sente exatamente assim. Como aluno do primeiro ano de faculdade, na maior parte das noites de sábado se vê em frente a uma fraternidade, com a batida do baixo sacudindo as janelas. A noite pesa sobre ele enquanto antecipa o inescapável.

Carter odeia dançar. Se sente constrangido, desconfortável e forçado. Ele minimiza a sensação: "Sou branco e estou estudando ciência pura, o que você esperava?" Mas, quando é arrastado para dentro, procura um lugar para se sentar, o que o separa dos amigos, ou fica em pé com os braços cruzados enquanto a multidão se agita em torno. Dançar parece falta de controle porque Carter não pode determinar se as pessoas vão olhar ou não para ele ou o que vão pensar dele. Imagina que vão observá-lo e julgá-lo.

Quando falei sobre Carter com nosso amigo, o especialista em excesso de controle Dr. Thomas Lynch, ele comentou que o constrangimento é um fenômeno social: ninguém se sente assim quando está sozinho.[28] Precisamos de ao menos mais uma pessoa — ainda que em nossa imaginação — que presumimos observar criticamente nossas ações. Existe uma falta de defesa na diversão. Quando ficamos constrangidos, estamos conferindo se estamos seguros no interior do grupo. Não podemos nos divertir se nos sentimos inseguros.

"Ele está em uma situação na qual é membro da tribo e escolheu ser parte dela. E [dançar é] o que a tribo está fazendo",[29] explicou o Dr. Lynch. Quando Carter cruza os braços em vez de dançar, isso faz com que se destaque ainda mais. "Muitas vezes, há a esperança secreta de que a não participação de algum modo o faça se sentir melhor." Mas nunca faz.

Pense em outras situações nas quais desejamos com fervor que a não participação nos faça sentir melhor: observamos da lateral enquanto nossos amigos jogam uma animada partida de beisebol, sorrimos educados como sempre quando o fotógrafo chama o grupo para uma "foto maluca" ou recusamos o chapéu de papel em uma festa infantil. Achamos que isso nos isentará do que o Dr. Lynch chama de "escrutínio crítico",[30] mas, em paradoxo, não participar pode atrair ainda mais atenção. Não participar nos separa da tribo e, em virtude de nosso constrangimento, do momento presente.[31]

A terapia cognitivo-comportamental tradicional prescreveria exposição: praticar a participação até que ela não incomode tanto. O Dr. Lynch faz isso em aulas para pessoas controladoras em excesso, mas enfatiza que não devemos levar as coisas muito a sério. Você não pode se esforçar para se divertir. Não pode planejar se sentir como se pertencesse. No meio da aula, do nada, o Dr. Lynch pode se levantar e anunciar, com um sorriso, "Todo mundo de pé! Ótimo! Façam o que estou fazendo!", e então sacudir os braços como uma galinha enquanto gira em círculos, cacarejando. Ele pode fazer com que o grupo se levante e grite "tomate" em vozes cada vez mais ridículas, antes de se agachar e sussurrar "batata". Tudo isso leva menos de trinta segundos — a brevidade é a chave — e, no fim, todos estão batendo palmas. Ele chama esse exercício de *participação sem planejamento*,[32] a qual transmite a ideia de que participar, mesmo que apenas por alguns segundos, envia um poderoso sinal para aqueles que estão em torno. Nós pertencemos. Somos parte do grupo e estamos dispostos a participar a fim de contribuir para o bem-estar e a harmonia de todos.

Ao longo das semanas, a turma acumula muitas memórias agradáveis de participação. Já aprendemos que o contrário do controle não é a falta de controle, mas sim a confiança. Não a confiança de que ninguém nos julgará ou de que nos sentiremos incríveis se relaxarmos só um pouquinho — isso é ingênuo e uma mentira. Mas confiança de que podemos lidar com o que quer que aconteça tanto interna quanto externamente. Confiança de que podemos tentar algo e arcar com as consequências.

Podemos replicar isso na nossa vida? Não de modo tão eficiente, mas conseguimos participar sem pensar demais.[33] A imitação é a chave. Ela reduz a necessidade de planejar e foca a atenção em quem quer que você esteja imitando. Simplesmente siga o líder. Entre na fila da conga durante a festa de casamento, cante "Parabéns pra você", use fantasia no Halloween ou considere o seguinte: "Por trás de minha aparência descontraída de estudante universitária, eu vivia como uma espécie de CEO secreta, focando discreta mas inabalavelmente nas minhas realizações, determinada a riscar cada item da lista. [...] Um campo de prova se abria depois do outro." Após expor suas tendências ambiciosas na biografia *Minha história*, Michelle Obama conta uma lembrança de seus anos na faculdade: em um dia quente de verão, ela e o namorado Kevin saíram no carrinho vermelho dele. Foram para um canto afastado do campus de Princeton, parando em uma estrada de terra perto de um campo de relva morta pelo inverno, mas repleta de brotos verdes. Kevin abriu a porta e saiu do carro:

> — *Vamos lá — diz ele, fazendo um gesto para que eu o siga.*
> — *O que vamos fazer?*
> *Ele me olha como se fosse óbvio.*
> — *Vamos correr pelo campo.*
> *E corremos pelo campo. Disparamos de um canto a outro, balançando os braços como crianças, perfurando o silêncio com nossos gritos animados. Caminhamos pela relva seca e saltamos sobre as flores. Talvez não estivesse óbvio para mim no começo, mas agora está. Devemos correr por esse campo! É claro que devemos!*[84]

Mesmo que a atividade não seja do seu agrado ou o objetivo não seja óbvio naquele momento específico, participar e se conectar com os convidados do casamento na pista de dança, os amigos na festa de aniversário, os vizinhos no Halloween ou seu exuberante namorado fortalece seus laços com a tribo.

Quando você "deve" participar? Você escolhe. Você decide quando vale a pena tolerar algum desconforto inicial se ele resultar em conexão com os outros (isso se parece com seguir os valores do Capítulo 6!). Quando cantamos com a multidão durante o jogo de futebol, concordamos em fazer parte de uma ridícula pirâmide humana ou participamos da atividade extracurricular no colégio, depositamos nossas moedas no cofrinho da participação. E, conforme o cofrinho se enche, podemos evocar memórias que dizem: "Ah, isso foi divertido."

Surpresa: isso é atenção plena. Em geral, pensamos na atenção plena como uma consciência impassível, não como gritar "tomate" com uma sala cheia de gente. Mas preste mais atenção e você a encontrará:

podemos observar, impassíveis, mas sem necessariamente responder, o ímpeto de cruzar os braços e ficar de lado. Podemos notar como ele aumenta e diminui de forma natural, como é modulado. E então, enquanto "surfamos o ímpeto", podemos voltar nossa atenção para gritar "tomate", dançar no sábado à noite ou participar de nossa vida, em vez de compulsivamente planejar, ensaiar ou precisar fazer tudo certo. Há consciência impassível nesse tipo de atenção plena, mas também há participação passional na comunidade.[35]

> **EXPERIMENTE:** Presumindo que isso não vá contra seus valores, tente (por um breve momento!) participar do que seu grupo está fazendo. Observe seu ímpeto de se separar ou se afastar. Crie espaço para todas as emoções — orgulho, constrangimento — que ocorrerem enquanto participar.

A segunda regra é mais sentida que articulada: **as condições precisam estar certas** para que possamos nos divertir. Isso se deve ao fato de sermos detalhistas.. Quando tudo se alinha, temos a sensação de "perfeito" e podemos nos divertir, mas a diversão evapora quando o menor dos detalhes muda: o sol invade nossa sombra confortável, nossas coxas começam a arder por causa do atrito quando andamos por uma praia perfeita ou há uma mosca zumbindo sobre o piquenique. O detalhe não exatamente certo tira a cor da experiência como uma gota de tinta em um copo d'água.

De novo, a atenção plena pode nos resgatar. Se seu cérebro naturalmente enfatiza o que está dando errado, acenda as luzes da plateia e use todos os seus sentidos para ampliar a atenção e incluir mais do que está acontecendo.[36] Expanda a atenção para incluir o detalhe não exatamente certo, mas também todo o restante, positivo, negativo e neutro. Sim, há uma mosca no piquenique, mas também há copos suados de limonada gelada, batatas crocantes, um cobertor fofinho, amigos conversando e um cara andando de patins no fundo, cantando "I Will Survive" desafinado. O detalhe não exatamente certo não desaparece, mas se torna parte de um retrato mais amplo em vez de ficar na frente e no centro.

> **EXPERIMENTE:** Quando um detalhe ainda não identificado distrair você, preste atenção e observe mais o momento, incluindo tudo que é positivo, negativo e neutro. Note como o contexto mais amplo afeta o detalhe.

Outra regra que rouba a diversão é a muito inconsciente ideia de que **divertir-se ou relaxar é inapropriado, indulgente ou uma perda de tempo**, como em "Adoro trabalhar no feriado porque ninguém me incomoda. Consigo fazer uma tonelada de coisas", ou quando as pessoas nos dizem para comemorar nossas realizações, mas só passamos para o próximo projeto.

Em uma série de estudos publicados no prestigiado *Personality and Social Psychology Bulletin*, a Dra. Katharina Bernecker e a Dra. Daniela Becker descobriram que um grande impedimento para o que chamam de "sucesso hedonista"[37] são os pensamentos intrusivos sobre os objetivos de longo prazo. Afinal, dizem elas, é "mais difícil aproveitar o bar com colegas do trabalho se você fica pensando que deveria ter ficado no escritório".[38] Também é por isso que não aproveitamos o sorvete se ficamos pensando na salada de frutas que "deveríamos" ter escolhido.[39] A Dra. Becker resume: "Esses pensamentos sobre objetivos de longo prazo conflitantes minam a necessidade imediata de relaxar."[40]

Nossa cultura movida pelo sucesso vê a diversão e o relaxamento como falhas do autocontrole — quando escolhemos comer batata frita em vez de salada ou ler um romance em vez de zerar a caixa de entrada. No entanto, explicam Bernecker e Becker, experimentar prazer é um sinal de autorregulação saudável.[41] Assim como é importante tanto receber quanto dar, tanto ouvir quanto falar, os "objetivos hedonistas" são o yin e os objetivos de longo prazo são o yang. Em outras palavras, em vez de indulgência, a diversão e o relaxamento estão mais próximos de gentileza, cuidado, perdão e benevolência, que se unem aos objetivos de longo prazo como partes de uma vida bem vivida.

Embora não possamos impedir que os pensamentos sobre o que "devemos" fazer se intrometam quando tentamos relaxar — nosso cérebro consciencioso os produzirá mais rápido que fofocas se espalhando na cantina do colégio —, é possível recorrer mais uma vez à atenção plena. Dá para notar nossa madre superiora interna dizendo que nos levantemos e voltemos ao trabalho. Podemos acenar com educação e lhe dar as costas. Ela ainda estará ao fundo enquanto voltamos a atenção para a conversa de nossos colegas, o sorvete ou o romance.

O que potencializa isso? Por sorte, nosso senso superior de autocontrole. Somos bons em regular sentimentos negativos para continuar fazendo uma tarefa. Use esse talento para regular os "tenho que", lance mão de seus cinco sentidos e preste atenção plena ao momento. Determinação e diversão não precisam estar em conflito. Use uma para experimentar a outra.

> **EXPERIMENTE:** Use seu superpoder de eficiência para se divertir. Mergulhe de cabeça: canalize o cachorro correndo atrás de uma bola dentro de você ou o gato cochilando em um canto ensolarado. Permita que os pensamentos sobre dever ou obrigação simplesmente estejam presentes enquanto você usa os cinco sentidos para focar o momento.

Quanto a Geoff, que queria sentir um nível de confiança do tipo óculos de sol e jaqueta de couro antes de sua apresentação, nem é preciso dizer que isso não aconteceu — a confiança é mais tartaruga que lebre. Mas a apresentação foi melhor do que ele esperava.

Em nossos meses seguintes de trabalho, seguindo o tema deste capítulo, Geoff começou a se permitir sentir-se mal para seguir em frente. Em outras palavras, se mostrou disposto a experimentar a ansiedade de falar em público enquanto ensaiava uma nova apresentação para seu gato, sua parceira e depois para mim e outra psicóloga na sala de reuniões da clínica. Revelou a um colega confiável que estava nervoso com a apresentação. O colega respondeu que também odiava falar em público e, no dia, ofereceu acenos de cabeça encorajadores na primeira fila. Em vez de tentar se livrar de cada traço de ansiedade como se fosse uma infestação de piolhos, Geoff deu a si mesmo permissão para se sentir mal, o que, paradoxalmente, o fez sentir-se melhor.

15

Reavaliando a autoapresentação perfeccionista

Sendo verdadeiro por fora

Estamos no início de setembro, e é a primeira vez que você acorda no seu quarto da universidade. O ambiente lhe é estranho, assim como seu colega de quarto, que dorme em uma cama a poucos metros. O banheiro fica no fim do corredor, passando pelas portas de outros estranhos. Com outros alunos do primeiro ano, todos estranhos, você vai para a cantina, para o treinamento de prevenção de má conduta sexual, para o inevitável sorvete comunitário. A tarefa emocional e socialmente intensa que tem pela frente? Transformar ao menos alguns desses estranhos em amigos.

Quer ou não morar no campus faça parte de sua experiência, é provável que em algum momento você tenha se visto em um lugar desconhecido, cercado por estranhos: uma cidade nova, o serviço militar, um emprego novo — muitos eventos da vida envolvem fazer amigos.

Aqueles de nós que se cobram demais frequentemente têm a sensação de serem diferentes, de estarem na periferia. Nos identificamos com a canção do musical *Dear Evan Hansen* "Waving Through a Window": "do lado de fora, sempre olhando para dentro." Às vezes achamos que tem relação conosco: somos introvertidos, não somos daqui, somos forasteiros. Ou que tem relação com os outros: sectarismo, política departamental, cultura local.

Com certeza pode ser isso. Mas há outra potencial fatia da torta: as impressões humanas seguem duas dimensões fundamentais, a competência e a cordialidade."¹ *Competência* é ser inteligente, talentoso e efetivo, o que os pesquisadores chamam de "esforço para se individualizar". *Cordialidade* é ser confiável, afetuoso e sincero, o que os pesquisadores chamam de "esforço para integrar o Self em uma unidade social mais ampla".²

Como você está lendo este livro, sua gangorra provavelmente pende na direção da competência. De fato, nossa genética, criação e cultura nos colocam em uma situação sem saída. Embora sejamos programados e ensinados a focar a competência por meio das realizações individuais, a cordialidade ainda é rainha. Como disse a Dra. Susan Fiske, de Princeton, "embora ambas as dimensões sejam fundamentais [...] os julgamentos de cordialidade parecem ser primários, o que reflete a importância de analisar as intenções das outras pessoas antes de determinar sua habilidade de concretizá-las".³ Em resumo, a cordialidade vem primeiro e tem mais peso.

Nossa tendência à competência significa que as pessoas nos veem como rabugentos frios? De modo algum — na verdade, é mais o oposto. Em um estudo elaborado pelo Dr. Charles Judd, da Universidade do Colorado, cordialidade e competência tinham correlação positiva em indivíduos:⁴ uma nota alta em uma dimensão previa uma nota alta na outra. Mesmo quando os pesquisadores tentaram criar exemplos que teriam notas altas em competência e baixas em cordialidade (essa pessoa "escreveu um programa que solucionou um difícil problema de cálculo integrado") ou vice-versa (essa pessoa "passou horas com um amigo depois que o cão deste morreu"), o efeito permaneceu verdadeiro.

Dito isso, conforme a vida se desdobra, décadas focadas na competência podem significar que coletamos muitos contatos sociais e profissionais, mas sentimos não ser próximos de tantas pessoas quanto gostaríamos. Somos pessoas boas e gentis, mas nossos relacionamentos podem ser mais superficiais ou distantes do que queremos, e não sabemos como mudar isso.

---

* Os nomes exatos das dimensões podem diferir, mas a essência é a mesma: competência e cordialidade, agência e comunhão, intelectual e social, respeito e afeto.

Então, tentando manter nosso desempenho enquanto valorizamos a comunhão, como podemos aprofundar nossas amizades atuais? Como podemos iniciar novas amizades? A resposta é compartilhar coisas sobre nós mesmos em muitos níveis: para que nos conheçam, precisamos nos revelar. É como diz o adágio: "Se não mostramos muito, ninguém sabe muito."[5]

Vamos começar compartilhando nossas emoções. Este não é um daqueles exercícios do tipo "Sinto... quando você...", prometo. Você não precisa dizer uma palavra.

Em vez disso, vamos voltar muito no tempo, para antes da linguagem falada. Teoriza-se que as emoções evoluíram como forma de comunicação nas primeiras comunidades ancestrais.[6] As emoções e as resultantes expressões faciais e posturas corporais se desenvolveram para comunicar informações precisas sobre nossas reações, nossas necessidades e nossos objetivos. Nossos antepassados comunicavam que estavam zangados, tristes, felizes ou enojados, sem linguagem verbal. Interpretavam com clareza os sentimentos alheios e ajustavam seu comportamento de acordo ("Eca, vi a reação de Zog depois que comeu aquelas frutas, vou ficar longe delas"). A expressão das emoções, incluindo as negativas, ajudou os grupos a se comunicar, sincronizar e, por extensão, sobreviver.

O termo técnico para a manifestação externa de nosso estado emocional interno é *expressão emocional*.[7] É combinar o lado de fora com o de dentro. Às vezes, é importante manter nossas emoções em segredo. Controlar a própria face é relevante em jogos de pôquer, em negociações decisivas e ao conduzir um amigo até sua festa-surpresa. Nessas horas, fazemos a *supressão expressiva*, um esforço de autocontrole para reduzir ou eliminar o comportamento emocionalmente expressivo. É desemparelhar o lado de fora e o lado de dentro como se fossem duas meias diferentes.

A supressão expressiva pode ser muito útil no contexto certo. Podemos suprimir a fim de permanecer profissionais, fingir indiferença, manter a honra e a dignidade, desviar atenção indesejada ("Você está chorando?") ou evitar que outros pensem mal de nós ("Você não está com medo, está?"). Acredito que quase todo serviço ao consumidor tem como base a supressão emocional.

Também podemos suprimir porque aprendemos que não é seguro ou permitido expressar certas emoções, como raiva, medo ou mágoa, mesmo entre pessoas queridas. Talvez tenhamos crescido em uma família que nos repreendia por sermos demais: barulhentos, sinceros, inquisitivos ou carentes demais. Ou em uma família na qual éramos quietos demais: devíamos participar, não ser tímidos, ser mais confiantes. Então, aprendemos a esconder quão vigorosamente nossos pezinhos de pato estavam batendo sob a água a fim de criar um deslizar suave na superfície.

Mas aí está o problema. A *autoapresentação perfeccionista*[8] é quando só mostramos as coisas boas; não exibimos ou revelamos fraquezas, dúvidas ou problemas. E, no momento em que a supressão expressiva, como parte da autoapresentação perfeccionista, torna-se um hábito, exibir nossa melhor versão — aquela que acreditamos ser capaz de nos manter seguros — suplanta nossa face real, autêntica.

De acordo com o Dr. Thomas Lynch e a Dra. Erica Smith Lynch, aqueles que se importam com a autoapresentação tendem a mostrar uma ou duas faces ao mundo. A primeira é a *face excessivamente complacente* ou *face excessivamente social*,[9] que chamarei de Face Agradável. Costuma ter a aparência de um sorriso digno de uma aeromoça, além de muitos gestos de assentimento. Envia a mensagem "Eu sou competente e gentil". Pense em Truman em *O show de Truman* ou em, após um longo dia sorrindo, voltar para o rosto de Chrissy Teigen naquele meme. As mulheres fazem isso com mais frequência, mas pode se aplicar a todos os gêneros. Se você já chegou em casa após um evento com as bochechas doendo de tanto sorrir, sabe do que estou falando.

A segunda é o que o Dr. Lynch chama de *face excessivamente incomplacente*,*[10] que chamarei de Face Forte. Ela é mais bem descrita pelo

---

* Quando esbarrei pela primeira vez com a expressão "*excessivamente incomplacente*", imaginei um rosto rabugento ou sério. Mas a Dra. Erica Smith Lynch explicou que essa face é educada e comportada. O termo vem mais da tendência da pessoa de discordar de você — e dizer isso — se perceber que está dizendo ou fazendo algo errado.

que *não* vemos: variação de expressões, gestos de assentimento, sorrisos, risadas. Pense em John Wayne, na professora McGonagall, em Bill Belichick ou qualquer campeão de pôquer. Essa face envia a mensagem "Sou competente e forte". Os homens fazem isso com mais frequência, mas, de novo, qualquer gênero pode projetá-la. Não a usamos porque queremos imitar as governantas inglesas do século XIX, mas porque nos sentimos obrigados a parecer capazes, invulneráveis e no controle, sobretudo em público.

Ambas as faces públicas mantêm nossos verdadeiros sentimentos ocultos e projetam como queremos ser vistos: competentes, agradáveis, fortes. Nenhuma delas revela muito, e esse é o problema.

Nossos rostos e corpos enviam mensagens inconfundíveis.[11] E, quando usamos a autoapresentação perfeccionista da Face Agradável ou da Face Forte, a mensagem que enviamos sem querer é a de que somos dissimulados, falsos, arrogantes, evasivos ou formais demais, todas mensagens que nos impedem de nos conectarmos aos outros e aprofundar nossos relacionamentos. Em seu best-seller *Como fazer e manter amigos para sempre: guia prático para se relacionar com todos ao seu redor*, a Dra. Marisa Franco escreve: "Quando estamos no modo de autoproteção, estamos no modo antirrelacionamento."[12]

A supressão expressiva atrapalha nossa vida social. As pesquisas mostram que conviver com alguém cuja expressão não varia — seja sorridente ou séria — nos deixa ansiosos e desconfortáveis.[13] Isso literalmente aumenta nossa pressão arterial.[14] E, como é estressante interagir com alguém que não conseguimos ler, temos mais tendência a evitar pessoas parecidas no futuro.[15] É algo que diminui a disposição de formar uma amizade, o que leva ao ostracismo e à solidão. Podemos dizer mais ou menos assim, como já ouvi de muitos clientes: "Ninguém parece saber o que fazer comigo", "Sinto que as pessoas não me querem por perto", "Me sinto sozinho, mas as pessoas são uma droga".

O uso excessivo da Face Agradável ou da Face Forte atrapalha não só nossa vida social, mas toda a nossa vida. A supressão expressiva nos protege da exposição, mas aumenta nossas chances de doença cardíaca.[16] Também prejudica nossa memória: é difícil codificar o que estamos fazendo ou o que alguém está dizendo quando estamos ocupados suprimindo, então perdemos o que acontece no momento.[17] Se não bastasse, os supressores habituais relatam menos satisfação com a vida, autoestima mais baixa, menos otimismo e, paradoxalmente, mais emoções negativas que aqueles que não suprimem.[18]

Eis o problema: estamos tentando nos manter socialmente seguros ao exibir a face que julgamos apropriada, mas sermos difíceis de ler nos mantém separados da comunhão e da aceitação que queremos, então acreditamos que precisamos conquistá-la com um desempenho exemplar (lembra-se do Capítulo 7?). Caramba. É um problemão.

Vamos retornar aos primeiros dias nos quartos da faculdade. Em um estudo publicado no prestigiado *Journal of Personality and Social Psychology*, uma equipe de pesquisadores liderada pelo Dr. Sanjay Srivastava acompanhou quase trezentos alunos no primeiro semestre na faculdade.[19] Antes de chegarem ao campus e de novo após se mudarem, os alunos estimaram a extensão em que esconderam suas emoções, concordando ou não com declarações como "Guardo minhas emoções para mim mesmo" e "Quando sinto emoções negativas (ansiedade, tristeza), faço questão de não expressá-las".

Após a conclusão do semestre, a equipe de pesquisas perguntou aos alunos, a seus pais e a seus novos amigos sobre a vida social de cada participante. Tiveram o cuidado de analisar quanto cada aluno socializara e como se sentira durante o semestre, garantindo que as descobertas incluíssem tanto os introvertidos amantes da biblioteca quanto os extrovertidos amantes de festas, assim como alunos que passaram o semestre sentindo saudades de casa e deprimidos, em vez de eufóricos e energizados. Em outras palavras, os pesquisadores focaram sinais de supressão expressiva, e não todo o ruído inerente ao primeiro semestre na faculdade. O resultado? Ao fim do semestre, os alunos que reportaram esconder suas emoções se sentiram menos socialmente apoiados, menos próximos de seus pares e menos satisfeitos com suas vidas sociais em geral.

Tudo isso parece ruim, mas, curiosamente, houve uma boa notícia. A supressão expressiva não afetou a capacidade deles de serem estimados. Mesmo que os alunos que não demonstravam os sentimentos tivessem mais dificuldades com a vida social que aqueles que os demonstravam com mais liberdade, *as pessoas continuavam gostando deles*. Por consequência, muito embora os supressores tenham perdido oportunidades de formar relacionamentos próximos e significativos no primeiro semestre, eram igualmente prezados. Faz sentido; mesmo sem formar laços próximos, os outros ainda podem achar que somos muito legais.[20] Isso significa que a matéria-prima da ligação social próxima ainda está presente: não existe data de validade para a capacidade de se aproximar dos amigos.

Lembra-se de Jamila, do Capítulo 1? Ela chorou ao descrever a cena de *Alguém especial* na qual a personagem Erin ajuda sua amiga Jenny a superar um término enquanto canta: "Você poderia ter tido uma mulher e tanto, mas não quis se comprometer." Jamila não participou do estudo, mas poderia: as descobertas espelharam perfeitamente sua experiência. Me procurou por estar deprimida e sem rumo, mas encontramos um grande iceberg de perfeccionismo sob a superfície. No último ano da faculdade, estava exausta por ter passado os três anos anteriores em uma esteira rolante que a levava de uma tarefa "deveria" para outra. "Eu 'deveria' estar trabalhando nesse artigo." "Eu 'não deveria' sair no sábado porque não preenchi meus formulários de estágio." Ela passava a maior parte do tempo sozinha. Quando eu perguntava como tinha sido a semana, respondia com um grande sorriso e um tom suave: "Ah, não sei. Acho que estou bem. Estou exausta. Foi uma semana estressante."

A mensagem indicava que havia razões para preocupação, mas sua expressão era animada e feliz: uma Face Agradável.

Jamila só estava tentando ser apropriada e fazer as coisas direito; mas, como os alunos do estudo, sentia-se desconectada e cronicamente insatisfeita. Ela tinha um círculo de amigos, mas eles às vezes a deixavam de fora.

"Ouvi duas amigas conversando em nosso quarto", contou em uma sessão, "e elas disseram: 'Jamila faz as coisas dela.'"

Estava sozinha, mas cantar de calcinha e sutiã com as amigas teria parecido desperdício de um tempo valioso — o contrário do que ela "deveria" fazer.

O que qualquer um que se identifique com a experiência de Jamila pode fazer? Primeiro, vamos falar sobre o não verbal: mostrar nosso interior no exterior quando apropriado, além de ativar e sinalizar uma sensação de segurança social. Então passaremos para o reino verbal. Vamos nos aprofundar nos detalhes da conversa, como deixar outras pessoas participarem de sua vida e a importância de se mostrar vulnerável.

Combinando interior e exterior: um experimento

Usamos sinais não verbais — linguagem corporal, postura e, em especial, expressões faciais — para ler os outros e determinar se gostamos deles, se são confiáveis.[21] Outras pessoas fazem o mesmo conosco. Funciona com muita precisão; podemos captar grande parte do que está sendo comunicado só com sinais não verbais — é a mesma razão pela qual podemos entender a essência de um filme em língua estrangeira mesmo sem legenda.

Assim, vamos fazer um experimento para ver como o aumento ou a diminuição da intensidade de suas expressões faciais afeta a qualidade de suas interações sociais. Tenha duas conversas diferentes — com Phil da contabilidade, com uma mãe vendo o jogo de futebol dos filhos ou um colega de academia que você encontra toda quinta-feira, mas cujo sobrenome não sabe. Na primeira conversa, contenha suas expressões. Faça a Face Agradável ou a Face Forte. Observe como se sente. Quanto esforço é necessário para mantê-la? Você está presente e sintonizado? Está envolvido na conversa? Quão conectado você se sente a Phil, à mãe no futebol ou ao colega de academia?

Na segunda conversa, de preferência com a mesma pessoa, deixe que o lado de fora combine com o lado de dentro mais que o habitual.

Mostre no rosto o que sente, não de forma cartunesca, mas talvez entre 20% e 50% mais do que normalmente. Se costuma usar a Face Forte, use a segunda conversa para animar suas expressões. Se em geral usa a Face Agradável, tente deixar seu sorriso variar com base em estar ou não se sentindo feliz. Permita que o rosto combine um pouco mais com as palavras, mesmo que a emoção seja negativa. Observe as mesmas coisas: Quanto trabalho isso dá? Quão presente, envolvido e conectado você se sente? Em essência, você está tentando ser genuíno.

Os clientes com frequência concluem que, paradoxalmente, ser mais real é *mais fácil*. Ser genuíno não requer tanta energia quanto se monitorar e regular em excesso.

Isso significa que devemos ser 100% genuínos o tempo todo? Devemos expor nossas palavras e emoções cruas e sem edição? Dizer ao chefe para enfiar naquele lugar? Lamber os lábios se achar a barista atraente? Por favor, não faça isso. Na verdade, na cultura ocidental, a expressão incontida de emoções fortes é muitas vezes vista como sinal de instabilidade ou falta de disciplina. A chave é *ser autêntico em relação à situação*. Às vezes, a supressão é útil: uma reunião com seu colega mais irritante, ensinar de novo a vovó a enviar mensagens de texto. Em outros momentos, a situação pede um rosto mais expressivo. Seu rosto mostrará diferentes graus de frustração com seu chefe, seu filho mais novo ou a ex que o traiu. De modo geral, a chave é a flexibilidade.[22]

"Ok, Ellen", você vai dizer, "isso é ótimo, mas e se minha emoção autêntica for a fobia social? Ou eu não souber o que sinto porque estou respondendo ao campo de força de outras pessoas? Por que você acha que eu uso a Face Forte ou a Face Agradável, para começo de conversa?"

Que bom que você perguntou. De novo, "autêntico" não significa sem filtros. Aliás, "autenticamente" é como nos engajamos *quando* nos sentimos socialmente seguros; em *Como ser você mesmo*, eu digo que "você mesmo" é quem você é quando não sente medo. Mas isso não significa que devemos suprimir nossos medos como uma daquelas cobras de tecido que são espremidas em uma lata. Isso significa ativar um sistema de segurança social, a fim de que você se sinta mais você mesmo. O que nos leva a...

Os olhos (e as sobrancelhas) são a janela da alma

Nossos sentimentos e nosso corpo querem se alinhar.* Sorrimos quando estamos felizes, fechamos a cara quando estamos irritados e fazemos biquinho quando nos decepcionamos. Frente ao perigo de sermos julgados ou criticados — em outras palavras, ao não sentir segurança social —, a expressão que se alinha é a Face Agradável ou a Face Forte. Mas já combinamos que esse tiro sai pela culatra no longo prazo.

Por sorte, o fato de que nossos sentimentos e nosso corpo querem se alinhar significa que temos uma solução; onde nosso rosto e nosso corpo vão, nossos sentimentos também devem ir. Para conseguir isso, o Dr. Lynch ensina uma técnica chamada de Três Grandes Mais Um, que ativa a sensação de segurança social.[23] Trata-se de três maneiras intuitivas de posicionar seu corpo que sinalizam "Estou relaxado e acessível", além de um passo inesperado que coloca uma metafórica cereja de segurança social no topo do bolo.

Primeiro, relaxe o corpo, pode ser sentado ou em pé. Tente um *contrapposto*, como o *Davi* de Michelangelo, ou recoste-se relaxadamente na cadeira — mais como afundar em uma poltrona e menos como se sentar com postura ereta no escritório.

Depois, respire fundo e solte o ar aos poucos. Isso deve causar uma sensação satisfatória e relaxante, como contemplar um trabalho bem-feito.

Então sorria de leve. Coloque um sorriso simpático de Mona Lisa no rosto. Aqui entra o Mais Um. Arqueie as sobrancelhas. Só um pouquinho. Não se trata do olhar malicioso do Dr. Evil, mas de um arquear amigável — um acompanhamento agradável para o sorriso.

"Como assim, Ellen? *Sobrancelhas*?"

Sim, sobrancelhas. Erguer as sobrancelhas é um sinal universal de "Eu gosto de você, você é da minha tribo". Pense em saudar alguém com um

---

* Parece estranho e artificial desemparelhar o interior do exterior. Tente. Por exemplo, curve os ombros e feche a cara, mas diga "Este é o melhor dia da minha vida". Ou abra um grande sorriso e bata palmas com exultação, mas diga "Estou terrivelmente decepcionada". Funciona tão bem quanto uma armadilha para moscas debaixo d'água, ou seja, não funciona.

aperto de mão e algumas palavras amigáveis ou em quando encontra um velho amigo. As sobrancelhas se erguem. E sinalizam abertura e afeto.

Então, resumindo:

1. Sente-se ou fique em pé com uma postura relaxada e acessível.
2. Inspire e expire.
3. Dê um sorrisinho.

MAIS UM: Arqueie brevemente as sobrancelhas.

Adotar uma postura e uma expressão de segurança social cria dois ciclos de retroalimentação. Primeiro, cria um ciclo para os que estão ao nosso redor, indicando que somos acessíveis e fáceis de abordar — o contrário da autoapresentação perfeccionista. Mas também cria um ciclo para nós mesmo. Segundo o Dr. Lynch, "isso tem a vantagem adicional de afetar como você se sente por dentro ao ativar o sistema de segurança social".[24]

"Mas espere aí", diz você. "Você está me dizendo para *não* fingir com a Face Agradável ou a Face Forte, mas fingir com essa outra face?"

O Dr. Lynch, após vinte anos de trabalho clínico com os Três Grandes Mais Um, garante que não é fingimento.[25] Nosso sistema de segurança social pode ser genuinamente ativado por meio de nossas expressões faciais e posturas corporais. Isso altera a maneira como nos sentimos em relação a nós mesmos e a resposta que recebemos do mundo. Além disso, a maioria dos clientes não se sente fingindo. Segundo o Dr. Lynch, "a coisa bacana de verdade a respeito das sobrancelhas é que você faz isso e não se sente inautêntico. Em contrapartida, tentar contar uma piada ou algo assim parece inautêntico".[26] Felizmente, respirar fundo e arquear as sobrancelhas é muito mais fácil que manter um sorriso permanente no rosto durante toda a noite.

> **EXPERIMENTE:** Da próxima vez que se sentir socialmente constrangido ou deslocado, tente os Três Grandes Mais Um.

Revelação: permitindo que nos conheçam

Agora que discutimos os sinais não verbais, vamos analisar o que sai de nossa boca.

Para nos conectarmos, temos que permitir que nos conheçam. E isso não é possível se escondemos grande parte de nós mesmos. Em *Como ser você mesmo*, falamos sobre revelar nossos pensamentos, o que fazemos, sentimos, lembramos e com o que nos identificamos, a fim de dar ao parceiro de conversa algo com que interagir. Isso se chama *revelação* e num passe de mágica transforma sua vida de preto e branco em colorido para as pessoas ao seu redor. Você passa a ser mais familiar, e fica mais fácil se identificar com você e gostar de você.

A revelação pode parecer contraintuitiva para os introvertidos, socialmente ansiosos ou perfeccionistas. Mantemos nossa vida reservada, sobretudo em relação a fraquezas e problemas. Do contrário, parece que estamos revelando demais, sendo um fardo ou nos expondo ao julgamento. Mas isso faz com que seja mais difícil nos conhecer, e acabamos nos sentindo como forasteiros em uma terra estrangeira.

A dupla de pesquisa formada pelo casal Arthur e Elaine Aron descobriu que, para nos aproximarmos de alguém, a revelação deve ser *prolongada, recíproca, pessoal e se intensificar ao longo do tempo*.[27] Prolongada e recíproca falam por si só: a revelação deve continuar gradualmente ao longo do tempo, e você também deve saber mais coisas sobre a outra pessoa. De fato, a reciprocidade — eu mostro minha vida, você mostra a sua — é a fundação da amizade: o compartilhamento de vidas.

Mas vamos nos aprofundar no aspecto pessoal.

A mágica das maçanetas

Fico pasma de saber que algumas pessoas ganham a vida escutando a conversa alheia. Mas é exatamente isso que os pesquisadores fazem para aprender como ela ocorre naturalmente. Eles descobriram que a "fala socialmente relevante" — conversas sobre si mesmo, pessoas, relacionamentos — compõe mais de metade dos diálogos,[28] seja alguém passando pela Times Square em 1922; um nativo de Zinacantán, no sul do México, na década de 1970;[29] ou um homem em Liverpool na década de 1990.[30] Os assuntos não sociais, como esportes, trabalho ou política, não chegam nem perto. Isso significa muita conversa sobre você mesmo e aqueles com quem está falando.

Então, embora *não* falar sobre você mesmo pareça seguro, discreto ou modesto, pode ser um fardo — não se incluir na conversa faz com que os outros tenham que compensar.[31] Mas, às vezes, ninguém faz isso, e a conversa fica assim:

SEU COLEGA: Bom dia, como foi o fim de semana?
VOCÊ: Excelente, e o seu?
SEU COLEGA: Muito bom. Relaxante.
AMBOS: (*silêncio constrangedor*)

Outra maneira de não falar sobre você mesmo é fazer muitas perguntas. Alguns de nós são especialistas nisso. Ou então, quando um parceiro de conversa assume o centro do palco, os mais reticentes entre nós podem relaxar. Mas, ao longo do tempo, podemos começar a sentir que ninguém nos conhece. Ficamos surpresos ou chateados quando ninguém nos faz perguntas.

Deve haver uma maneira melhor. Entra o psicólogo Dr. Adam Mastroianni, que chama "as digressões, confissões e alegações ousadas que clamam por uma resposta" de "maçanetas"[32] conversacionais, um método de entrada em um santuário ainda mais íntimo. Ouça, agarre qualquer maçaneta que chame sua atenção e entre pela porta que se abrir. Maçanetas são qualquer coisa que desperte seu interesse, faça-o lembrar-se de alguma outra coisa, gere uma pergunta ou cause identificação do tipo "Você está brincando! Eu também". Você entendeu. Pode ser qualquer parte do que está sendo dito.

Eis um exemplo de maçaneta:

VOCÊ: Bom dia! Como foi o fim de semana?
SEU COLEGA: Ótimo. Eu e minha parceira fizemos alguns consertos na casa do meu pai.

Você agora tem muitas maçanetas à disposição. Talvez tenha ouvido "parceira", "consertos", "pai" ou "casa". Qualquer parte da frase que tenha chamado a atenção de seu cérebro pode gerar uma resposta:

- "Ah, que ótimo! Você é o faz-tudo ou é sua parceira?"
- "Que bacana! Quais consertos?"
- "Estou pensando em reformar a minha casa, mas nunca sei por onde começar."
- "Ah, excelente! Você vê seu pai com frequência?"
- "A casa do meu pai também está precisando de uma geral. Ele mora lá há quarenta anos, então dá pra imaginar o estado do porão."
- "Ah, que interessante! Seu pai mora aqui perto ou você teve que viajar?"
- "Acho incrível quem sabe fazer trabalhos manuais. Passei selante na banheira uma vez, e só."

Qualquer que seja sua resposta, ofereça a própria maçaneta: o que você pensa, faz, sente, lembra ou com que se identifica. Lembre-se, estamos tentando ser pessoais. Contar sobre você a seu parceiro de conversa faz com que o retrato que ele faz de você tenha mais definição, tornando-o mais familiar, mais fácil de gostar e mais confiável. Por exemplo, eis como você poderia oferecer uma maçaneta:

SEU COLEGA: Como foi o fim de semana?
VOCÊ: Foi ótimo. Eu...

- "levei as crianças para um torneio de vôlei. Sem brincadeira, ficamos lá por doze horas."
- "fiz meu bolo de abóbora anual."

- "terminei de ler a biografia do Steve Martin. É muito boa."
- "acabei jogando *Baldur's Gate 3* até de manhã."
- "fui à feira no domingo e comprei batata azul!"
- "vi um desfile de tocadores de tuba usando tutu enquanto tomava o café da manhã no sábado."

Pronto. O que quer que tenha escolhido, você deu a seu parceiro algo com que interagir. Com sorte, ele expandirá o que você disse, como em...

- "Nossa, mas elas não jogaram esse tempo todo, jogaram?"
- "Minha mãe fazia um bolo de abóbora dos deuses, mas infelizmente começou a fazer a dieta paleolítica."
- "Ah, perfeito! Qual é o título? Estou procurando algo para ler."
- "Fiz isso na década de 1990 com o *The Legend of Zelda* original."
- "Tem uma feira incrível a duas quadras da minha casa. A qual você vai?"
- "Essa é nova. Preciso conhecer esse café."

Ouça o que ele oferecer e siga em frente. É como jogar uma bola de um lado para o outro. Mas é garantido que o parceiro de conversa pegue a maçaneta e abra a porta metafórica? Não, ele pode responder "ah" ou "legal". A conversa continua superficial. As portas permanecem firmemente fechadas. Mas tudo bem. Desistimos ou tentamos de novo mais tarde.

Como todos aqui têm expectativas irrealisticamente altas a respeito de si mesmos, é importante dizer que nenhuma dessas maçanetas precisa ser elegante, impressionante ou extraordinária. Diminua a pressão baixando o padrão. Em um estudo contraintuitivo, o autor de *Tropeçar na felicidade* e erudito Dr. Daniel Gilbert e seus colegas exibiram a um participante um filme "quatro estrelas" e a três outros um filme "duas estrelas", e descobriram que o participante que tivera uma experiência separada e "melhor" "se sentiu excluído durante a interação social subsequente, e isso fez com que se sentisse pior do que os participantes que tinham tido uma experiência mediana".[33]

De fato, tentar ter conversas do outro mundo — quando queremos parecer impressionantes, extraordinários ou superinteligentes — "pode transformar as pessoas que as iniciam em estranhos para todos os outros na Terra".[34] Em resumo, quando estamos acostumados a exigir muito, baixar o padrão pode parecer errado, mas permite que mais amigos e potenciais amigos participem.

Como ter conversas mais profundas

Em seguida, a revelação deve se intensificar ao longo do tempo.

Você pode compartilhar sua vida em vários níveis.[35] O que você compartilha com seu chefe naturalmente será diferente do que compartilha com o motorista do Uber, a Angela do marketing, seu colega de tênis, o amigo que conhece há vinte anos ou seu parceiro de vida.

Mas, quando nos cobramos demais, às vezes ficamos empacados. Queremos aprofundar nossos relacionamentos, mas nos sentimos presos na superfície. Abaixo há revelações com níveis cada vez mais profundos:

SAUDAÇÃO: (*Amigos se cumprimentam. Todo mundo continua andando.*)

- "Que bom ver você."
- "Graças a Deus é sexta-feira!"

CONVERSA SUPERFICIAL: (*Algumas palavras sobre o trânsito, o clima ou o time local.*)

- "Você ficou preso no engarrafamento da ponte hoje de manhã?"
- "Parece que vai chover à tarde, mas até que seria bom!"

PERGUNTAS E COMENTÁRIOS UNIVERSALMENTE ACEITOS (NÃO PESSOAIS): (*Mais substância, mas nada pessoal é revelado.*)

- "Onde você comprou esses sapatos incríveis?"
- "Aquele café serve bagels do tamanho de uma calota de carro."

- "O ortodontista do meu filho acabou de comprar um carro autônomo."

REVELAÇÕES PESSOAIS UNIVERSALMENTE ACEITAS: (*Permite que o ouvinte saiba um pouquinho sobre sua vida, mas amplamente coisas socialmente aceitas e não emocionais. Algumas maçanetas. Flerta com a vulnerabilidade.*)

- "Me inscrevi para minha primeira corrida de 5 quilômetros em março."
- "Levei minha sobrinha ao aquário no sábado e fiquei enfeitiçado com os pinguins. Poderia ter passado uma hora os observando."
- "Fui a uma loja no domingo à tarde e estava uma loucura tão grande que, quando cheguei em casa, precisei me deitar um pouco."

REVELAÇÕES PRIVADAS E PESSOAIS: (*Revela um problema ou insegurança, pede ajuda ou apoio, permite que o ouvinte participe mais profundamente de sua vida. Muitas maçanetas. Assinala confiança. Solidamente vulnerável.*)

- "Estou tendo problemas com a mania de responder do meu filho de 8 anos. Já tentei de tudo e não sei mais o que fazer."
- "Menina, você não sabe o que o chefe acabou de me dizer."
- "Fico me perguntando se não estou me sabotando com esse trabalho ao dizer para mim mesmo que funciono melhor sob pressão."
- "Tenho que fazer uma apresentação em vinte minutos e acho que vou vomitar. Vou me trancar no banheiro e respirar fundo por alguns minutos."

REVELAÇÕES PROFUNDAMENTE PRIVADAS E PESSOAIS: (*Revela pensamentos e sentimentos que poderiam resultar em julgamento ou rejeição, mas revelá-los assinala que você confia que o ouvinte não fará isso. Altamente vulnerável.*)

- "Acho que preciso parar de beber."
- "Pensei que perder 23 quilos no ano passado solucionaria num passe de mágica todos os meus problemas, mas ainda me sinto mal."
- "Gosto muito de você."
- "Sinceramente, isso me deixa com muita inveja."

REVELAÇÕES MAIS PROFUNDAS: (*Revela emoções profundas que podem nunca ter sido expressas antes.*)

- "Nunca contei isso para ninguém, mas…"
- "Não aguento mais isso."
- "Confio em você mais do que jamais confiei em alguém."

O nível mais profundo é reservado aos relacionamentos mais próximos, como um parceiro ou melhor amigo de muitos anos, mas você pode ter notado a profundidade dos dois ou três níveis antes disso. Isso nos leva à vulnerabilidade. Ela é a disposição de demonstrar e expressar pensamentos e emoções que podem resultar em crítica ou rejeição. Mas tanto o que dizemos como a forma como dizemos indicam: "Ei, estas são coisas que costumo manter em segredo."

O perfeccionismo nos manda ser impressionantes em vez de reais, competentes em vez de comuns, o que pode fazer com que sintamos estar interpretando um papel para nossos amigos, em vez de compartilhando com eles. Ele também nos manda ser adequados, fazer as coisas direito. Mas aproximar-se significa vulnerabilidade: deixar que as pessoas vejam parte da bagunça.

Mostrar-se vulnerável enriquece o relacionamento com alguém que você gostaria de se aproximar — seu parceiro, seu irmão, uma amizade estabelecida que você gostaria de aprofundar, um conhecido que tem potencial para ser amigo. A vulnerabilidade é o umami da conversa: ela torna tudo mais profundo.

E então há a invulnerabilidade. Minha cliente Erin é, por qualquer medida, um sucesso: trabalha muito, cria os filhos, treina para duas maratonas por ano e tem uma movimentada loja no Etsy. Sempre chega impecavelmente maquiada, com roupas de tecidos apropriados à estação e de cores de muito bom gosto. Sabe onde comprar os melhores croissants de chocolate, sabe dizer os novos restaurantes superestimados e, como me informou, o corte de cabelo que mais combina com o formato do meu rosto. Sabe que suas opiniões parecem críticas, mas prefere pensar em si mesma como sofisticada. "Sou uma maximizadora", proclamou.

Mas Erin é muito solitária. Em meu consultório, questionou sua posição, comparando-se com amigos e colegas. Sente que mal está se aguentando, fracassando em seu trabalho, seu treinamento, sua loja e com os filhos. É tão ocupada que os amigos desistiram de tentar vê-la. É tão focada em tarefas, que não há momentos livres para os colegas nem para trocar mensagens de texto com os amigos. Entende que sua aparência e sua longa lista de realizações são intimidadoras para muitas pessoas, mas fica irritada quando sugiro que peça ajuda ou demonstre vulnerabilidade. "Eu sou assim. Se as pessoas não conseguem lidar com isso, o problema é delas."

A agenda lotada, as críticas, as comparações e a invulnerabilidade geral são tijolos do muro que separa Erin da potencial comunhão. Às vezes, temos motivo para manter certas coisas em segredo ou fingir que estamos bem, mas, para Erin, a própria sofisticação que a destaca a isola, fazendo com que se sinta distante e desconectada.

Então como a vulnerabilidade funciona? Primeiro, ela não se relaciona ao assunto, *per se*. Você pode conhecer alguém que menciona despreocupadamente seu adultério, sua sentença de prisão ou seu vício nas primeiras conversas. Mas, se é fácil falar a respeito, não é vulnerabilidade. Em contraste, outras preferem comer um punhado de vidro moído a contar que não têm planos para o fim de semana ou que comeram pizza congelada duas vezes na semana em vez de cozinhar. A vulnerabilidade tem a ver com aquilo que achamos objetável, constrangedor ou vergonhoso a respeito de nós mesmos. É o que poderia nos expor ao ridículo ou à crítica.

Em seguida, como você revela algo vulnerável é tão importante quanto o que revela. Se tentamos ser vulneráveis com um tom despreocupado e blasé, nosso interlocutor seguirá nossa dica e provavelmente obteremos uma resposta despreocupada e blasé.*

Mas, quando usamos sinais não verbais de constrangimento ou vergonha — nervosismo evidente, bater a mão na testa, revirar os olhos para nós mesmos —, nos expomos mais de forma mais efetiva. Nossos sinais dizem "Que coisa mais constrangedora de se admitir". Eu coloco as mãos no rosto, como em *O grito*, quando revelo algo vulnerável.

Esses sinais vergonhosos são vitais porque mostram duas coisas.[36] A primeira é confiança. Não estamos nos escondendo. Quando compartilhamos dúvidas, erros, inseguranças ou medos com alguém sem surtar ou culpar outrem, assinalamos que confiamos na pessoa. A segunda é a igualdade. Revelações vulneráveis mostram que somos iguais em nossa falibilidade humana. Não somos especiais. Não somos melhores ou separados. A revelação vulnerável evita a dinâmica especialista-novato e sinaliza: "Eu e você somos iguais."

Erin não queria ouvir nada disso. Se sentia muito mais confortável dando conselhos ou "ajudando" os amigos a resolverem seus problemas. Não via nada de errado nisso, porque era sempre amorosa e encorajadora, e seus conselhos na maioria das vezes eram certeiros: "Sua carta de apresentação tem mais chances de ser lida se você se dirigir a uma pessoa em particular, e não 'a quem interessar possa.'"

Mas dar conselhos encorajadores sem revelar nada sobre os próprios problemas assinalava que ela era uma mentora ou treinadora — um relacionamento desigual —, e não uma amiga, uma igual. Além disso, um estudo da Escola de Negócios de Harvard descobriu que ocultar informações, mesmo sobre coisas dúbias (sonegar impostos, usar drogas), faz

---

* Isso às vezes pode ter utilidade. A diferença verbal/não verbal pode ser útil para remover a vulnerabilidade. Pense na enfermeira pragmática de seu último teste de Papanicolau ou de próstata: "Tire a roupa e ponha este avental, por favor." No consultório, usar um tom direto comunica: "Isto não é constrangedor nem vergonhoso; vamos fazer o que precisa ser feito", o que nos gera uma resposta igualmente tranquila: colocamos o avental e não surtamos.

com que os outros nos julguem mais negativamente do que se tivéssemos confessado.[37] É contraintuitivo: achamos que disfarçar o comportamento questionável causaria uma impressão melhor, mas é visto como se estivéssemos tentando escondê-lo, o que é pior. Devemos correr o risco de ser julgados revelando nossas fraquezas? Sim. O risco social de ocultá-las é ainda maior? Sim, também.

Nos sentimos próximos das pessoas em quem confiamos e que são nossas iguais.[38] E com frequência ouvimos histórias parecidas em resposta. Quando uma das amigas de Erin passou a ser ignorada pelo homem promissor com quem estava saindo, Erin, após ouvir com empatia, decidiu revelar que o mesmo já acontecera consigo e que ficara muito magoada. Em vez de olhar para ela com pena, como Erin esperava, a amiga confessou suas dúvidas, e as duas terminaram conversando com mais profundidade que haviam feito em anos. Erin veio para sua sessão na semana seguinte, muito bem-vestida e maquiada como sempre, mas aparentava mais feliz que o normal, e admitiu, com um tom rabugento falso: "Está bem, está bem, você tinha razão."

> **EXPERIMENTE:** Observe o que acontece quando você oferece conselhos não solicitados. Perceba o que acontece quando ouve com atenção e então oferece uma maçaneta pessoal ou vulnerável. Preste atenção no que acontece quando revela algo um pouco mais vulnerável que o comum, tendo em mente o contexto de seu relacionamento (isto é, seu chefe *versus* seu melhor amigo *versus* alguém que acabou de conhecer).

Juntando tudo

Eis um desafio para você: escolha uma, duas ou várias pessoas em sua vida das quais gostaria de se sentir mais próximo e tente revelar um pouquinho mais sobre você. O Dr. Thomas Lynch chama essa habilidade de O Mesmo Mais Um.[39] Ofereça uma maçaneta. Dê às pessoas algo com que trabalhar. Observe com atenção como respondem. Então responda: "Eu aceito e aumento a aposta." Iguale o nível de revelação da pessoa e então vá um pouquinho além — essa é a parte Mais Um. Se receber algo mais ou menos equivalente em troca — a revelação é recíproca —, continue enquanto se sentir confortável. Com o tempo e repetidas conversas — a revelação é gradual —, vocês construirão conexão, apoio e cuidado.

Por exemplo, se você costuma se manter superficial com a recepcionista do escritório, mas acha que ela tem uma energia boa e gostaria de conhecê-la melhor, experimente uma pequena revelação. Se seu relacionamento com uma amiga que conhece há anos chegou a um platô, tente fazer uma revelação maior que o usual. Você decide quão fundo deve chegar com qualquer um, de um estranho a seu cônjuge.

Quanto a Jamila, ela é a primeira a admitir que ainda está trabalhando nisso. Ainda não dançou de calcinha com as amigas, embora reconheça que esse é um padrão bem elevado. Mas, quando ela e uma colega de estudos estavam fazendo um lanche após se prepararem durante horas para a prova sobre romances do século XIX, Jamila revelou que gostaria de não ter passado tanto tempo estudando na faculdade. Se pudesse fazer tudo de novo, passaria mais tempo de bobeira com as amigas, brincando e comendo batata frita com queijo no meio da noite, como estavam fazendo naquele momento. A colega de estudos respondeu com os próprios arrependimentos: um relacionamento intenso que consumiu todo o seu primeiro ano, um semestre equivocado em Florença que a fez se sentir solitária e deprimida. Terminaram conversando durante duas horas, enquanto a prova se aproximava minuto a minuto. Mas, pela primeira vez, Jamila não se importou. Batatatinhas com queijo e uma potencial nova amiga eram mais importantes.

Epílogo
Autoaceitação para autocríticos

Tom Junod aceitou o projeto de 1998 da *Esquire* com relutância. Ele era conhecido por escrever matérias sisudas e críticas e tinha orgulho de sua reputação de "dizer o indizível".[1] Sua primeira matéria de capa resultara em uma ameaça de boicote à revista e críticas ultrajadas.[2] Para ele, assumir o projeto de capa sobre Fred Rogers, "o homem mais agradável do mundo",[3] era consideravelmente fora da curva.

Ao mesmo tempo, aos 40 anos, Junod se perguntava em segredo se sua celebrada reputação não custara a própria humanidade.[4] Suas matérias soturnas e cruéis haviam cobrado um preço. Junod tinha 12 anos quando *Mister Rogers' Neighborhood* foi ao ar — velho demais para Daniel Tiger e King Friday. Mas um colega mais jovem, que cresceu assistindo ao programa, havia falado do perfil de Rogers com evidente paixão, chamando-o de herói americano. Tom decidiu, então, aceitar o projeto.

Como ele descobriu, Fred Rogers tinha um pequeno apartamento na Fifty-Sixth Street, na esquina da redação da *Esquire*. Junod telefonou para Rogers no fim de tarde e perguntou se podia entrevistá-lo. "Bom, Tom, se você não se importar de eu estar de roupão", respondeu ele. Rogers tinha 68 anos e o hábito de cochilar à tarde. "Mas você pode vir a hora que quiser."[5]

Cinco minutos depois, Junod bateu à porta e:

> [...] *lá estava o Sr. Rogers, de cabelos prateados, parado na porta dourada ao fim do corredor, de óculos e mocassins de camurça com cadarços de couro cru, bem como um velho e fino roupão azul e amarelo que revelava a parte de suas panturrilhas brancas e finas que não estava escondida pelas meias azul-escuras. "Bem-vindo, Tom", disse com uma leve reverência, convidando-me a segui-lo até o interior de sua casa, onde se deitou — não, se esticou, como se me conhecesse a vida toda.*[6]

Vinte minutos depois, o Sr. Rogers ouvia Junod contar sobre seu amado bicho de pelúcia da infância, o Coelho Velho. Ao fim da entrevista, durante a qual Rogers aprendeu mais sobre Junod que o contrário, Rogers tirou uma foto dele com uma câmera Instamatic. Ele queria mostrar à esposa a pessoa com quem se conectara naquele dia. Mais tarde, Junod escreveu: "Há uma energia nele [...] uma valentia, uma desavergonhada insistência na intimidade."[7] Ele lembrou: "Não foi um processo longo [...] aconteceu imediatamente."[8] Como Rogers fazia isso? Mais de vinte anos depois, Tom escreveria, falando daquele primeiro encontro: "Tento descobrir isso há muito tempo."[9]

Os padrões exigentes, o ímpeto e a consideração de cada detalhe, características muito conhecidas de Rogers, poderiam tê-lo levado por um caminho muito diferente. Ele poderia ter usado a matéria de capa da *Esquire* para promover a si mesmo e a seu trabalho, conquistar outro marco de sucesso ou compensar alguma desvantagem percebida de sua infância solitária.[10] Poderia ter tentado impressionar Junod ou interpretado o papel de Homem Mais Agradável do Mundo. Mas não fez isso. Correu a toda a velocidade na direção do que era significativo para ele: a conexão humana. Demonstrou interesse genuíno por Tom. Lembra-se das palavras de Rogers para Tom Junod mencionadas no início do livro? "Veja o nosso caso. Acabei de conhecê-lo, mas estou verdadeiramente interessado em quem você é e em quem será, e é maior que eu, não consigo evitar."[11]

Depois da morte de Rogers em 2016, Junod escreveu: "Ele me deu muito, toda aquela confiança e amizade, sem exigir que eu as merecesse."[12]

Um velho amigo de Rogers, Eliot Daley, certa vez refletiu sobre a energia imprecisa que confundira Junod durante vinte anos:

Eu o descreveria como exemplo perfeito de "Ele é exatamente o que transparece", com uma exceção. O que a maioria das pessoas não via em Fred era seu enorme poder. Poder. Com P maiúsculo. Fred foi a pessoa mais poderosa que já conheci na vida. [...] Conheci muitas pessoas que o mundo considera poderosas. Nenhuma delas chegava aos pés de Fred [...] Seu poder vinha de um lugar realmente único. Era sua absoluta autossuficiência, que é muito diferente de agir só em interesse próprio, autossatisfação ou egoísmo. Ele não precisava de nada vindo de mim ou de você. Recebia com gratidão, mas não precisava.[13]

Em outras palavras, sentia que era suficiente. Além disso, distribuía com generosidade essa sensação para todos à sua volta: eles eram suficientes, ponto. Durante os momentos finais de gravação de um episódio, enquanto o Sr. Rogers tirava o tênis e pendurava o suéter como de costume, ele olhou para fora do palco e viu François Clemmons, o ator que interpretou o Oficial Clemmons por 25 anos. Rogers disse sua última fala do programa: "Você torna cada dia especial só por ser você, e eu gosto de você exatamente do jeito que é."

Enquanto Rogers saía do set, Clemmons perguntou: "'Fred, você estava falando comigo?' E ele respondeu 'Sim, venho falando com você há anos. Mas hoje você me ouviu'. Era como me dizer que eu era um bom ser humano. Foi uma das experiências mais significativas que já tive."[14] Mesmo com toda a sua quieta autoconfiança, Fred Rogers estava 100% livre de dúvidas, problemas ou autocrítica? Óbvio que não. Lembra-se do zangado fluxo de consciência em letras maiúsculas enquanto ele procrastinava a escrita de um roteiro? DEPOIS DE TODOS ESSES ANOS, AS COISAS CONTINUAM SENDO DIFÍCEIS.[15] Problemas muito humanos assolaram Rogers durante toda a sua vida. Quando criança, ele era obeso, superprotegido, solitário e doente, tendo "toda doença infantil imaginável".[16] Sofreu bullying, foi perseguido até em casa com provocações como "Ei, Freddy gordo! Vamos pegar você, Freddy!".[17] Mais desafios surgiram ao longo das décadas. Apesar de sua virtuosidade com crianças pequenas, Rogers ficava "perplexo" com adolescentes, incluindo seus filhos.[18] Quando sua esposa, Joanne, descobriu que os filhos Jim e John estavam plantando maconha no porão,[19] ela achou graça no raciocínio empreendedor deles, mas Fred ficou furioso. Teve uma vez que John destruiu o carro em uma estrada congelada, e Fred ficou tão zangado que eles "gritaram um com o outro durante uma hora",[20] segundo John. A vida aconteceu, e aconteceu até o fim, quando uma dolorosa batalha contra o câncer de estômago incluiu a remoção cirúrgica do órgão.[21]

Mas, assim como Rogers, não precisamos superar a autocrítica ou livrar nossa vida de toda a dor num passe de mágica antes de correr a toda velocidade na direção do que achamos importante. Não precisamos fazer mudanças antes de escolher o que é significativo. Podemos nos comparar o tempo todo com os outros, carregar um livro interno de regras tão extenso quanto *Guerra e paz* e manter um diagrama de Venn que sobrepõe com perfeição autoestima e realizações, e ainda assim decidir priorizar a conexão, como Fred Rogers, ou nossos equivalentes, quaisquer que sejam. Como meu velho amigo, o Dr. Michael Twohig, resumiu, "um pensamento perfeccionista não é bom ou ruim em si; tudo depende do que você faz com ele".[22]

Como mencionei na Introdução, a palavra *perfeição* vem do grego *teleiōsis*. A raiz, *telos*, tradicionalmente significava "objetivo". Mas as traduções mais modernas começaram a interpretá-la como "propósito".[23]

A tradução antiga, "objetivo", implica "o quê". Qual é o fim a ser atingido? Mas a nova interpretação, "propósito", é "por quê". *Por que* você está fazendo isso? É a francesa *raison d'être*, o conceito japonês de *ikigai* ou a noção universal daquilo que nos tira da cama de manhã.

O propósito não é descoberto todo de uma vez, como uma arca do tesouro, nem é algo que guardamos para nós mesmos, sem conexão ou benefício para os outros. Ele é uma noção sempre em evolução do que é importante para você. De *quem* é importante para você. Não confunda o que precisa ser feito com como você quer viver a vida.

E quanto aos inevitáveis problemas que vão surgindo pelo caminho? E quanto às pequenas e grandes irritações da vida, que nosso cérebro focado em falhas está programado para ver? Um de meus supervisores me aconselhou a ensinar os clientes a tratarem seus problemas como um animalzinho — um hamster peludo, uma salamandra serpenteante ou um pássaro canoro — a ser manuseado com leveza. Com um pequeno animal, se somos firmes e rígidos demais, criamos uma grande bagunça. Mas tampouco podemos fingir que eles não estão ali. Então, leve seus problemas a sério, mas não a sério demais. Honre-os, cuide deles, mas segure-os com leveza. Os problemas fazem parte da vida.

No início do livro, contrastamos o perfeccionismo clínico — aquele que custa mais do que conquista — com o adaptativo, que conquista mais do que custa. Eles não são assim tão diferentes, mas estão bem distantes. Alguns pequenos ajustes bastam para modificar nossa trajetória. Pense em Gus canalizando a energia de "Olha que coisa bacana que eu encontrei!" durante sua apresentação em vez de exibir rigidamente os slides com o objetivo de impressionar. Pense em Francesca aceitando o vento na fazenda de abóboras em vez de tentar se apegar à sua ideia de mesa perfeita e digna do Pinterest. Pense em Carter cuidando da namorada doente não porque estava tentando desempenhar o papel de "bom namorado", mas porque quis passar o sábado administrando analgésico e água tônica. Pense em Jamila timidamente contando à parceira de estudos que se arrependia de ter se esforçado tanto durante a faculdade em vez de ter priorizado as amizades, resultando em uma conversa de duas horas, acompanhada de batata frita com queijo, sobre o que elas fariam diferente se estivessem no primeiro ano e soubessem o que sabem agora. No perfeccionismo adaptativo, ainda rebatemos a bola com perfeição, mas ela segue uma trajetória muito diferente.

Quanto a mim, ainda sou perfeccionista — ainda tenho padrões elevados e espero muito de mim mesma. Como disse no início, *Não se cobre tanto* era o livro de que eu precisava *neste momento* da minha vida. E, durante a pesquisa, a escrita e a tentativa de viver os conceitos que descobria, senti minha mentalidade mudar em relação ao "pacote". Erros fazem parte do pacote de tentar algo novo. Falhas vergonhosas de comunicação fazem parte do pacote dos relacionamentos próximos. A autocrítica faz parte do pacote do meu cérebro, mas isso não significa que eu tenho que dar ouvidos a ela. Sempre ter mais a fazer é parte do pacote de ter uma vida rica e agitada. Não preciso levar nenhum desses subprodutos — falhas de comunicação, erros, autoculpabilização, coisas que ainda não foram feitas — a sério demais, porque eles são parte natural do que acontece enquanto corro na direção do meu propósito.

Às vezes, antigos "deveres" aparecem e me desviam do curso, como uma bússola perto de um imã muito forte. E, às vezes, flagro meu cérebro transformando valores em regras: "Isso é significativo para mim, então *tenho que* fazer." Não estou fazendo as coisas como deveria propriamente dizendo, mas, paradoxalmente, essa é a questão.

E você? Você trabalhou muito duro. Demore-se em seus pontos fortes, honre tudo que já faz tão bem, respeite a genética, o temperamento e as experiências de vida que o tornaram quem é. Pense nas suas características incríveis: eficiência, empatia e uma forte ética de trabalho em relação àquilo que faz tão bem. Há muitas maneiras de evoluir. Mas você já está se saindo muito bem.

Se você não precisasse de melhorias, não tivesse nada a provar e absolutamente não tivesse que trabalhar ainda mais duro — em resumo, se soubesse ser suficiente do jeito que é —, o que você estaria fazendo de sua vida? Se o que vem a seguir dependesse só de você, o que faria?

Adivinhe: depende só de você. Seja bem-vindo à sua vida. O que você vai fazer primeiro?

Agradecimentos

Este livro foi mais difícil de escrever que *Como ser você mesmo* — uma pandemia global, uma concussão grave e um assunto acadêmico mais espinhoso foram desafios ao longo do caminho. Mas tive a tremenda sorte de poder contar com muitas pessoas, e sou grata a todas elas.

Comecemos com a equipe da St. Martin's Press. A editora executiva Anna DeVries operou milagres e melhorou muito este livro. Gostaria de escrever "obrigada" no céu para Jamilah Lewis-Horton, Sara Beth Haring, Sophia Lauriello, Sallie Lotz, Cassie Gutman e Laury Frieber. Sou grata a Kathy Doyle pelos dez anos em minha defesa.

A equipe de milhões da Aevitas Creative Management foi melhor que meus sonhos mais desvairados. Meu agente, Todd Shuster, é tanto um defensor incansável quanto um cavalheiro perfeito. A equipe incluiu, ao longo dos anos, Justin Brouckaert, Jack Haug, Lauren Liebow, Erica Bauman e Erin Files. Eles mantiveram o projeto em dia e ainda fizeram tudo parecer fácil. À Dra. Lisa Smith, ao Dr. David Barlow e a todo mundo da CARD: muito obrigada pelo contínuo apoio a meu caminho profissional não muito tradicional.

A talentosa e generosa Diana Howard criou as limpas e belas ilustrações de ambos os livros. Obrigada, obrigada!

Muita gratidão aos amigos que com generosidade foram meus primeiros leitores: Karen Adler, Ali Asgar Alibhai, Julia Altenbach, Aaron Cohn, Naomi Darom, Doron Gan, Noa Kageyama, Pia Owens, Beth Shikatani e Sharvari Tamhankar. Vocês têm grandes cérebros e corações ainda maiores.

Minha colega de livros Anna Goldfarb ofereceu apoio, entusiasmo e amor, tanto severo quanto fofinho. Viktoria Shulevich fez maravilhas com seu feedback perspicaz — sempre serei muito grata!

Obrigada a meu grupo de mentores nos últimos seis anos: Noa Kageyama, Chris Howes e Jason Haaheim. Vocês são todos brilhantes e impressionantes. Obrigada a meu grupo de apoio ao autor, especialmente Marisa G. Franco, por me convidar a participar e me conectar a essa comunidade.

Sou grata a Jade Wu por carregar a tocha e por seu contínuo trabalho de equipe, a Naomi Dunford por seus conselhos certeiros, a Sadie Hall por sua colaboração e a Jesse Crosby por sua compassiva aceitação.

Muito obrigada aos pesquisadores, clínicos, psicólogos em supervisão e indivíduos que conversaram comigo por horas a fio e me emprestaram seu conhecimento e sua experiência: Eve-Marie Blouin-Hudon, Jesse Crosby, Josh Curtiss, "Eunice", Angelina Gomez, Andrew Hill, Jennifer Hudson, Thomas Lynch e Erica Smith Lynch, Allan Mallinger, Jennifer Mitchell, Clarissa Ong, Tricia Park, Osiris Rankin, AJ Rosselini, Roz Shafran, Beth Shikatani, Martin Smith, Mike Twohig e Aleena Hay Wickham.

Alguns exemplos deste livro foram retirados de clientes atendidos por alunos de psicologia e terapeutas em início de carreira que supervisiono e que trabalham sob os auspícios de minha licença. O crédito face a face, sessão a sessão vai diretamente para Kristy Cuthbert, Stephanie DeCross, Liz Eustis, Ally Hand, Peter Luehring-Jones, Elliot Marrow, Danielle Moskow, Maya Nauphal, Osiris Rankin, Stephanie Steele, Nadine Taghian e Erin Ward-Ciesielski.

Como rata de biblioteca, agradeço às Bibliotecas da Universidade de Boston e à Biblioteca Pública de Cambridge.

Estendo minha sincera gratidão a meus clientes. Embora a confidencialidade me impeça de nomeá-los, por favor saibam que sua coragem, resiliência e receptividade me inspiraram profundamente. Obrigada por permitirem que eu fosse parte de suas vidas e por me ensinarem. Este livro é um testamento de sua força e seu crescimento.

Meus pais, Sharon e Dan Hendriksen, e meu irmão Stephen Hendriksen fizeram breves participações neste livro, mas são uma presença constante e encorajadora em minha vida. Suzanne Park tem sido infinitamente generosa com seu tempo e sua casa. Este livro não existiria sem o apoio, o amor e a tolice de Nicolas Currier e Adrien e Davin Currier. Amo vocês.

Para todo leitor e ouvinte, dos seguidores de *Savvy Psychologist* desde o primeiro episódio até o leitor que acabou de me conhecer, obrigada do fundo do coração. Vocês são a força motriz por trás de cada palavra escrita. Eu me sinto muito grata por ter feito esta jornada ao seu lado.

Notas

PRÓLOGO

1. GABLER, Neal. *Walt Disney: o Triunfo da Imaginação Americana*. São Paulo: Novo século, 2020.
2. GLOVER, Erin. "Opening Night, 1937: 'Snow White and the Seven Dwarfs' Premieres at Carthay Circle Theatre", *Disney Parks Blog*, 21 de dezembro de 2011, https://disneyparks.disney.go.com/blog/2011/12/opening-night-1937-snow-white-and-the-seven-dwarfs-premieres-at-carthay-circle-theatre/.
3. GABLER, *Ibid*, p. 440.
4. *Ibid*, p. 441.
5. *Ibid*, p. 443.
6. *Ibid*, p. 412.
7. *Ibid*, p. 436.
8. *Ibid*, p. 440.
9. *Ibid*, p. 437.
10. Wikipédia, s.v. "Snow White and the Seven Dwarfs", versão 1937 acessado em 7 de janeiro de 2024, https://en.wikipedia.org/w/index.php?title=Snow_White_and_the_Seven_Dwarfs_(1937_film)&oldid=1194158663.
11. GABLER. *Walt Disney*, p. 930.
12. *Ibid*, p. 748.
13. *Ibid*, p. 749.
14. *Ibid*, p. 1000.

15. *Ibid*, p. 1001.
16. *Ibid*, p. 752.
17. "Josie Carey Interview, by Karen Herman for The Interviews: 25 Years", *Television Academy*, 23 de julho de 1999, http://televisionacademy.com/interviews.
18. KING, Maxwell. *The Good Neighbor: The Life and Work of Fred Rogers*. Nova York: Abrams, 2018, p. 108.
19. KING. *The Good Neighbor*, p. 144.
20. LAST, Jonathan V. "Mr. Rogers' Legacy: 895 Episodes of Lessons", *Philadelphia Inquirer*, 12 de junho de 2011, https://www.inquirer.com/philly/opinion/currents/20110612_MrRogerslegacy895_episodes_of_lesons.html.
21. KING. *Ibid*, p. 179.
22. *Ibid*, p. 179.
23. *Ibid*, p. 117.
24. *Ibid*, p. 193.
25. *Ibid*, p. 187.
26. NEVILLE, Morgan. *Fred Rogers – O padrinho da criançada*. Los Angeles: Tremolo Productions, 2018.
27. KING. *The Good Neighbor*, p. 307.
28. *Ibid*, p. 326.
29. NEVILLE, *Fred Rogers – O padrinho da criançada* 2018 — Cena do Rogers & Jeff Erlanger (8/10)", vídeo do YouTube, 3:23, postado por Movieclips, 10 de janeiro de 2019, https://www.youtube.com/watch?v=USWXF1XW2zo.
30. "Fred Rogers Inducted into the TV Hall of Fame". Vídeo do Youtube, 5:59, postado por Julian Park, 9 de abril de 2012, https://www.youtube.com/watch?v=TcNxY4TudXo.
31. NEVILLE, *Fred Rogers – O padrinho da criançada* 2018 — Cena do Officer Clemmons (5/10)". Vídeo do Youtube, 2:41, postado por Movieclips, 10 de janeiro de 2019, https://www.youtube.com/watch?v=K6O_Ep9bY0U.
32. CLEMMONS, François S. *Officer Clemmons: A Memoir*. Nova York: Catapult, 2021.

33. JUNOD, Tom "Can You Say [...] 'Hero'?". *Esquire*, 1º de novembro de 1998, http://classic.esquire.com/article/1998/11/1/can-you-say-hero.
34. "Koko the Gorilla Meets Mister Rogers (Mr. McFeely Interview)". Vídeo do Youtube, 3:44, 22 de dezembro de 2021, https://www.youtube.com/watch?v=93gCILhqIvA.
35. JUNOD. "Can You Say [...] 'Hero'?"
36. HOLLENDER, Marc H. "Perfectionism", *Comprehensive Psychiatry* 6, n. 2, 1965: 94–103, https://doi.org/10.1016/s0010-440 x(65)80016-5.
37. IRANZO-TATAY, Carmen *et al.*, "Genetic and Environmental Contributions to Perfectionism and Its Common Factors", *Psychiatry Research* 230, n. 3, 2015: 932–39, https://doi.org/10.1016/j.psychres.2015.11.020; MOSER, Jason S. *et al.*, "Etiologic Relationships Between Anxiety and Dimensions of Maladaptive Perfectionism in Young Adult Female Twins: Twins, Anxiety e Perfectionism". *Depression and Anxiety* 29, n. 1, 2012: 47–53, https://doi.org/10.1002/da.20890; SMITH, Martin M. *et al.*, "Perfectionism and the Five-Factor Model of Personality: A Meta-Analytic Review", *Personality and Social Psychology Review* 23, n. 4, 2019: 367–90, https://doi.org/10.1177/1088868318814973; TOZZI, Federica *et al.*, "The Structure of Perfectionism: A Twin Study", *Behavior Genetics* 34, n. 5, 2004: 483–94, https://doi.org/10.1023/b:bege.0000038486.47219.76; WADE, Tracey D. e BULIK, Cynthia M. "Shared Genetic and Environmental Risk Factors between Undue Influence of Body Shape and Weight on Self-Evaluation and Dimensions of Perfectionism". *Psychological Medicine* 37, n. 5, 2007: 635, https://doi.org/10.1017/s0033291706009603.
38. CURRAN, Thomas. *A armadilha da perfeição*: o poder de ser bom o suficiente em um mundo que sempre quer mais. Rio de Janeiro: Fontanar, 2023. CURRAN, Thomas e HILL, Andrew P. "Perfectionism Is Increasing over Time: A Meta-Analysis of Birth Cohort Differences from 1989 to 2016", *Psychological Bulletin* 145, n. 4, 2019: 410–29, https://doi.org/10.1037/bul0000138; HILL A. e GRUGAN, M., "Introducing Perfectionistic Climate", *Perspectives on Early Childhood Psychology and Education* 4, n. 2, 2020: 263–76.
39. CURRAN e HILL, "Perfectionism Is Increasing over Time."

FONTES ADICIONAIS: "Mister Rogers' Neighborhood Death of a Gold Fish 1101." Vídeo do Vimeo, postado em 28 de janeiro de 2016. https://vimeo.com/153417661 (página descontinuada).
NUGENT, Frank S. "The Music Hall Presents Walt Disney's Delightful Fantasy, 'Snow White and the Seven Dwarfs' — Other New Films at Capitol and Criterion", *New York Times*, 14 de janeiro de 1938.

CAPÍTULO 1: COMO NOS VEMOS

1. STOEBER, Joachim e OTTO, Kathleen. "Positive Conceptions of Perfectionism: Approaches, Evidence, Challenges", *Personality and Social Psychology Review* 10, n. 4, 2006: 295–319, https://doi.org/10.1207/s15327957pspr1004_2.
2. DUCKWORTH, Angela L. *et al.*, "Who Does Well in Life? Conscientious Adults Excel in Both Objective and Subjective Success", *Frontiers in Psychology* 3, 2012: https://doi.org/10.3389/fpsyg.2012.00356.
3. WESLEY, John. *A Plain Account of Christian Perfection, 1777, por: John Wesley*. North Charleston: CreateSpace, 2017; Online Etymology Dictionary, "Conscientious", acessado em 22 de outubro de 2023, https://www.etymonline.com/word/conscientious.
4. SAMUEL, Douglas B. *et al.* "A Five-Factor Measure of Obsessive-Compulsive Personality Traits", *Journal of Personality Assessment* 94, n. 5, 2012: 456-65, https://doi.org/10.1080/00223891.2012.677885; CARTER, Nathan T *et al.*, "The Downsides of Extreme Conscientiousness for Psychological Well-being: The Role of Obsessive Compulsive Tendencies" *Journal of Personality* 84, n. 4, 2016: 510-22, https://doi.org/10.1111/jopy.12177. CATTELL, Raymond Bernard e KLINE, Paul *Scientific Analysis of Personality and Motivation*. San Diego: Academic Press, 1977. ENNS, Murray W. e COX, Brian J., "The Nature and Assessment of Perfectionism: A Critical Analysis", in *Perfectionism: Theory, Research and Treatment*, editado por G. L. Flett e P. L. Hewitt. Washington: American Psychological Association, 2002, 33–62; HEWITT, Paul L. e FLETT, Gordon L., "When Does Conscientiousness Become Perfectionism? Traits, Self-Presentation Styles and Cognitions Suggest a Persistent Psychopathology", *Current Psychiatry* 6, n. 7, 2007: 49–60.

5. SHAFRAN, Roz; COOPER, Zafra e G. FAIRBURN, Christopher. "Clinical Perfectionism: A Cognitive-Behavioural Analysis", *Behaviour Research and Therapy* 40, n. 7, 2002: 773-91, https://doi.org/10.1016/s0005-7967(01)00059-6; Roz Shafran, em conversa com a autora, 13 de dezembro de 2021.
6. HEWITT, P. L. e FLETT, G. L. "Perfectionism in the Self and Social Contexts: Conceptualization, Assessment and Association with Psychopathology". *Journal of Personality and Social Psychology* 60, n. 3, 1991: 456-70, https://doi.org/10.1037/0022-3514.60.3.456.
7. CURRAN, Thomas. *A armadilha da perfeição: o poder de ser bom o suficiente em um mundo que sempre quer mais.* Rio de Janeiro: Fontanar, 2023.
8. CURRAN, Thomas e HILL, Andrew P. "Perfectionism Is Increasing over Time: A Meta-Analysis of Birth Cohort Differences from 1989 to 2016". *Psychological Bulletin* 145, n. 4, 2019: 410-29, https://doi.org/10.1037/bul0000138.
9. FLETT, Gordon L. e HEWITT, Paul L. *Perfectionism in Childhood and Adolescence: A Developmental Approach.* Washington: American Psychological Association, 2022.
10. SMITH, Martin M. *et al.* "Perfectionism and the Five-Factor Model of Personality: A Meta-Analytic Review", *Personality and Social Psychology Review* 23, n. 4, 2019: 367-90, https://doi.org/10.1177/1088868318814973.
11. HILL, Andrew P. e CURRAN, Thomas. "Multidimensional Perfectionism and Burnout: A Meta-Analysis", *Personality and Social Psychology Review* 20, n. 3, 2016: 269-88, https://doi.org/10.1177/1088868315596286.
12. SMITH, Martin M. e SHERRY, Simon. "Young People Drowning in a Rising Tide of Perfectionism", Conversation, 5 de fevereiro de 2019, http://theconversation.com/young-people-drowning-in-a-rising-tide-of-perfectionism-110343.
13. LIMBURG, Karina *et al.* "The Relationship Between Perfectionism and Psychopathology: A Meta-Analysis", *Journal of Clinical Psychology* 73, n. 1, 2017: 1301-26, https://doi.org/10.1002/jclp.22435.

14. STOEBER, Joachim e HARVEY, Laura N. "Multidimensional Sexual Perfectionism and Female Sexual Function: A Longitudinal Investigation", *Archives of Sexual Behavior* 45, n. 8,2016: 2003–14, https://doi.org/10.1007/s10508-016-0721-7; Kathryn Fletcher *et al.*, "Buffering Against Maladaptive Perfectionism in Bipolar Disorder: The Role of Self-Compassion", *Journal of Affective Disorders* 250, 2019: 132–39, https://doi.org/10.1016/j.jad.2019.03.003. ANTONY, M. M. *et al.*, "Dimensions of Perfectionism Across the Anxiety Disorders", *Behaviour Research and Therapy* 36, n. 12, 1998: 1143–54. ASGARI, Parviz *et al.*, "Effectiveness of Acceptance and Commitment Therapy on Perfectionism and Resilience in Migraine Patients", *International Archives of Health Sciences* 8, n. 3, 2021: 138, https://doi.org/10.4103/iahs.iahs_115_20.

15. Statewide Suicide Prevention Council, *Alaska Suicide Follow-Back Study Final Report*. Juneau: Alaska Department of Health, 2003, http://dhss.alaska.gov/SuicidePrevention/Documents/pdfs_sspc/sspcfollowback 2–07.pdf.

16. BAUMEISTER, R. F. e LEARY, M. R. "The Need to Belong: Desire for Interpersonal Attachments as a Fundamental Human Motivation", *Psychological Bulletin* 117, n. 3, 1995: 497–529, https://doi.org/10.1037/0033-2909.117.3.497.

17. BUECHLER, Jessica. "The Loneliness Epidemic Persists: A Post-Pandemic Look at the State of Loneliness among U.S. Adults", Cigna Group, acessado em 31 de outubro de 2023, https://newsroom.thecignagroup.com/loneliness-epidemic-persists-post-pandemic-look. BLAGDEN, J. TANNER, W. e KRASNIQI, F., "Age of Alienation: Young People Facing a Loneliness Epidemic". Onward, 8 de julho de 2021, https://www.ukonward.com/reports/age-of-alienation-loneliness-young-people.

18. CARNEY, Timothy P. *Alienated America: Why Some Places Thrive While Others Collapse*. Nova York: Harper, 2020; Charles Murray, *Coming Apart*. Nova York: Crown, 2013. PUTNAM, Robert *Bowling Alone: The Collapse and Revival of American Community*. Londres: Simon & Schuster, 2001.

19. "The Facebook Files", *Wall Street Journal*, 15 de setembro de 2021, https://www.wsj.com/articles/the-facebook-files-11631713039.
20. GIBNEY, Elizabeth. "Coronavirus Lockdowns Have Changed the Way Earth Moves", *Nature* 580, n. 7802, 2020: 176–77, https://doi.org/10.1038/d41586-020-00965-x.
21. ABELE, Andrea E. e WOJCISZKE, Bogdan. "Agency and Communion from the Perspective of Self Versus Others", *Journal of Personality and Social Psychology* 93, n. 5, 2007: 751–63, https://doi.org/10.1037/0022-3514.93.5.751.
22. MOSCOVITCH, David A. "What Is the Core Fear in Social Phobia? A New Model to Facilitate Individualized Case Conceptualization and Treatment". *Cognitive and Behavioral Practice* 16, n. 2, 2009: 123–34, https://doi.org/10.1016/j.cbpra.2008.04.002.
23. FRY, Prem S. e DEBATS, Dominique L. "Perfectionism and the Five-Factor Personality Traits as Predictors of Mortality in Older Adults", *Journal of Health Psychology* 14, n. 4, 2009: 513–24, https://doi.org/10.1177/1359105309103571.
24. FROST, Randy O. *et al.* "A Comparison of Two Measures of Perfectionism", *Personality and Individual Differences* 14, n. 1, 1993: 119–26, https://doi.org/10.1016/0191-8869(93)90181-2 DUNKLEY, David M. *et al.* "The Relation Between Perfectionism and Distress: Hassles, Coping e Perceived Social Support as Mediators and Moderators". *Journal of Counseling Psychology* 47, n. 4, 2000: 437–53, https://doi.org/10.1037/0022-0167.47.4.437. STOEBER E OTTO, "Positive Conceptions of Perfectionism". BIELING, Peter J.; ISRAELI, Anne L. e ANTONY, Martin M. "Is Perfectionism Good, Bad, or Both? Examining Models of the Perfectionism Construct", *Personality and Individual Differences* 36, n. 6, 2004: 1373–85, https://doi.org/10.1016/s0191-8869(03)00235-6.
25. Wikipédia, "Christian Perfection", acessado em 12 de novembro de 2023, https://en.wikipedia.org/w/index.php?title=Christian_perfection&oldid=1184836014; Online Etymology Dictionary, "Perfection", acessado em 19 de novembro de 2023, https://www.etymonline.com/word/perfection.

FONTES ADICIONAIS: BASCO, Monica Ramirez. *Never Good Enough: How to Use Perfectionism to Your Advantage without Letting It Ruin Your Life.* Ashland, OR: Blackstone, 2020.

BLATT, Sidney J. "The Destructiveness of Perfectionism: Implications for the Treatment of Depression", *American Psychologist* 50, n. 12, 1995: 1003–20. https://doi.org/10.1037/0003-066x.50.12.1003.

FLETT, Gordon L. e HEWITT, Paul L. (ed.) *Perfectionism: Theory, Research and Treatment.* Washington: American Psychological Association, 2002.

MARTIN, Sharon. *The CBT Workbook for Perfectionism: Evidence-Based Skills to Help You Let Go of Self-Criticism, Build Self-Esteem e Find Balance*. Oakland: New Harbinger, 2019.

MEHTA, Ved. "Casualties of Oxford", *The New Yorker*, 25 de julho de 1993, https://www.newyorker.com/magazine/1993/08/02/casualties-of-oxford.

SMITH, Martin M. *et al.* "The Perniciousness of Perfectionism: A Meta-analytic Review of the Perfectionism–Suicide Relationship". *Journal of Personality* 86, n. 3, 2018: 522–42, https://doi.org/10.1111/jopy.12333.

CAPÍTULO 2: AS MUITAS SALADAS DO PERFECCIONISMO

1. SHAFRAN, Roz; COOPER, Zafra e FAIRBURN, Christopher G. "Clinical Perfectionism: A Cognitive-Behavioural Analysis", *Behaviour Research and Therapy* 40, n. 7, 2002: 773–91, https://doi.org/10.1016/s0005-7967(01)00059-6. SHAFRAN, Roz; EGAN, Sarah J. e WADE, Tracey D. *Overcoming Perfectionism, 2nd Edition: A Self-Help Guide Using Scientifically Supported Cognitive Behavioural Techniques.* Londres: Robinson, 2018.

2. DiBARTOLO, Patricia Marten *et al.* "Shedding Light on the Relationship Between Personal Standards and Psychopathology: The Case for Contingent Self-Worth", *Journal of Rational-Emotive and Cognitive-Behavior Therapy* 22, n. 4, 2004: 237–50, https://doi.org/10.1023/b:jore.0000047310.94044.ac. FROST, Randy O. *et al.*, "The Dimensions of

Perfectionism", *Cognitive Therapy and Research* 14, n. 5, 1990: 449–68, https://doi.org/10.1007/bf01172967. HEWITT, P. L. e FLETT, G. L. "Perfectionism in the Self and Social Contexts: Conceptualization, Assessment e Association with Psychopathology", *Journal of Personality and Social Psychology* 60, n. 3, 1991: 456–70, https://doi.org/10.1037/0022-3514.60.3.456. HEWITT, Paul L. *et al.*, "The Multidimensional Perfectionism Scale: Reliability, Validity e Psychometric Properties in Psychiatric Samples", *Psychological Assessment* 3, n. 3, 1991: 464–68, https://doi.org/10.1037/1040-3590.3.3.464. STÖBER, Joachim "The Frost Multidimensional Perfectionism Scale Revisited: More Perfect with Four (Instead of Six) Dimensions", *Personality and Individual Differences* 24, n. 4, 1998: 481–91, https://doi.org/10.1016/s0191-8869(97)00207-9. **FONTE ADICIONAL:** BASCO, Monica Ramirez. *Never Good Enough*: *How to Use Perfectionism to Your Advantage Without Letting It Ruin Your Life*. Nova York: Touchstone, 2000.

CAPÍTULO 3: O INÍCIO DAS COISAS

1. MITCHELL, Jennifer H. *et al.* "An Experimental Manipulation of Maternal Perfectionistic Anxious Rearing Behaviors with Anxious and Non-Anxious Children", *Journal of Experimental Child Psychology* 116, n. 1 (2013): 1–18, https://doi.org/10.1016/j.jecp.2012.12.006; Jennifer Mitchell, em conversa com a autora em 20 de dezembro de 2021; Jennifer Hudson, em conversa com a autora em 29 de novembro de 2021.
2. MITCHELL *et al.*, "An Experimental Manipulation."
3. FLETT, Gordon L.; HEWITT, Paul L. OLIVER, Joan M. e MACDONALD, Silvana. "Perfectionism in Children and Their Parents: A Developmental Analysis", em *Perfectionism*: *Theory, Research e Treatment*, editado por FLETT, G. L. e HEWITT, P. L. Washington: American Psychological Association, 2002., p. 89–132.
4. FLETT *et al.*, "Perfectionism in Children."
5. *Ibid.*
6. STORNELLI, Deborah; FLETT, Gordon L. e HEWITT, Paul L. "Perfectionism, Achievement, and Affect in Children: A Comparison of Students from Gifted, Arts, and Regular Programs",

Canadian Journal of School Psychology 24, n. 4, 2009: 267-83, https://doi.org/10.1177/0829573509342392.
7. EMPSON, Laura."If You're So Successful, Why Are You Still Working 70 Hours a Week?", *Harvard Business Review*, 1º de fevereiro de 2018, https://hbr.org/2018/02/if-youre-so-successful-why-are-you-still-working-70-hours-a-week.
8. FLETT *et al.* "Perfectionism in Children."
9. *Ibid.*
10. WRAY, Naomi R. *et al.*, "Genome-Wide Association Analyses Identify 44 Risk Variants and Refine the Genetic Architecture of Major Depression", *Nature Genetics* 50, n. 5, 2018: 668-81, https://doi.org/10.1038/s41588-018-0090-3 GOTTSCHALK Michael G. e DOMSCHKE, Katharina. "Genetics of Generalized Anxiety Disorder and Related Traits", *Dialogues in Clinical Neuroscience* 19, n. 2, 2017: 159-68, https://doi.org/10.31887/dcns.2017.19.2/kdomschke. GIANNAKOPOULOU, Olga *et al.*, "The Genetic Architecture of Depression in Individuals of East Asian Ancestry: A Genome-Wide Association Study", *JAMA Psychiatry* 78, n. 11, 2021: 1258-69, https://doi.org/10.1001/jamapsychiatry.2021.2099. WADE, Tracey D. e BULIK, Cynthia M., "Shared Genetic and Environmental Risk Factors between Undue Influence of Body Shape and Weight on Self-Evaluation and Dimensions of Perfectionism". *Psychological Medicine* 37, n. 5, 2007: 635-44, https://doi.org/10.1017/S0033291706009603. KAMAKURA, Toshimitsu *et al.*, "A Twin Study of Genetic and Environmental Influences on Psychological Traits of Eating Disorders in a Japanese Female Sample", *Twin Research and Human Genetics* 6, n. 4, 2003: 292-96, https://doi.org/10.1375/136905203322296647; BACHNER-MELMAN, Rachel *et al.*, "Anorexia Nervosa, Perfectionism, and Dopamine D4 Receptor (DRD4)", *American Journal of Medical Genetics. Part B, Neuropsychiatric Genetics* 144B, n. 6, 2007: 748-56, https://doi.org/10.1002/ajmg.b.30505.
11. TOZZI, Federica *et al.* "The Structure of Perfectionism: A Twin Study", *Behavior Genetics* 34, n. 5, 2004: 483-94, https://doi.org/10.1023/B:BEGE.0000038486.47219.76; IRANZO-TATAY, Carmen *et al.*,

"Genetic and Environmental Contributions to Perfectionism and Its Common Factors", *Psychiatry Research* 230, n. 3, 2015: 932–39, https://doi.org/10.1016/j.psychres.2015.11.020.

12. IRANZO-TATAY, Carmen. "Genetic and Environmental Contributions."
13. MOSER, Jason S. et al. "Etiologic Relationships Between Anxiety and Dimensions of Maladaptive Perfectionism in Young Adult Female Twins: Twins, Anxiety e Perfectionism", *Depression and Anxiety* 29, n. 1, 2012: 47–53, https://doi.org/10.1002/da.20890.
14. CURRAN, Thomas e HILL, Andrew P. "Perfectionism Is Increasing over Time: A Meta-Analysis of Birth Cohort Differences from 1989 to 2016", *Psychological Bulletin* 145, n. 4, 2019: 410–29, https://doi.org/10.1037/bul0000138.
15. "EP 88: Professor Andrew Hill — Perfectionism in Youth Sport", Athlete Development Project, https://athletedevelopmentproject.com/2020/08/ep-88-professor-andrew-hill.
16. "Why Perfectionism Is on the Rise — and How to Overcome It", Goop, https://goop.com/wellness/mindfulness/why-perfectionism-is-on-the-rise-and-how-to-overcome-it/.
17. CURRAN, Thomas. *A armadilha da perfeição: o poder de ser bom o suficiente em um mundo que sempre quer mais*. Rio de Janeiro: Fontanar, 2023.
18. KEMP, Simon. "The Time We Spend on Social Media". DataReportal, 31 de janeiro de 2024, https://datareportal.com/reports/digital-2024-deep-dive-the-time-we-spend-on-social-media.
19. Editores de *O*, *Live Your Best Life: A Treasury of Wisdom, Wit, Advice, Interviews e Inspiration from O, the Oprah Magazine*. Birmingham: Oxmoor House, 2005.
20. TWENGE, Jean M. *iGen: Por que as crianças superconectadas de hoje estão crescendo menos rebeldes, mais tolerantes, menos felizes — e completamente despreparadas para a vida adulta*. São Paulo: nVersos, 2018.
21. SELIGMAN, M. E. e Csikszentmihalyi, M.. "Positive Psychology: An Introduction", *American Psychologist* 55, n. 1, 2000: 5–14, https://doi.org/10.1037/0003-066x.55.1.5.

22. TWENGE. *iGen*.
23. LAMBERT, Sharon F.; ROBINSON, W. LaVome e IALONGO, Nicholas S. "The Role of Socially Prescribed Perfectionism in the Link Between Perceived Racial Discrimination and African American Adolescents' Depressive Symptoms". *Journal of Abnormal Child Psychology* 42, n. 4, 2014: 577–87.
FONTES ADICIONAIS: COHEN, Josh "The Perfectionism Trap", *The Economist*, 10 de agosto de 2021, https://www.economist.com/1843/2021/08/10/the-perfectionism-trap.
GREEN, Sarah. "The Hidden Demons of High Achievers". *Harvard Business Review*, 2011, https://hbr.org/2011/05/the-hidden-demons-of-high-achi.

CAPÍTULO 4: PARA ALÉM DO CRÍTICO INTERNO

1. LYNDEN, Harris (correspondente). "Kindness Makes a Community". *The Chapel Hill News*, 17 de fevereiro de 2013, 1A.
2. BERGNER, Raymond M.. *Pathological Self-Criticism*. Nova York: Springer, 2014.
3. *Ibid*, p. 46.
4. *Ibid*, p. 48.
5. BOZON, Jenny. "Man Runs Sub-3.30 Marathon While Chain-Smoking Pack of Cigarettes", *Runner's World*, 16 de novembro de 2022, https://www.runnersworld.com/uk/news/a41969594/chinese-smoking-marathon-runner/.
6. FLETT, G. L. *et al*. "Perfectionism Cognition Theory: The Cognitive Side of Perfectionism", em *The Psychology of Perfectionism: Theory, Research, Applications*, editado por Joachim Stoeber. Nova York: Routledge, 2018, p. 89–110. GAUDREAU, Patrick. "On the Distinction between Personal Standards Perfectionism and Excellencism: A Theory Elaboration and Research Agenda", *Perspectives on Psychological Science* 14, n. 2, 2019: 197–215, https://doi.org/10.1177/1745691618797940. WADE, Tracey D. "Prevention of Perfectionism in Youth", em *The Psychology of Perfectionism*, p. 265–83.

7. TARANIS, Lorin e MEYER, Caroline. "Perfectionism and Compulsive Exercise Among Female Exercisers: High Personal Standards or Self-Criticism?", *Personality and Individual Differences* 49, n. 1 (2010): 3–7, https://doi.org/10.1016/j.paid.2010.02.024.
8. BERGNER, *Pathological Self-Criticism*, p. 92.
9. ABDUL-JABBAR, Kareem e OBSTFELD, Raymond. *Becoming Kareem: Growing Up On and Off the Court*. Nova York: Little, Brown, 2017.
10. Wikipédia, "Kareem Abdul-Jabbar", acessado em 24 de março de 2024, https://en.wikipedia.org/w/index.php?title=Kareem_Abdul-Jabbar&oldid=1215256424.
11. ABDUL-JABBAR, Kareem e OBSTFELD, Raymond. *Becoming Kareem*, p. 184.
12. *Ibid*, p. 184.
13. THARP, Roland e GALLIMORE, Ronald. "Basketball's John Wooden: What a Coach Can Teach a Teacher", *Psychology Today* 9, n. 8, 1976: 74–78; Ronald Gallimore e Roland Tharp, "What a Coach Can Teach a Teacher, 1975–2004: Reflections and Reanalysis of John Wooden's Teaching Practices", *Sport Psychologist* 18, n. 2, 2004: 119–37, https://doi.org/10.1123/tsp.18.2.119. GALLIMORE, Ronald "Surprising Consequences of Researching John Wooden's Teaching Practices: The Backstory of the 1976 Study of the Legendary University of California, Los Angeles Basketball Coach", *International Sport Coaching Journal* 7, n. 2, 2020: 256–60, https://doi.org/10.1123/iscj.2020-0008; Ronald Gallimore, Wade Gilbert e Swen Nater, "Reflective Practice and Ongoing Learning: A Coach's 10-Year Journey", *Reflective Practice* 15, n. 2 2014: 268–88, https://doi.org/10.1080/14623943.2013.868790.
14. THARP, Roland G. e WETZEL, Ralph J. (ed.) *Behavior Modification in the Natural Environment*. San Diego: Academic Press, 1970.
15. GALLIMORE E THARP, "What a Coach Can Teach."
16. "Wooden 1975 Study", UCLA, http://ronaldg.bol.ucla.edu/Rons_UCLA_Homepage/Wooden_1975_study.html.
17. GALLIMORE E THARP. "What a Coach Can Teach."

18. GALLIMORE, Ronald e THARP, Roland. "Revisiting John Wooden's Teaching Practice and Philosophy: 'Everyone's a Teacher Who Has Someone Under Their Supervision,'" *Sport Psychologist*, n. 18, 2004: 119–37.
19. GALLIMORE E THARP. "Basketball's John Wooden."
20. Eunice, em conversa com a autora, 24 de setembro de 2019.
21. BERGNER. *Pathological Self-Criticism.*
22. NEFF, Kristin. *Autocompaixão. Pare de Se Torturar e Deixe a Insegurança Para Trás.* Teresópolis: Lúcida Letra, 2017); "What Is Self-Compassion?", Self-Compassion, 22 de março de 2011, https://autocompaixão.org/what-is-self-compassion.
23. MACBETH, Angus e GUMLEY, Andrew "Exploring Compassion: A Meta-Analysis of the Association Between Self-Compassion and Psychopathology", *Clinical Psychology Review* 32, n. 6, 2012: 545–52, https://doi.org/10.1016/j.cpr.2012.06.003. WILSON, Alexander C. *et al.*, "Effectiveness of Self-Compassion Related Therapies: A Systematic Review and Meta-Analysis", *Mindfulness* 10, n. 6, 2019: 979–95, https://doi.org/10.1007/s12671-018-1037-6.
24. ZESSIN, Uli; DICKHÄUSER, Oliver e GARBADE, Sven. "The Relationship Between Self-Compassion and Well-Being: A Meta-Analysis", *Applied Psychology: Health and Well-Being* 7, n. 3, 2015: 340–64, https://doi.org/10.1111/aphw.12051.
25. KELLY, Allison *et al.* "Why Would I Want to Be More Self-Compassionate? A Qualitative Study of the Pros and Cons to Cultivating Self-Compassion in Individuals with Anorexia Nervosa". *British Journal of Clinical Psychology* 60, n. 1, 2021: 99–115, https://doi.org/10.1111/bjc.12275; Marios Biskas, Fuschia M. Sirois e Thomas L. Webb, "Using Social Cognition Models to Understand Why People, Such as Perfectionists, Struggle to Respond with Self-Compassion", *British Journal of Social Psychology* 61, n. 4, 2022: 1160–82, https://doi.org/10.1111/bjso.12531.
26. "What Is Self-Compassion?"
27. FRUZZETTI, Alan E. e RUORK, Allison K.. "Validation Principles and Practices in Dialectical Behavior Therapy", em *The Oxford Handbook*

of Dialectical Behaviour Therapy, editado por Michaela A. Swales. Oxford: Oxford University Press, 2018.
28. Leitora DS, e-mail para a autora, 18 de agosto de 2023.
29. Clarissa Ong, em conversa com a autora, 8 de fevereiro de 2023.
30. Leitora CM, e-mail para a autora, 18 de agosto de 2023.
31. Leitora SA, e-mail para a autora, 18 de agosto de 2023.
32. Leitora DH, e-mail para a autora, 19 de agosto de 2023.
33. Leitora KC, e-mail para a autora, 18 de agosto de 2023.
34. CM, e-mail para a autora.
35. Leitora KC, e-mail para a autora, 18 de agosto de 2023.
36. Eunice, comunicação pessoal, 24 de setembro de 2019.
37. "ACT for Depression and Anxiety Disorders", Psychwire, curso online, https://psychwire.com/harris/act-depression.
38. "Cognitive Defusion (Deliteralization)", Association for Contextual Behavioral Science, https://contextualscience.org/cognitive_dcfusion_deliteralization.
39. HARRIS, Russ. "ACT for Depression and Anxiety Disorders". *A armadilha da felicidade: pare de sofrer e comece a viver*. Rio de Janeiro: Alaúde, 2024.
40. "ACT for Depression and Anxiety Disorders."
41. Jesse Crosby, em conversa com a autora, 7 de fevereiro de 2023.
42. Jesse Crosby, em conversa com a autora, 30 de janeiro de 2023.
43. HAYES, Steven C. *et al*. "Acceptance and Commitment Therapy and Contextual Behavioral Science: Examining the Progress of a Distinctive Model of Behavioral and Cognitive Therapy", *Behavior Therapy* 44, n. 2, 2013: 180–98, https://doi.org/10.1016/j.beth.2009.08.002; VILARDAGA, Roger *et al.* "Creating a Strategy for Progress: A Contextual Behavioral Science Approach", *Behavior Analyst* 32, n. 1, 2009: 105–33, https://doi.org/10.1007/bf03392178. HAYES, S. C. BARNES-HOLMES, D. e ROCHE, B., *Relational Frame Theory: A Post-Skinnerian Account of Human Language and Cognition*. Nova York: Plenum, 2001; LINNETT, Rebecca J. e KIBOWSKI, Fraenze. "A Multidimensional Approach to Perfectionism and Self-Compassion", *Self and Identity* 19, n. 7, 2020: 757–83, https://doi.org/10.1080/15298868.2019.16

69695; ONG, Clarissa W. et al., "Is Perfectionism Always Unhealthy? Examining the Moderating Effects of Psychological Flexibility and Self-Compassion", *Journal of Clinical Psychology* 77, n. 11, 2021: 2576-91, https://doi.org/10.1002/jclp.23187. LEE, Deborah, *The Compassionate Mind Approach to Recovering from Trauma Using Compassion-Focused Therapy*. Londres: Robinson, 2012.

CAPÍTULO 5: OS CRÍTICOS EXTERNOS

1. BRENNAN-JOBS, Lisa. *Small Fry: A Memoir*. Nova York: Grove, 2018.
2. GLADWELL, Malcolm. "The Real Genius of Steve Jobs". *New Yorker*, 6 de novembro de 2011, https://www.newyorker.com/magazine/2011/11/14/the-tweaker.
3. HEWITT, P. L. e FLETT, G. L. "Perfectionism in the Self and Social Contexts: Conceptualization, Assessment e Association with Psychopathology". *Journal of Personality and Social Psychology* 60, n. 3, 1991: 456-70, https://doi.org/10.1037/0022-3514.60.3.456.
4. HORNEY, Karen. *Neurose e o desenvolvimento humano*. Rio de Janeiro: Civilização brasileira, 1966.
5. RUBINS, Jack L. *Karen Horney: Gentle Rebel of Psychoanalysis*. Nova York: Dial Press, 1978.
6. HORNEY, Karen. *Neurose e o desenvolvimento humano*.
7. HEWITT, P. L. e FLETT, G. L. *Multidimensional Perfectionism Scale (MPS): Technical Manual*. Toronto: Multi-Health Systems, 2004.
8. STOEBER, Joachim. "How Other-Oriented Perfectionism Differs from Self-Oriented and Socially Prescribed Perfectionism". *Journal of Psychopathology and Behavioral Assessment* 36, n. 2, 2014: 329-38, https://doi.org/10.1007/s10862-013-9397-7.
9. RONNINGSTAM, Elsa. *NPD Basic: A Brief Overview of Identifying, Diagnosing and Treating Narcissistic Personality Disorder*, 4ª edição. Boston: Harvard Medical School, 2021.
10. "Level 1 Radically Open Dialectical Behavior Therapy Blended Learning Course". Radically Open, curso online, https://www.radically-open.net/training/product/level-1-test.html; "Level 2 for RO DBT

Practitioners in Radically Open Dialectical Behavior Therapy". Radically Open, curso online, https://www.radicallyopen.net/training/product/radically-open-dialectical-behavior-therapy-blended-learning-course-level-2.html.

11. LYNCH, Thomas R.. *Radically Open Dialectical Behavior Therapy: Theory and Practice for Treating Disorders of Overcontrol*. Oakland: New Harbinger, 2017. LYNCH, Thomas R. *The Skills Training Manual for Radically Open Dialectical Behavior Therapy: A Clinician's Guide for Treating Disorders of Overcontrol*.Oakland: New Harbinger, 2017. "Level 1 Radically Open Dialectical Behavior Therapy"; "Level 2 for RO DBT Practitioners."
12. BRENNAN-JOBS. *Small Fry*.
13. BRENNAN-JOBS. *Small Fry*.
14. Walter Isaacson, *Steve Jobs*. São Paulo: Companhia das Letras, 211.
15. KÖKSAL AKYOL, Aysel e SALI, Güneş. "A Study on the Perfectionist Personality Traits and Empathic Tendencies of Working and Non-Working Adolescents Across Different Variables". *Educational Sciences Theory & Practice* 13, n. 4, 2013: 2032–42, https://doi.org/10.12738/estp.2013.4.1861.
16. BRENNAN-JOBS. *Small Fry*.
17. "Level 1 Radically Open Dialectical Behavior Therapy"; "Level 2 for RO DBT Practitioners."
18. LERNER, Harriet. *The Dance of Connection: How to Talk to Someone When You're Mad, Hurt, Scared, Frustrated, Insulted, Betrayed, or Desperate*. Nova York: William Morrow, 2002.
19. BRENNAN-JOBS. *Small Fry*.
20. Nellie Bowles, "In 'Small Fry,' Steve Jobs Comes Across as a Jerk. His Daughter Forgives Him. Should We?", *New York Times*, 23 de agosto de 2018, https://www.nytimes.com/2018/08/23/books/steve-jobs-lisa-brennan-jobs-small-fry.html.
21. LYNCH, Thomas R., *Radically Open Dialectical Behavior Therapy*; Lynch, *Skills Training Manual*. "Level 1 Radically Open Dialectical Behavior Therapy"; "Level 2 for RO DBT Practitioners."
22. *Ibid*.

23. "Level 1 Radically Open Dialectical Behavior Therapy"; "Level 2 for RO DBT Practitioners."
24. EELLS, Josh. "Bruno Mars: The Private Anxiety of a Pop Perfectionist", *Rolling Stone*, 2 de novembro de 2016, https://www.rollingstone.com/music/music-features/bruno-mars-the-private-ansiedade-of-a-pop-perfectionist-191397/.
25. FLETT E HEWITT, "Perfectionism in the Self and Social Contexts."
26. EELLS, "Bruno Mars."
27. DIXON, Christine Liwag. "The Untold Truth of Bruno Mars", List, 31 de agosto de 2017, https://www.thelist.com/83646/untold-truth-bruno-mars/; "Bruno Mars Is Such a Perfectionist That 'Uptown Funk' Almost Didn't Happen", MTV, 2 de novembro de 2016. http://www.mtv.com/news/2950064/bruno-mars-24k-magic-perfectionist/.
28. CURRAN, Thomas. *A armadilha da perfeição: O poder de ser bom o suficiente em um mundo que sempre quer mais*. Rio de Janeiro: Fontanar, 2023.
29. CURRAN. *A armadilha da perfeição*.
30. MUSHQUASH, Aislin R. e SHERRY, Simon B. "Understanding the Socially Prescribed Perfectionist's Cycle of Self-Defeat: A 7-Day, 14-Occasion Daily Diary Study". *Journal of Research in Personality* 46, n. 6, 2012: 700–709, https://doi.org/10.1016/j.jrp.2012.08.006.
31. RICE, Kenneth G. *et al.* "Addressing Concerns about How Perfectionistic Discrepancy Should Be Measured with the Revised Almost Perfect Scale". *Assessment* 26, n. 3, 2019: 432–44, https://doi.org/10.1177/1073191117702241.
32. HEWITT, Paul L. *et al.* "The Interpersonal Expression of Perfection: Perfectionistic Self-Presentation and Psychological Distress", *Journal of Personality and Social Psychology* 84, n. 6, 2003: 1303–25, https://doi.org/10.1037/0022-3514.84.6.1303.
33. HEWITT *et al.* "The Interpersonal Expression"; MUSHQUASH E SHERRY, "Understanding the Socially Prescribed Perfectionist's Cycle."
34. ROBERTSON, Theresa E. *et al.* "The True Trigger of Shame: Social Devaluation Is Sufficient, Wrongdoing Is Unnecessary". *Evolution and*

Human Behavior 39, n. 5, 2018: 566–73, https://doi.org/10.1016/j.evolhumbehav.2018.05.010.
35. TURRELL, Emma Reed. *A arte de se agradar: Como parar de agradar só aos outros e transformar sua vida*. Rio de Janeiro: Fontanar, 2021.
36. JEUNG KIM, Nicole You et al. "You Must Have a Preference: The Impact of No-Preference Communication on Joint Decision Making". *Journal of Marketing Research* 60, n. 1, 2023: 52–71, https://doi.org/10.1177/00222437221107593.
37. DOMÍNGUEZ, Juan F.; TAING, Sreyneth A. e MOLENBERGHS, Pascal. "Why Do Some Find It Hard to Disagree? An fMRI Study". *Frontiers in Human Neuroscience* 9, 2016, https://doi.org/10.3389/fnhum.2015.00718.
38. TURRELL, *A arte de se agradar*.
39. *Ibid.*
40. *Ibid.*

FONTES ADICIONAIS: STOEBER, Joachim et al. "Perfectionism, Social Disconnection, and Interpersonal Hostility: Not All Perfectionists Don't Play Nicely with Others". *Personality and Individual Differences* 119, 2017: 112–17, https://doi.org/10.1016/j.paid.2017.07.008.
SZNYCER, Daniel et al. "Cross-Cultural Invariances in the Architecture of Shame". *Proceedings of the National Academy of Sciences of the United States of America* 115, n. 39, 2018: 9702–7, https://doi.org/10.1073/pnas.1805016115.

CAPÍTULO 6: DOS RÓTULOS AOS VALORES

1. ONG, Clarissa e TWOHIG, Michael. *The Anxious Perfectionist: Acceptance and Commitment Therapy Skills to Deal with Anxiety, Stress e Worry Driven by Perfectionism*. Oakland: New Harbinger, 2022.
2. Michael Twohig, em conversa com a autora, 2 de fevereiro de 2023.
3. HAYES, S. C.; STROSAHL, K. e WILSON, K. G. *Terapia de aceitação e compromisso: o processo e a prática da mudança consciente*. Porto Alegre: Artmed, 2021.
4. ONG E TWOHIG, *The Anxious Perfectionist*.
5. Clarissa Ong, em conversa com a autora, 8 de fevereiro de 2023.

6. Twohig, em conversa com a autora.
7. Ong, em conversa com a autora.
8. Twohig, em conversa com a autora.
9. Success Index (Populace/Gallup, 2019), https://populace.org/research.
10. Twohig, em conversa com a autora.
11. Ong, em conversa com a autora.

CAPÍTULO 7: NOSSAS CESTAS ESQUECIDAS

1. "BCC to Host covid-19 Vaccine Clinics". Berkshire Community College, https://www.berkshirecc.edu/news-events/2021/vaccine.php. "WATCH: Yo-Yo Ma Performs at Vaccine Clinic after Receiving Second COVID-19 Shot", WCVB, 14 de março de 2021, https://www.wcvb.com/article/watch-yo-yo-ma-performs-at-vaccine-clinic-after-receiving-second-covid-19-shot/35831169. JETT, Jennifer "Yo-Yo Ma Gives a Surprise Cello Concert at a Massachusetts Vaccination Site", *New York Times*, 14 de março de 2021, https://www.nytimes.com/2021/03/14/world/yo-yo-ma-berkshire-community-college.html; David Marchese, "Yo-Yo Ma and the Meaning of Life", *New York Times*, 23 de novembro de 2020, https://www.nytimes.com/interactive/2020/11/23/magazine/yo-yo-ma-interview.html.
2. "Yo-Yo Ma Tells Story behind His Cello Performance at Vaccination Center". Vídeo do YouTube, 2:11, postado por TODAY, 16 de março de 2021, https://www.youtube.com/watch?v=8t9-SvRv2zg.
3. MA, Yo-Yo (@YoYo_Ma). "Naqueles dias de ansiedade, eu queria encontrar uma maneira de compartilhar algumas das músicas que me confortam. A primeira de minhas #CançõesDeConforto: Dvořák — 'Going Home'. Cuidem-se", post do Twitter, 13 de março de 2020, 17h08., https://twitter.com/YoYo_Ma/status/1238572657278431234.
4. BURKE, Amanda. "Musicians Yo-Yo Ma, Emanuel Ax Surprise Essential Workers with Pop-up Performances". *Berkshire Eagle*, 2 de setembro de 2020, https://www.berkshireeagle.com/archives/musicians-yo-yo-ma-emanuel-ax-surprise-essential-workers-with-pop-up-performances/article_8ea51bbf-463d-54d9-ab45-8490068bfa2c.html.

5. "Yo-Yo Ma Teachers Music and Connection". MasterClass, curso on-line, https://www.masterclass.com/classes/yo-yo-ma-teaches-music-and-connection.
6. HAMACHEK, D. E. "Psychodynamics of Normal and Neurotic Perfectionism", *Psychology* 15, 1978: 27–33.
7. SHAFRAN, Roz; COOPER, Zafra e FAIRBURN, Christopher G. "Clinical Perfectionism: A Cognitive-Behavioural Analysis". *Behaviour Research and Therapy* 40, n. 7, 2002: 773–91, https://doi.org/10.1016/s0005-7967(01)00059-6.
8. DIENER, Ed *et al.* "Subjective Well-Being: Three Decades of Progress". *Psychological Bulletin* 125, n. 2, 1999: 276–302, https://doi.org/10.1037/0033-2909.125.2.276; AUSTIN, James T. e VANCOUVER, Jeffrey B. "Goal Constructs in Psychology: Structure, Process, and Content". *Psychological Bulletin* 120, n. 3, 1996: 338–75, https://doi.org/10.1037/0033-2909.120.3.338.
9. ABELE, A. E. e WOJCISZKE, B. "Agency and Communion from the Perspective Of Self Versus Others". *Journal of Personality and Social Psychology* 93, n. 5, 2007: 751–63, doi: 10.1037/0022-3514.93.5.751. ABELE, A. E. e WOJCISZKE, B. "Communal and Agentic Content in Social Cognition: A Dual Perspective Model". *Advances in Experimental Social Psychology*, 50, 2014: 195–255, https://doi.org/10.1016/B978-0-12-800284-1.00004-7.
10. "Yo-Yo Ma Teachers Music and Connection."
11. STOEBER, Joachim *et al.* "Perfectionism and Interpersonal Problems Revisited", *Personality and Individual Differences* 169, 2021: 110106, https://doi.org/10.1016/j.paid.2020.110106; STOEBER; Joachim *et al.* "Perfectionism, Social Disconnection, and Interpersonal Hostility: Not All Perfectionists Don't Play Nicely with Others". *Personality and Individual Differences* 119, 2017: 112–17, https://doi.org/10.1016/j.paid.2017.07.008.
12. DeLONG. Thomas J. *Flying Without a Net: Turn Fear of Change into Fuel for Success*. Boston: Harvard Business Review Press, 2011.
13. "Warren Buffett & Jon Bon Jovi: A Ukulele Duet for Charity". Vídeo do YouTube, 2:40, postado por Forbes Digital Assets, 28 de junho de 2012, https://www.youtube.com/watch?v=nCm5-2UN2Ms.

14. "Piers Morgan-Warren Buffett Plays Ukulele for Piers-22/10/2013". Vídeo do YouTube, 1:37, postado por "smtm: Entertainment", 13 de novembro de 2013, https://www.youtube.com/watch?v=lxJw4QEglbA.
15. "Warren Buffett & The Quebe Sisters 'Red River Valley'". Vídeo do YouTube, 5:33, postado por Quebe Sisters, 28 de janeiro de 2008, https://www.youtube.com/watch?v=A0eEuDAtu2Q.
16. "Philanthropists in Golf Carts Eating Dilly Bars". Vídeo do YouTube, 3:49, postado por Bill Gates, 8 de julho de 2016, https://www.youtube.com/watch?v=-WnoaY0X7bg.
17. LERNER, Harriet. *The Dance of Connection: How to Talk to Someone When You're Mad, Hurt, Scared, Frustrated, Insulted, Betrayed, or Desperate*. Nova York: William Morrow, 2002.
18. DECI, E. L e RYAN, R. M. e. "On Happiness and Human Potentials: A Review of Research on Hedonic and Eudaimonic Well-Being". *Annual Review of Psychology* 52, n. 1, 2001: 141–66, https://doi.org/10.1146/annurev.psych.52.1.141.
19. DECI E RYAN. "On Happiness and Human Potentials".
20. DiBARTOLO, Patricia Marten *et al*. "Shedding Light on the Relationship Between Personal Standards and Psychopathology: The Case for Contingent Self-Worth". *Journal of Rational-Emotive and Cognitive-Behavior Therapy* 22, n. 4, 2004: 237–50, https://doi.org/10.1023/b:-jore.0000047310.94044.ac.
21. BURN, Stephen J. (ed.). *Conversations with David Foster Wallace*. Jackson: University Press of Mississippi, 2012.

FONTES ADICIONAIS: CROCKER, Jennifer. "Contingencies of Self-Worth: Implications for Self-Regulation and Psychological Vulnerability". *Self and Identity* 1, n. 2, 2002: 143–49, https://doi.org/10.1080/152988602317319320.

CROCKER, Jennifer; BROOK, Amara T., NIIYA, Yu e VILLACORTA, Mark. "The Pursuit of Self-Esteem: Contingencies of Self-Worth and Self-Regulation". *Journal of Personality* 74, n. 6, 2006: 1749–71, https://doi.org/10.1111/j.1467-6494.2006.00427.x.

NEFF, Kristin D. e VONK, Roos. "Self-Compassion Versus Global Self-Esteem: Two Different Ways of Relating to Oneself". *Journal of Personality* 77, n. 1, 2009: 23-50, https://doi.org/10.1111/j.1467-6494.2008.00537.x.

Kenneth G. Rice, Clarissa M. E. Richardson e Merideth E. Ray, "Perfectionism in Academic Settings", em *Perfectionism, Health e Well-Being*, editado por Fuschia M. Sirois e Danielle Sirianni Molnar (Cham: Springer International: 2016), p. 245-64.

Edward D. Sturman, Gordon L. Flett, Paul L. Hewitt e Susan G. Rudolph, "Dimensions of Perfectionism and Self-Worth Contingencies in Depression", *Journal of Rational-Emotive and Cognitive-Behavior Therapy* 27, n. 4 (2009): 213-31, https://doi.org/10.1007/s10942-007-0079-9.

CAPÍTULO 8: REESCREVENDO O LIVRO INTERNO DE REGRAS

1. MORROW, Stephanie. "Top Craziest Laws Still on the Books". Legal-Zoom, 7 de outubro de 2009, https://www.legalzoom.com/articles/top-craziest-laws-still-on-the-books.
2. SHAFRAN, Roz; COOPER, Zafra e FAIRBURN, Christopher G. "Clinical Perfectionism: A Cognitive-Behavioural Analysis". *Behaviour Research and Therapy* 40, n. 7, 2002: 773-91, https://doi.org/10.1016/s0005-7967(01)00059-6.
3. SHAFRAN, COOPER E FAIRBURN, "Clinical Perfectionism."
4. Roz Shafran, em conversa com a autora, 13 de dezembro de 2021.
5. Shafran, em conversa com a autora.
6. ELLIS, Albert e HARPER, R. A. *A Guide to Rational Living*. Hoboken: Prentice Hall, 1961.
7. HORNEY, Karen. *Neurose e desenvolvimento humano*. Rio de Janeiro: Civilização Brasileira, 1966.
8. SHAFRAN, Roz; J. EGAN, Sarah e WADE, Tracey D. *Overcoming Perfectionism, 2nd Edition: A Self-Help Guide Using Scientifically Supported Cognitive Behavioural Techniques*. Londres: Robinson, 2018. Shafran, em conversa com a autora.

CAPÍTULO 9: POR QUE TRANSFORMAMOS DIVERSÃO EM TAREFAS

1. MALLINGER, A. E. "Demand-Sensitive Obsessionals". *Journal of the American Academy of Psychoanalysis* 10, n. 3, 1982: 407-26, https://doi.org/10.1521/jaap.1.1982.10.3.407; MALLINGER, Allan e DE WYZE, Jeannette. *Too Perfect: When Being in Control Gets out of Control*. Nova York: Random House, 1992.
2. MALLINGER, "Demand-Sensitive Obsessionals."
3. HORNEY, Karen *Neurose e desenvolvimento humano*. Rio de Janeiro: Civilização Brasileira, 1966.
4. MALLINGER, "Demand-Sensitive Obsessionals."
5. Allan Mallinger, em conversa com a autora, 30 de julho de 2020.
6. Mallinger, em conversa com a autora.
7. MALLINGER, "Demand-Sensitive Obsessionals"; MALLINGER E DE WYZE, *Too Perfect*.
8. Mallinger, em conversa com a autora.
9. MALLINGER, "Demand-Sensitive Obsessionals."
10. Mallinger, em conversa com a autora.
11. Mallinger, em conversa com a autora.
12. Michael Twohig, em conversa com a autora, 2 de fevereiro de 2023.
13. Clarissa Ong, em conversa com a autora, 8 de fevereiro de 2023.
14. MALLINGER E DE WYZE, *Too Perfect*.
15. *Ibid.*

FONTE ADICIONAL:

MALLINGER, Allan. "The Myth of Perfection: Perfectionism in the Obsessive Personality". *American Journal of Psychotherapy* 63, n. 2, 2009: 103-31, https://doi.org/10.1176/appi.psychotherapy.2009.63.2.103.

CAPÍTULO 10: DO "FRACASSO" À CONDIÇÃO HUMANA

1. SHAFRAN, Roz; COOPER, Zafra e G. FAIRBURN, Christopher. "Clinical Perfectionism: A Cognitive-Behavioural Analysis". *Behaviour Research and Therapy* 40, n. 7, 2002: 773-91, https://doi.org/10.1016/s0005-7967(01)00059-6.

2. HOLLENDER, Marc H. "Perfectionism", *Comprehensive Psychiatry* 6, n. 2, 1965: 94–103, https://doi.org/10.1016/s0010-440x(65)80016-5.
3. LYNCH, Thomas R.; HEMPEL Roelie J. e DUNKLEY, Christine. "Radically Open-Dialectical Behavior Therapy for Disorders of Over-Control: Signaling Matters". *American Journal of Psychotherapy* 69, no 2, 2015: 141–62, https://doi.org/10.1176/appi.psychotherapy.2015.69.2.141.
4. Martin Smith, em conversa com a autora, 10 de fevereiro de 2020.
5. HOPKINS, Sara (@sayhopkins) Vídeo do TikTok, 5 de maio de 2020, https://www.tiktok.com/@sayhopkins/video/6823207652412099846?lang=en.
6. DAHL, Melissa. "How to Stop Reliving Embarrassing Memories". 6 de fevereiro de 2018, https://www.thecut.com/article/how-to-stop-reliving-embarrassing-memories.html.
7. JABR, Ferris. "Mind-Pops: Psychologists Begin to Study an Unusual Form of Proustian Memory". *Scientific American*, 23 de maio de 2012. https://www.scientificamerican.com/article/mind-pops/.
8. DAHL, Melissa. *Cringeworthy: A Theory of Awkwardness*. Nova York: Portfolio, 2018.
9. LYNCH, Thomas R. *The Skills Training Manual for Radically Open Dialectical Behavior Therapy: A Clinician's Guide for Treating Disorders of Overcontrol*. Oakland: New Harbinger, 2017.
10. LYNCH, *Skills Training Manual*. "Level 1 Radically Open Dialectical Behavior Therapy Blended Learning Course". Radically Open, curso online, https://. "Level 2 for RO DBT Practitioners in Radically Open Dialectical Behavior Therapy". Radically Open, curso online, https://www.radicallyopen.net/training/product/radically-open-dialectical-behavior-therapy-blended-learning-course-level-2.html.
11. BORKOVEC, T. D.; ALCAINE, O. M. e BEHAR, E. "Avoidance Theory of Worry and Generalized Anxiety Disorder", em *Generalized Anxiety Disorder: Advances in Research and Practice*, editado por HEIMBERG, R. G. TURK, C. L. e MENNIN, D. S. Nova York: Guilford Press, 2004.
12. "ACT for Depression and Anxiety Disorders", Psychwire, curso online, https://psychwire.com/harris/act-depression.

13. PIERRO, Antonio *et al.* "'Letting Myself Go Forward Past Wrongs': How Regulatory Modes Affect Self-Forgiveness", *PLOS ONE* 13, n. 3 (2018): e0193357, https://doi.org/10.1371/journal.pone.0193357; Julie H. Hall e Frank D. Fincham, "Self-Forgiveness: The Stepchild of Forgiveness Research", *Journal of Social and Clinical Psychology* 24, n. 5, 2005: 621–37, https://doi.org/10.1521/jscp.2005.24.5.621. CORNISH, Marilyn A. e WADE, Nathaniel G. "A Therapeutic Model of Self-forgiveness with Intervention Strategies for Counselors", *Journal of Counseling and Development* 93, n. 1, 2015: 96–104, https://doi.org/10.1002/j.1556-6676.2015.00185.x; WOODYATT, Lydia *et al.* (ed.) *Handbook of the Psychology of Self-Forgiveness*, Basiléia: Springer International, 2017.

    NOTA DE RODAPÉ p. 173: BRODY, Jane E. "Guilt: Or Why It's Good to Feel Bad". *The New York Times*, 29 de novembro de 1983, https://www.nytimes.com/1983/11/29/science/guilt-or-why-it-s-good-to-feel-bad.html.

14. LEACH, C. W. "Understanding Shame and Guilt", em *Handbook of the Psychology of Self-Forgiveness*, editado por WOODYAT, L. *et al.* Springer Nature, 2017. https://doi.org/10.1007/978-3-319-60573-9_2.

15. KÄMMERER, Annette. "The Scientific Underpinnings and Impacts of Shame". *Scientific American*, 9 de agosto de 2019, https://www.scientificamerican.com/article/the-scientific-underpinnings-and-impacts-of-shame/. LEWIS, Helen Block. *Shame and Guilt in Neurosis*. Madison: International Universities Press, 1974. TANGNEY, June e DEARING, Ronda "Shame and Guilt", em *Encyclopedia of Crime and Punishment*, editado por David Levinson. Thousand Oaks: SAGE, 2002.

16. MICELI Maria e CASTELFRANCHI, Cristiano. "Reconsidering the Differences Between Shame and Guilt". *Europe's Journal of Psychology* 14, n. 3, 2018: 710–33, https://doi.org/10.5964/ejop.v14i3.1564. TANGNEY, June Price *et al.* "Are Shame, Guilt, and Embarrassment Distinct Emotions?". *Journal of Personality and Social Psychology* 70, n. 6, 1996: 1256–69, https://doi.org/10.1037/0022-3514.70.6.1256.

17. WENZEL, Michael; WOODYATT; Lydia e HEDRICK, Kyli "No Genuine Self-Forgiveness Without Accepting Responsibility: Value

Reaffirmation as a Key to Maintaining Positive Self-regard". *European Journal of Social Psychology* 42, n. 5, 2012: 617-27, https://doi.org/10.1002/ejsp.1873.
18. "Opposite Action — Marsha". Vídeo do Vimeo, 8:32, postado por NowMattersNow.org, 22 de julho de 2014, https://vimeo.com/101373270; LINEHAN, Marsha M. *DBT (R) Skills Training Manual*, 2ª edição. Nova York: Guilford Publications, 2014.
    FONTE ADICIONAL: LANDERS, M.; SZNYCER, D. e DURKEE P. "Are Self- Conscious Emotions About the Self? Testing Competing Theories of Shame and Guilt Across Two Disparate Cultures". *Emotion*, publicação online, https://doi.org/10.1037/emo0001321.

CAPÍTULO 11: DA PROVA AO EXPERIMENTO

1. Tricia Park, em conversa com a autora, 1º de março de 2022; Is It Recess Yet?, 14 de março de 2016, https://www.isitrecessyet.com.
2. PARK, Tricia. Is It Recess Yet?
3. ADLER, Alfred. *Study of Organ Inferiority and Its Psychical Compensation*, transcrição de Smith Ely Jelliffe. Nova York: Nervous and Mental Disease Publishing, 1917.
4. Park, em conversa com a autora.
5. HOLLENDER, Marc H. "Perfectionism". *Comprehensive Psychiatry* 6, n. 2, 1965: 94-103, https://doi.org/10.1016/s0010-440x(65)80016-5.
6. MASSARI, Paul. "The Costs of 'Twice as Good'", Harvard Kenneth C. Griffin Graduate School of Arts and Sciences, 15 de fevereiro de 2023, https://gsas.harvard.edu/news/costs-twice-good. MITCHELL, Garry S. e FURMAN, Cara E. "Striver·*ish*: Young Strivers and the Formation of Ethical Narratives". *Studies in Philosophy and Education* 40, n. 6, 2021: 665-70, https://doi.org/10.1007/s11217-021-09788-3.
7. THOMPSON, Winston C.; BENEKE, Abigail J. e MITCHELL, Garry S. "Legitimate Concerns: On Complications of Identity in School Punishment". *Theory and Research in Education* 18, n. 1, 2020: 78-97, https://doi.org/10.1177/1477878520903400. WHITE, Chela. "Twice as Good to Get Half as Much? Research Confirms That Your Mama Was Right All Along". LinkedIn, 7 de outubro de 2015, https://www.

linkedin.com/pulse/twice-good-get-half-much-research-confirms-your-mama-all-chela/.
8. COLSTON II, Lee Edward "The Problem with Being 'Twice as Good'", Medium, 29 de agosto de 2018, https://medium.com/@Mr.Write/the-problem-with-being-twice-as-good-1de095dcacee.
9. TOBIAS, Andrew. *Best Little Boy in the World: The 25th Anniversary Edition of the Classic Memoir*. Nova York: Random House, 1993. CHANDLER, Adam D. "The Best Little Boy in the World — That's Me", *The New York Times*, Opinion, 7 de maio de 2013, https://www.nytimes.com/2013/05/07/opinion/the-best-little-boy-in-the-world-thats-me.html.
10. TOBIAS, *Best Little Boy*.
11. PACHANKIS, John E. e HATZENBUEHLER, Mark L. "The Social Development of Contingent Self-Worth in Sexual Minority Young Men: An Empirical Investigation of the 'Best Little Boy in the World' Hypothesis", *Basic and Applied Social Psychology* 35, n. 2, 2013: 176–90, https://doi.org/10.1080/01973533.2013.764304.
12. BLANKENSHIP, Benjamin T. e STEWART, Abigail J. "The Best Little Kid in the World: Internalized Sexual Stigma and Extrinsic Contingencies of Self-worth, Work Values, and Life Aspirations Among Men *and* Women." *European Journal of Social Psychology* 52, n. 2, 2022: 361–76, https://doi.org/10.1002/ejsp.2800.
13. MASSARI, "The Costs of 'Twice as Good.'"
14. GENDLIN, Eugene T. *Focalização: Uma via de acesso à sabedoria corporal*. Maricá: Editora Gaia, 2023. "Part One: What Is Felt Sense — CUNY COMPosition & Rhetoric Community", CUNY, https://compcomm.commons.gc.cuny.edu/feltsense/part-one-what-is-felt-sense/.
15. GENDLIN, *Focalização*.
16. "Part One: What Is Felt Sense."
17. BERG, Esta A. "A Simple Objective Technique for Measuring Flexibility in Thinking". *Journal of General Psychology* 39, n. 1, 1948: 15–22, https://doi.org/10.1080/00221309.1948.9918159. KASHDAN, Todd

B. e ROTTENBERG, Jonathan. "Psychological Flexibility as a Fundamental Aspect of Health". *Clinical Psychology Review* 30, n. 7, 2010: 865-78, https://doi.org/10.1016/j.cpr.2010.03.001. CHERRY, Kathlyn M. *et al.* "Defining and Measuring 'Psychological Flexibility': A Narrative Scoping Review of Diverse Flexibility and Rigidity Constructs and Perspectives". *Clinical Psychology Review* 84, https://doi.org/10.1016/j.cpr.2021.101973.
18. Park, em conversa com a autora; Is It Recess Yet?
19. *Ibid.*
20. *Ibid.*
21. *Ibid.*
22. EISENBERGER, Naomi I. e LIEBERMAN, Matthew D. "Why Rejection Hurts: A Common Neural Alarm System for Physical and Social Pain". *Trends in Cognitive Sciences* 8, n. 7, 2004: 294-300, https://doi.org/10.1016/j.tics.2004.05.010.
23. COHEN, Geoffrey L. e SHERMAN, David K. "The Psychology of Change: Self-Affirmation and Social Psychological Intervention". *Annual Review of Psychology* 65, n. 1, 2014: 333-71, https://doi.org/10.1146/annurev-psych-010213-115137. SHERMAN, David K. *et al.*, "Deflecting the Trajectory and Changing the Narrative: How Self-Affirmation Affects Academic Performance and Motivation Under Identity Threat". *Journal of Personality and Social Psychology* 104, n. 4, 2013: 591-618, https://doi.org/10.1037/a0031495. LINDSAY, Emily K. e CRESWELL, J. David. "Helping the Self Help Others: Self-Affirmation Increases Self-Compassion and Pro-Social Behaviors", *Frontiers in Psychology* 5, 2014. https://doi.org/10.3389/fpsyg.2014.00421.
24. COHEN E SHERMAN, "The Psychology of Change."
25. Park, em conversa com a autora.
26. PARK, Tricia. Is It Recess Yet? "The 'Is It Recess Yet?' Podcast!", 30 de dezembro de 2018, https://www.isitrecessyet.com/the-is-it-recess-yet-podcast.
27. Park, em conversa com a autora.
28. *Ibid.*
29. *Ibid.*

FONTE ADICIONAL: METCALFE, Janet. "Learning from Errors". *Annual Review of Psychology* 68, n. 1. 2017: 465-89, https://doi.org/10.1146/annurev-psych-010416-044022.

CAPÍTULO 12: NÃO SE TRATA DE GESTÃO DO TEMPO

1. TICE, D. M.; BRATSLAVSKY, E. e BAUMEISTER R. F. "Emotional Distress Regulation Takes Precedence over Impulse Control: If You Feel Bad, Do It!". *Journal of Personality and Social Psychology* 80, n. 1, 2001: 53-67, https://doi.org/10.1037/0022-3514.80.1.53.
2. "Do It Now: Overcoming Procrastination with Fuschia Sirois". Great Courses, curso online, 2021.
3. HARRIOTT, J. e FERRARI, J. R. "Prevalence of Procrastination Among Samples of Adults", *Psychological Reports* 78, n. 2, 1996: 611-16, https://doi.org/10.2466/pr0.1996.78.2.611.
4. DAY, V.; MENSINK, D. e O'SULLIVAN, M. "Patterns of Academic Procrastination". *Journal of College Reading and Learning* 30, n. 2, 2000: 120-34, https://doi.org/10.1080/10790195.2000.10850090.
5. SIROIS, F. M.; MELIA-GORDON, M. L. e A. PYCHYL, Timothy, "'I'll Look After My Health, Later': An Investigation of Procrastination and Health". *Personality and Individual Differences* 35, n. 5, 2003: 1167-84, https://doi.org/10.1016/s0191-8869(02)00326-4. BLOUIN-HUDON, Eve-Marie C.; SIROIS, Fuschia M. e A. PYCHYL, T., "Temporal Views of Procrastination, Health, and Well-Being", *Procrastination, Health, and Well- Being*. Amsterdam: Elsevier, 2016.
6. GUSTAVSON, D. E. *et al.* "Genetic Relations Among Procrastination, Impulsivity, and Goal-Management Ability: Implications for the Evolutionary Origin of Procrastination", *Psychological Science* 25, n. 6, 2014: 1178-88, https://doi.org/10.1177/0956797614526260; SCHOUWENBURG, Henri C. e LAY, Clarry H., "Trait Procrastination and the Big-Five Factors of Personality", *Personality and Individual Differences* 18, n. 4, 1995: 481-90, https://doi.org/10.1016/0191-8869(94)00176-s.
7. ARVEY, R. D. *et al.* "The Determinants of Leadership Role Occupancy: Genetic and Personality Factors", *Leadership Quarterly*, 17, n. 1, 2006: 1-20, https://doi.org/10.1016/j.leaqua.2005.10.009.

8. GUSTAVSON et al. "Genetic Relations Among Procrastination."
9. TICE, D. M. e BRATSLAVSKY, E. "Giving In to Feel Good: The Place of Emotion Regulation in the Context of General Self-Control". *Psychological Inquiry* 11, n. 3, 2000: 149–59, https://doi.org/10.1207/s15327965pli1103_03.
10. STEEL, P. "The Nature of Procrastination: A Meta-Analytic and Theoretical Review of Quintessential Self-Regulatory Failure", *Psychological Bulletin* 133, n. 1, 2007: 65–94, https://doi.org/10.1037/0033-2909.133.1.65.
11. WYPYCH, M. et al. "Attenuated Brain Activity During Error Processing and Punishment Anticipation in Procrastination-a Monetary Go/No-Go f MRI Study", *Scientific Reports* 9, n. 1, 2019: 11492, https://doi.org/10.1038/s41598-019-48008-4.
12. FEE, R. L. e TANGNEY, J. P. "Procrastination: A Means of Avoiding Shame or Guilt?", *Journal of Social Behavior & Personality* 15, n. 5, 2000: 167–84.
13. URBAN, T., "Inside the Mind of a Master Procrastinator", vídeo TED, 13:54, filmado em fevereiro de 2016, https://www.ted.com/talks/tim_urban_inside_the_mind_of_a_master_procrastinator?language=en.
14. KILEY, D. *The Peter Pan Syndrome: Men Who Have Never Grown Up* (Nova York: Dodd Mead, 1983); KALKAN, M. et al., "Peter Pan Syndrome 'Men Who Don't Grow': Developing a Scale", *Men and Masculinities* 24, n. 2, 2021: 245–57, https://doi.org/10.1177/1097184x19874854.
15. STAINTON, M.; LAY, C. e FLETT, G. "Trait Procrastinators and Behavior/Trait-Specific Cognitions Stainton". *Journal of Social Behavior and Personality* 15, n. 5, 2000: 297–312.
16. DIBARTOLO, P. M. et al. "The Relationship of Perfectionism to Judgmental Bias and Psychopathology", *Cognitive Therapy and Research* 31, n. 5, 2007: 573–87, https://doi.org/10.1007/s10608-006-9112-z.
17. SIROIS, F. M. e TOSTI, N. "Lost in the Moment? An Investigation of Procrastination, Mindfulness, and Well-Being", *Journal of Rational-Emotive and Cognitive-Behavior Therapy* 30, n. 4, 2012: 237–48, https://doi.org/10.1007/s10942-012-0151-y.

18. KARL, J. A. e FISCHER, R. "The Relationship Between Negative Affect, State Mindfulness, and the Role of Personality", *Mindfulness* 13, n. 11, 2022: 2729–37, https://doi.org/10.1007/s12671-022-01989-2.
19. VERDUYN, P. e LAVRIJSEN, S. "Which Emotions Last Longest and Why: The Role of Event Importance and Rumination", *Motivation and Emotion* 39, n. 1, 2015: 119–27, https://doi.org/10.1007/s11031-014-9445-y; VERDUYN, P. *et al.* "Predicting the Duration of Emotional Experience: Two Experience Sampling Studies", *Emotion* 9, n. 1, 2009: 83–91, https://doi.org/10.1037/a0014610; BRANS, K. e VERDUYN, P. "Intensity and Duration of Negative Emotions: Comparing the Role of Appraisals and Regulation Strategies", *PLOS ONE* 9, n. 3, 2014: e92410, https://doi.org/10.1371/journal.pone.0092410; FRIJDA, Nico H.; MESQUITA, Batja; SONNEMANS, Joep e GOOZEN, S. V., "The Duration of Affective Phenomena or Emotions, Sentiments and Passions", *International Review of Emotion and Motivation*, editada por STRONGMAN, K. Nova York: Wiley, 1991.
20. SIROIS, F. M., *Do It Now: Overcoming Procrastination*; FRANK, A. R. "Breaking Down Learning Tasks: A Sequence Approach". *Teaching Exceptional Children* 6, n. 1, 1973: 16–19, https://doi.org/10.1177/004005997300600104.
21. SAFREN, S. A. *et al.* "A Randomized Controlled Trial of Cognitive Behavioral Therapy for Adherence and Depression (CBT-AD) in Patients with Uncontrolled Type 2 Diabetes", *Diabetes Care* 37, n. 3, 2014: 625–33, https://doi.org/10.2337/dc13-0816.
22. LERNER, H. G. *Fear & Other Uninvited Guests.* Nova York: HarperCollins, 2004.
23. WOHL, M. J. A.; PYCHYL, T. A. e BENNETT, S. H. "I Forgive Myself, Now I Can Study: How Self-Forgiveness for Procrastinating Can Reduce Future Procrastination", *Personality and Individual Differences* 48, n. 7, 2010: 803–8, https://doi.org/10.1016/j.paid.2010.01.029.
24. SIROIS, F. M. "Procrastination and Stress: Exploring the Role of Self-Compassion", *Self and Identity* 13, n. 2, 2014: 128–45, https://doi.org/10.1080/15298868.2013.763404.

25. SIROIS, F. M. e PYCHYL, T. "Procrastination and the Priority of Short-Term Mood Regulation: Consequences for Future Self", *Social and Personality Psychology Compass* 7, n. 2, 2013: 115-27, https://doi.org/10.1111/spc3.12011; SIROIS, Fuschia M. "Out of Sight, Out of Time? A Meta-Analytic Investigation of Procrastination and Time Perspective: Procrastination and Time Perspective", *European Journal of Personality* 28, n. 5, 2014: 511-20, https://doi.org/10.1002/per.1947.
26. ERSNER-HERSHFIELD, H.; WIMMER, G. E. e KNUTSON, B. "Saving for the Future Self: Neural Measures of Future Self-Continuity Predict Temporal Discounting", *Social Cognitive and Affective Neuroscience* 4, n. 1, 2009: 85-92, https://doi.org/10.1093/scan/nsn042; PEETZ, J. e WILSON, A. E. "The Temporally Extended Self: The Relation of Past and Future Selves to Current Identity, Motivation, and Goal Pursuit", *Social and Personality Psychology Compass* 2, n. 6, 2008: 2090-106, https://doi.org/10.1111/j.1751-9004.2008.00150.x.
27. BLOUIN-HUDON, E. M. C. e PYCHYL, T. A. "A Mental Imagery Intervention to Increase Future Self-Continuity and Reduce Procrastination". *Psychologie Appliquee [Applied Psychology]* 66, n. 2, 2017: 326-52, https://doi.org/10.1111/apps.12088.
28. HERSHFIELD, H., *Your Future Self: How to Make Tomorrow Better Today*. Nova York: Little, Brown Spark, 2023; HERSHFIELD, H. E., "Future Self-Continuity: How Conceptions of the Future Self Transform Intertemporal Choice". *Annals of the New York Academy of Sciences* 1235, n. 1, 2011: 30-43, https://doi.org/10.1111/j.1749-6632.2011.06201.x.

FONTES ADICIONAIS: BASCO, M. R. *The Procrastinator's Guide to Getting Things Done*. Nova York: Guilford Publications, 2010.

REBETEZ, M. M. L., ROCHAT, L. e LINDEN M. V. "Cognitive, Emotional, and Motivational Factors Related to Procrastination: A Cluster Analytic Approach". *Personality and Individual Differences* 76, 2015: 1-6, https://doi.org/10.1016/j.paid.2014.11.044.

CAPÍTULO 13: PROGRAMADO, MAS NÃO CAÓTICO

1. FESTINGER, L. "A Theory of Social Comparison Processes". *Human Relations* 7, n. 2, 1954: 117–40, https://doi.org/10.1177/001872675400700202.
2. RHODES, M. e BRICKMAN, D. "Preschoolers' Responses to Social Comparisons Involving Relative Failure", *Psychological Science* 19, n. 10, 2008: 968–72, https://doi.org/10.1111/j.1467-9280.2008.02184.x.
3. DEHAENE, S. *et al.* "Imaging Unconscious Semantic Priming", *Nature* 395, n. 6702, 1998: 597–600, https://doi.org/10.1038/26967; MUSSWEILER, Thomas; RÜTER, K. e EPSTUDE, K. "The Man Who Wasn't There: Subliminal Social Comparison Standards Influence Self-Evaluation". *Journal of Experimental Social Psychology* 40, n. 5, 2004: 689–96, https://doi.org/10.1016/j.jesp.2004.01.004.
4. SMITH, R. H. "Assimilative and Contrastive Emotional Reactions to Upward and Downward Social Comparisons", *Handbook of Social Comparison*, editado por SULS, Jerry e WHEELER, L. Boston: Springer, 2000.
5. BOGART, L. M.; BENOTSCH, E. G. e PAVLOVIC, J. D. "Feeling Superior but Threatened: The Relation of Narcissism to Social Comparison", *Basic and Applied Social Psychology* 26, n. 1, 2004: 35–44, https://doi.org/10.1207/s15324834basp2601_4.
6. JONES, L. "Fatten Me up! What Happened When Former Anorexic Liz Jones Had to Eat Normally for Three Weeks", *Daily Mail*, 8 de junho de 2009, https://www.dailymail.co.uk/femail/article-1191429/Fatten-What-happened-anorexic-Liz-Jones-eat-normally-weeks.html.
7. NICHOLLS, E. e STUKAS, A. A. "Narcissism and the Self-Evaluation Maintenance Model: Effects of Social Comparison Threats on Relationship Closeness". *Journal of Social Psychology* 151, n. 2, 2011: 201–12, https://doi.org/10.1080/00224540903510852.
8. VRIES, D. A. *et al.* "Social Comparison as the Thief of Joy: Emotional Consequences of Viewing Strangers' Instagram Posts", *Media Psychology* 21, n. 2, 2018: 222–45, https://doi.org/10.1080/15213269.2016.1267647.

9. SMITH, R. H. "Assimilative and Contrastive Emotional Reactions." J. Suls & L. Wheeler (Eds.), *Handbook of social comparison: Theory and research*. Kluwer Academic Publishers. https://doi.org/10.1007/978-1-4615-4237-7_10.
10. KIM, H. *et al*. "Social Comparison Processes in the Experience of Personal Relative Deprivation". *Journal of Applied Social Psychology* 48, n. 9, 2018: 519–32, https://doi.org/10.1111/jasp.12531.
11. FESTINGER, L., "A Theory of Social Comparison Processes." *Human Relations*, 7(2), 1954: 117-140. https://doi.org/10.1177/001872675400700202.
12. KEDIA, G.; MUSSWEILER T. e LINDEN, D. E. J. "Brain Mechanisms of Social Comparison and Their Influence on the Reward System", *Neuroreport* 25, n. 16, 2014: 1255–65, https://doi.org/10.1097/wnr.0000000000000255. FLIESSBACH, K. *et al.*, "Social Comparison Affects Reward-Related Brain Activity in the Human Ventral Striatum", *Science* 318, n. 5854, 2007: 1305–8, https://doi.org/10.1126/science.1145876.
13. FLIESSBACH *et al.* "Social Comparison Affects Reward-Related Brain Activity."
14. GREITEMEYER, T. e SAGIOGLOU, C. "The Experience of Deprivation: Does Relative More Than Absolute Status Predict Hostility?", *British Journal of Social Psychology* 58, n. 3, 2019: 515–33, https://doi.org/10.1111/bjso.12288.
15. FESTINGER, L. "A Theory of Social Comparison Processes."
16. SANFORD, C. "Facebook Whistleblower Frances Haugen Testifies on Children & Social Media Use: Full Senate Hearing Transcript", *Rev* blog, 2021, http://www.rev.com/blog/transcripts/facebook-whistleblower-frances-haugen-testifies-on-children-social-media-use-full-senate-hearing-transcript.
17. PRZYBYLSKI, A. K. *et al.* "Motivational, Emotional, and Behavioral Correlates of Fear of Missing Out", *Computers in Human Behavior* 29, n. 4, 2013: 1841–48, https://doi.org/10.1016/j.chb.2013.02.014.
18. VERDUYN, P. *et al.* "Social Comparison on Social Networking Sites", *Current Opinion in Psychology* 36, 2020: 32–37, https://doi.org/10.1016/j.copsyc.2020.04.002.

19. ALLAN, M. J. C; KIM, H. e MATTHEWS, W. J. "Age Differences in Social Comparison Tendency and Personal Relative Deprivation". *Personality and Individual Differences* 87, 2015: 196-99, https://doi.org/10.1016/j.paid.2015.08.003.
20. MUSSWEILER, T. e EPSTUDE, K. "Relatively Fast! Efficiency Advantages of Comparative Thinking", *Journal of Experimental Psychology: General* 138, n. 1, 2009: 1-21, https://doi.org/10.1037/a0014374.
21. MCKNIGHT, P. E. e KASHDAN, T. B. "Purpose in Life as a System That Creates and Sustains Health and Well-Being: An Integrative, Testable Theory", *Review of General Psychology* 13, n. 3, 2009: 242-51, https://doi.org/10.1037/a0017152.
22. BURROW, A. L. e RAINONE, N., "How Many Likes Did I Get?: Purpose Moderates Links Between Positive Social Media Feedback and Self-Esteem", *Journal of Experimental Social Psychology* 69, 2017: 232-36, https://doi.org/10.1016/j.jesp.2016.09.005.
23. "Opposite Action — Marsha". Vídeo do Vimeo, 8:32, de NowMattersNow.org, 2014, https://vimeo.com/101373270.

    NOTA DE RODAPÉ p. 221: PARROTT, W. G. e SMITH R. H., "Distinguishing the Experiences of Envy and Jealousy", *Journal of Personality and Social Psychology* 64, n. 6, 1993: 906-20, https://doi.org/10.1037/0022-3514.64.6.906.
24. SMITH, R. H. e KIM, S. H., "Comprehending Envy", *Psychological Bulletin* 133, n. 1, 2007: 46-64, https://doi.org/10.1037/0033-2909.133.1.46.
25. "Opposite Action — Marsha." Vídeo do Vimeo, 8:32, de NowMattersNow.org, 2014, https://vimeo.com/101373270.

    FONTE ADICIONAL: BALDWIN, M. e MUSSWEILER, T. "The Culture of Social Comparison", *Proceedings of the National Academy of Sciences of the United States of America* 115, n. 39, 2018: E9067-74, https://doi.org/10.1073/pnas.1721555115.

CAPÍTULO 14: REAVALIANDO O PERFECCIONISMO EMOCIONAL

1. DARWIN, C. *A expressão das emoções nos homens e nos animais*. São Paulo. Companhia de Bolso, 2009. PLUTCHIK, R. "A General Psychoevolutionary Theory of Emotion", *Emotion: Theory, Research e*

Experience, editado por PLUTCHIK, R. e KELLERMAN, H. San Diego: Academic Press, 1980.
2. HORNEY, K., *Neurose e o desenvolvimento humano*. Rio de Janeiro: Civilização Brasileira, 1966.
3. MECKING, O. "The Flip Side of Toxic Positivity: Emotional Perfectionism", *Washington Post*, 9 de junho de 2022, https://www.washingtonpost.com/wellness/2022/06/09/what-is-emotional-perfectionism-toxic-positivity/. Annie Hickox, "Emotional Perfectionism", website de Dra. Annie Hickox, https://dranniehickox.co.uk/resources-blog-neuropsychology/10-mindfulness.
4. LYNCH, T. e LYNCH, E. S., em conversa com a autora, 10 de maio de 2023.
5. "May 1, 1969: Fred Rogers Testifies before the Senate Subcommittee on Communications". Vídeo do YouTube, 6:50, postado por "danieldeibler", 8 de fevereiro de 2015, https://www.youtube.com/watch?v=fKy7ljRr0AA.
6. ARNOLD, M. B. *Emoção e personalidade: aspectos psicológicos*. Rio de Janeiro: Editora Centro Dom Bosco, 2024. FRIJDA, N. H. *The Emotions*. Cambridge: Cambridge University Press, 1986. IZARD, Carol. *Human Emotions*. Nova York: Plenum, 1977.
7. GROSS, J. J., "The Emerging Field of Emotion Regulation: An Integrative Review", *Review of General Psychology* 2, n. 3, 1998: 271–99, https://doi.org/10.1037/1089-2680.2.3.271; GROSS, J. J. e THOMPSON, R. A., "Emotion Regulation: Conceptual Foundations", *Handbook of Emotion Regulation*, Nova York: Guilford Press, 2007.
8. GROSS, J. J. e LEVENSON, R. W., "Emotional Suppression: Physiology, Self-Report, and Expressive Behavior", *Journal of Personality and Social Psychology* 64, n. 6, 1993: 970–86, https://doi.org/10.1037/0022-3514.64.6.970; BUTLER. E. A. *et al.* "The Social Consequences of Expressive Suppression", *Emotion* 3, n. 1, 2003: 48–67, https://doi.org/10.1037/1528-3542.3.1.48; HARRIS, C. R. "Cardiovascular Responses of Embarrassment and Effects of Emotional Suppression in a Social Setting", *Journal of Personality and Social Psychology* 81, 5, 2001: 886–97, https://doi.org/10.1037/0022-3514.81.5.886.

9. GROSS, J. J., "The Emerging Field of Emotion Regulation"; SHEPPES, G.; SURI, G. e GROSS, J. J., "Emotion Regulation and Psychopathology", *Annual Review of Clinical Psychology* 11, n. 1, 2015: 379-405, https://doi.org/10.1146/annurev-clinpsy-032814-112739. WEBB, T. L.; MILES, E. e SHEERAN, P., "Dealing with Feeling: A Meta-Analysis of the Effectiveness of Strategies Derived from the Process Model of Emotion Regulation", *Psychological Bulletin* 138, n. 4, 2012: 775-808, https://doi.org/10.1037/a0027600.

10. BORKOVEC, T. D. "The Nature, Functions, and Origins of Worry", *Worrying: Perspectives on Theory, Assessment and Treatment*, editado por DAVEY, G. C. L. e TALLIS F. Hoboken: John Wiley, 1994. BORKOVEC, T. D.; ALCAINE, O. e BEHAR, E., "Avoidance Theory of Worry and Generalized Anxiety Disorder", *Generalized Anxiety Disorder: Advances in Research and Practice*, editado por HEIMBERG, R. G.; TURK, C. L. e MENNIN D. S. Nova York: Guilford Press, 2004. ALDAO, A. e NOLEN-HOEKSEMA, S., "Specificity of Cognitive Emotion Regulation Strategies: A Transdiagnostic Examination", *Behaviour Research and Therapy* 48, n. 10, 2010: 974-83, https://doi.org/10.1016/j.brat.2010.06.002; NOLEN-HOEKSEMA, S.; WISCO B. E. e LYUBOMIRSKY, S., "Rethinking Rumination", *Perspectives on Psychological Science* 3, n. 5, 2008: 400-24, https://doi.org/10.1111/j.1745-6924.2008.00088.x; WATKINS, E. R., "Constructive and Unconstructive Repetitive Thought", *Psychological Bulletin* 134, n. 2, 2008: 163-206.

11. GROSS, J. J. e JAZAIERI, H., "Emotion, Emotion Regulation e Psychopathology: An Affective Science Perspective", *Clinical Psychological Science* 2, n. 4, 2014: 387-401, https://doi.org/10.1177/2167702614536164; Hooria Jazaieri, Heather L. Urry e James J. Gross, "Affective Disturbance and Psychopathology: An Emotion Regulation Perspective", *Journal of Experimental Psychopathology* 4, n. 5, 2013: 584-99, https://doi.org/10.5127/jep.030312.

12. HALBERSTADT, Anne G. V.; CRISP, William e EATON, Kali L. "Family Expressiveness: A Retrospective and New Directions for Research", em *The Social Context of Nonverbal Behavior*, editado por P. Philippot, R. S.

Feldman e E. J. Coats. Cambridge: Cambridge University Press, 1999. Sara F. Waters *et al.* "Keep It to Yourself? Parent Emotion Suppression Influences Physiological Linkage and Interaction Behavior", *Journal of Family Psychology* 34, n. 7, 2020: 784–93, https://doi.org/10.1037/fam0000664; Nancy Eisenberg, Amanda Cumberland e Tracy L. Spinrad, "Parental Socialization of Emotion", *Psychological Inquiry* 9, n. 4, 1998: 241–73, https://doi.org/10.1207/s15327965pli0904_1.

13. HORNEY, *Neurose e o desenvolvimento humano*.
14. "Never Give In, Never, Never, Never, 1941", America's National Churchill Museum, https://www.nationalchurchillmuseum.org/never-give-in-never-never-never.html.
15. ONG, Clarissa e TWOHIG, Michael. *The Anxious Perfectionist: Acceptance and Commitment Therapy Skills to Deal with Anxiety, Stress e Worry Driven by Perfectionism*. Oakland: New Harbinger, 2022.
16. "The Role of Emotion Regulation in DBT (Part 1)", Behavioral Tech Institute, 8 de abril de 2019, https://behavioraltech.org/role-of-emotion-regulation-dbt-part-1.
17. LYNCH, Thomas R. *The Skills Training Manual for Radically Open Dialectical Behavior Therapy: A Clinician's Guide for Treating Disorders of Overcontrol*. Oakland: New Harbinger, 2017.
18. "Level 1 Radically Open Dialectical Behavior Therapy Blended Learning Course". Radically Open, curso online, https://www.radicallyopen.net/training/product/level-1-test.html. "Level 2 for RO DBT Practitioners in Radically Open Dialectical Behavior Therapy". Radically Open, curso online, https://www.radicallyopen.net/training/product/radically-open-dialectical-behavior-therapy-blended-learning-course-level-2.html.
19. CHAPMAN, Benjamin P. *et al.* "Emotion Suppression and Mortality Risk over a 12-Year Follow-Up", *Journal of Psychosomatic Research* 75, n. 4, 2013: 381–85, https://doi.org/10.1016/j.jpsychores.2013.07.014; L. Campbell-Sills *et al.* "Acceptability and Suppression of Negative Emotion in Anxiety and Mood Disorders", *Emotion* 6, n. 4 (2006): 587–95, https://doi.org/10.1037/1528-3542.6.4.587; Martin M. Smith *et al.* "Perfectionism and the Five-Factor Model of Personality: A

Meta-Analytic Review", *Personality and Social Psychology Review* 23, n. 4 (2019): 367–90, https://doi.org/10.1177/1088868318814973.

20. Kathleen D. Vohs *et al.* "Ego Depletion Is Not Just Fatigue: Evidence from a Total Sleep Deprivation Experiment", *Social Psychological and Personality Science* 2, n. 2, 2011: 166–73, https://doi.org/10.1177/1948550610386123.

21. CUTULI, Debora "Cognitive Reappraisal and Expressive Suppression Strategies Role in the Emotion Regulation: An Overview on Their Modulatory Effects and Neural Correlates", *Frontiers in Systems Neuroscience* 8, 2014: 175, https://doi.org/10.3389/fnsys.2014.00175.

22. LYNCH, *Skills Training Manual*.

23. BUTLER, Emily A. *et al.* "The Social Consequences of Expressive Suppression", *Emotion* 3, n. 1, 2003: 48–67, https://doi.org/10.1037/1528-3542.3.1.48.

24. "Level 1 Radically Open Dialectical Behavior Therapy"; "Level 2 for RO DBT Practitioners."

25. LYNCH, *Skills Training Manual*.

26. BERNECKER, Katharina; BECKER, Daniela e GUOBYTE, Aiste. "If the Party Is Good, You Can Stay Longer — Effects of Trait Hedonic Capacity on Hedonic Quantity and Performance". *Motivation and Emotion* 47, n. 5, 2023: 711–25, https://doi.org/10.1007/s11031-023-10021-6; James Goodnight, "Reward Sensitivity", em *The SAGE Encyclopedia of Lifespan Human Development*, vol. 5, 1854–1855. Thousand Oaks: SAGE, 2018. HENDERSON, Luke Wayne; KNIGHT, Tess e RICHARDSON, Ben "An Exploration of the Well-Being Benefits of Hedonic and Eudaimonic Behaviour", *Journal of Positive Psychology* 8, n. 4, 2013: 322–36, https://doi.org/10.1080/17439760.2013.803596.

27. MCMANUS, I. C. e FURNHAM Adrian, "'Fun, Fun, Fun': Types of Fun, Attitudes to Fun, and Their Relation to Personality and Biographical Factors", *Psychology* 1, n. 3, 2010: 159–68, https://doi.org/10.4236/psych.2010.13021. HUTA, Veronika e RYAN, Richard M. "Pursuing Pleasure or Virtue: The Differential and Overlapping Well-Being Benefits of Hedonic and Eudaimonic Motives", *Journal of Happiness Studies* 11, n. 6, 2010: 735–62, https://doi.org/10.1007/s10902-009-9171-4;

HUTA, Veronika e WATERMAN, Alan S., "Eudaimonia and Its Distinction from Hedonia: Developing a Classification and Terminology for Understanding Conceptual and Operational Definitions", *Journal of Happiness Studies* 15, n. 6, 2014: 1425-56, https://doi.org/10.1007/s10902-013-9485-0.
28. Lynch e Lynch, em conversa com a autora.
29. *Ibid.*
30. *Ibid.*
31. *Ibid.*
32. LYNCH, *Skills Training Manual*; "Level 1 Radically Open Dialectical Behavior Therapy"; "Level 2 for RO DBT Practitioners."
33. Lynch e Lynch, em conversa com a autora.
34. OBAMA, Michelle. *Minha história*. Rio de Janeiro: Objetiva, 2018.
35. LYNCH, *Skills Training Manual*; "Level 1 Radically Open Dialectical Behavior Therapy"; "Level 2 for RO DBT Practitioners."
36. "ACT for Depression and Anxiety Disorders", Psychwire, curso online, https://psychwire.com/harris/act-depression.
37. BERNECKER, Katharina e BECKER, Daniela. "Beyond Self-Control: Mechanisms of Hedonic Goal Pursuit and Its Relevance for Well-Being". *Personality & Social Psychology Bulletin* 47, n. 4, 2021: 627-42, https://doi.org/10.1177/0146167220941998.
38. *Ibid.*
39. BECKER, Daniela; JOSTMANN, Nils B; HOFMANN, Wilhelm e HOLLAND, Rob W. "Spoiling the Pleasure of Success: Emotional Reactions to the Experience of Self-Control Conflict in the Eating Domain", *Emotion* 19, n. 8, 2019: 1377-95, https://doi.org/10.1037/emo0000526.
40. "Hedonism Leads to Happiness", Universidade de Zurique, 27 de julho de 2020, https://www.news.uzh.ch/en/articles/2020/Hedonism.
41. BERNECKER E BECKER, "Beyond Self-Control". FRIESE, Malte e HOFMANN, Wilhelm. "State Mindfulness, Self-Regulation e Emotional Experience in Everyday Life", *Motivation Science* 2, n. 1 (2016): 1-14, https://doi.org/10.1037/mot0000027.

CAPÍTULO 15: REAVALIANDO A AUTOAPRESENTAÇÃO PERFECCIONISTA

1. FISKE, Susan T.; CUDDY, Amy J. C. e GLICK, Peter. "Universal Dimensions of Social Cognition: Warmth and Competence", *Trends in Cognitive Sciences* 11, n. 2, 2007: 77–83, https://doi.org/10.1016/j.tics.2006.11.005. JUDD, Charles M., JAMES-HAWKINS, Laurie; YZERBYT Vincent e KASHIMA, Yoshihisa. "Fundamental Dimensions of Social Judgment: Understanding the Relations between Judgments of Competence and Warmth"; *Journal of Personality and Social Psychology* 89, n. 6 (2005): 899–913, https://doi.org/10.1037/0022-3514.89.6.899. **NOTA DE RODAPÉ p. 242:** ABELE, Andrea E. e Bogdan Wojciszke, "Agency and Communion from the Perspective of Self versus Others", *Journal of Personality and Social Psychology* 93, n. 5, 2007: 751–63, https://doi.org/10.1037/0022-3514.93.5.751; Andrea E. Abele E Bogdan Wojciszke, "Communal and Agentic Content in Social Cognition", em *Advances in Experimental Social Psychology*, editado por Bertram Gawronski. Amsterdã: Elsevier, 2014. ROSENBERG, Seymour; NELSON Carnot e VIVEKANANTHAN, P. S. "A Multidimensional Approach to the Structure of Personality Impressions", *Journal of Personality and Social Psychology* 9, n. 4, 1968: 283–94, https://doi.org/10.1037/h0026086. Fiske, Cuddy e Glick, "Universal Dimensions."
2. FISKE, CUDDY E GLICK, "Universal Dimensions"; ABELE E WOJCISZKE, "Agency and Communion."
3. "Although both dimensions are fundamental": FISKE, CUDDY E GLICK, "Universal Dimensions."
4. JUDD, Charles M. *et al.*, "Fundamental Dimensions of Social Judgment: Understanding the Relations between Judgments of Competence and Warmth". *Journal of Personality and Social Psychology* 89, n. 6, 2005: 899–913, https://doi.org/10.1037/0022-3514.89.6.899.
5. "Level 1 Radically Open Dialectical Behavior Therapy Blended Learning Course". Radically Open, curso online, https://www.radicallyopen.net/training/product/level-1-test.html. "Level 2 for RO DBT Practitioners in Radically Open Dialectical Behavior Therapy".

Radically Open, curso online, https://www.radicallyopen.net/training/product/radically-open-dialectical-behavior-therapy-blended-learning-course-level-2.html.
6. Charles Darwin, *A expressão das emoções no homem e nos animais*. São Paulo: Companhia de bolso, 2009. BUCK, Ross "Social and Emotional Functions in Facial Expression and Communication: The Readout Hypothesis". *Biological Psychology* 38, n. 2, 1994: doi: 10.1016/0301-0511(94)90032-9; R. BOONE, Thomas e BUCK, Ross "Emotional Expressivity and Trustworthiness: The Role of Nonverbal Behavior in the Evolution of Cooperation", *Journal of Nonverbal Behavior* 27, n. 3, 2003: 163–82, doi: 10.1023/a:1025341931128; ALTENMÜLLER, Eckart; SCHMIDT, Sabine e ZIMMER-MANN, Elke *Evolution of Emotional Communication: From Sounds in Nonhuman Mammals to Speech and Music in Man*, Series in Affective Science. Oxford: Oxford Academic, 2013. Eva Jablonka, Simona Ginsburg e Daniel Dor, "The Co-Evolution of Language and Emotions", *Philosophical Transactions of the Royal Society of London. Series B, Biological Sciences* 367, n. 1599, 2012: 2152–59, https://doi.org/10.1098/rstb.2012.0117.
7. APA Dictionary of Psychology, "Emotional Expression", https://dictionary.apa.org/emotional-expression; APA Dictionary of Psychology, "Suppression", https://dictionary.apa.org/suppression; James J. Gross e Robert W. Levenson, "Emotional Suppression: Physiology, Self-Report, and Expressive Behavior", *Journal of Personality and Social Psychology* 64, n. 6, 1993: 970–86, https://doi.org/10.1037/0022-3514.64.6.970.
8. HEWITT, Paul L. *et al.* "The Interpersonal Expression of Perfection: Perfectionistic Self-Presentation and Psychological Distress", *Journal of Personality and Social Psychology* 84, n. 6, 2003: 1303–25, https://doi.org/10.1037/0022-3514.84.6.1303.
9. "Level 1 Radically Open Dialectical Behavior Therapy". "Level 2 for RO DBT Practitioners"; Thomas Lynch e Erica Smith Lynch, em conversa com a autora, 10 de maio de 2023.
10. "Level 1 Radically Open Dialectical Behavior Therapy". "Level 2 for RO DBT Practitioners"; LYNCH e Lynch, em conversa com a autora.
NOTA DE RODAPÉ p. 244: Lynch e Lynch, em conversa com a autora.

11. "Level 1 Radically Open Dialectical Behavior Therapy". "Level 2 for RO DBT Practitioners."
12. FRANCO, Mariana G. *Como fazer e manter amigos para sempre: guia prático para se relacionar com todos ao seu redor*. São Paulo: Universo dos livros, 2023.
13. BUTLER, Emily A. *et al.*, "The Social Consequences of Expressive Suppression", *Emotion* 3, n. 1, 2003: 48–67, https://doi.org/10.1037/1528-3542.3.1.48.
14. BUTLER *et al.*, "The Social Consequences"; GROSS E LEVENSON, "Emotional Suppression"; ROBERTS Nicole A., LEVENSON, Robert W. e GROSS, James J. "Cardiovascular Costs of Emotion Suppression Cross Ethnic Lines", *International Journal of Psychophysiology* 70, n, 2008: 82–87, https://doi.org/10.1016/j.ijpsycho.2008.06.003.
15. BUTLER *et al.* "The Social Consequences."
16. CHAPMAN, Benjamin P. *et al.* "Emotion Suppression and Mortality Risk over a 12-Year Follow-Up", *Journal of Psychosomatic Research* 75, n. 4, 2013: 381–85, https://doi.org/10.1016/j.jpsychores.2013.07.014.
17. RICHARDS, Jane M. e GROSS, James J. "Emotion Regulation and Memory: The Cognitive Costs of Keeping One's Cool", *Journal of Personality and Social Psychology* 79, n. 3, 2000: 410–24, https://doi.org/10.1037/0022-3514.79.3.410. EGLOFF, Boris *et al.*, "Spontaneous Emotion Regulation during Evaluated Speaking Tasks: Associations with Negative Affect, Anxiety Expression, Memory e Physiological Responding", *Emotion* 6, n. 3, 2006: 356–66, https://doi.org/10.1037/1528-3542.6.3.356.
18. GROSS, James J. e JOHN, Oliver P. "Individual Differences in Two Emotion Regulation Processes: Implications for Affect, Relationships e Well-Being", *Journal of Personality and Social Psychology* 85, n. 2 (2003): 348–62, https://doi.org/10.1037/0022-3514.85.2.348; MAUSS, Iris B. *et al.*, "Don't Hide Your Happiness! Positive Emotion Dissociation, Social Connectedness, and Psychological Functioning", *Journal of Personality and Social Psychology* 100, n. 4, 2011: 738–48, https://doi.org/10.1037/a0022410. ENGLISH, Tammy e JOHN, Oliver P.

"Understanding the Social Effects of Emotion Regulation: The Mediating Role of Authenticity for Individual Differences in Suppression", *Emotion* 13, n. 2 2013: 314-29, https://doi.org/10.1037/a0029847; Michael H. Kernis e B. Matthew Goldman, "A Multicomponent Conceptualization of Authenticity: Theory and Research", em *Advances in Experimental Social Psychology*, vol. 38, editado por Mark P. Zanna Amsterdã: Elsevier, 2006.

19 SRIVASTAVA, Sanjay *et al.* "The Social Costs of Emotional Suppression: A Prospective Study of the Transition to College". *Journal of Personality and Social Psychology* 96, n. 4, 2009: 883-97, https://doi.org/10.1037/a0014755.

20. Lynch e Lynch, em conversa com a autora.

21. EASTWOOD, John D.; SMILEK, Daniel e MERIKLE, Philip M. "Differential Attentional Guidance by Unattended Faces Expressing Positive and Negative Emotion", *Perception & Psychophysics* 63, n. 6 (2001): 1004-13, https://doi.org/10.3758/bf03194519; Arne Öhman, Anders Flykt e Francisco Esteves, "Emotion Drives Attention: Detecting the Snake in the Grass", *Journal of Experimental Psychology: General* 130, n. 3 (2001): 466-78, https://doi.org/10.1037/0096-3445.130.3.466; Jukka M. Leppännen e Jari K. Hietanen, "Positive Facial Expressions Are Recognized Faster than Negative Facial Expressions, but Why?", *Psychological Research* 69, n. 1-2, 2004: 22-29, https://doi.org/10.1007/s00426-003-0157-2; HALL, Judith A.; COATS Erik J. e LEBEAU, Lavonia Smith "Nonverbal Behavior and the Vertical Dimension of Social Relations: A Meta-Analysis", *Psychological Bulletin* 131, n. 6, 2005: 898-924, https://doi.org/10.1037/0033-2909.131.6.898; TODOROV Alexander *et al.*, "Understanding Evaluation of Faces on Social Dimensions", *Trends in Cognitive Sciences* 12, n. 12, 2008, 455-60, https://doi.org/10.1016/j.tics.2008.10.001.

22. BONANNO, George A. *et al.* "The Importance of Being Flexible: The Ability to Both Enhance and Suppress Emotional Expression Predicts Long-Term Adjustment", *Psychological Science* 15, n. 7 (2004): 482-87, https://doi.org/10.1111/j.0956-7976.2004.00705.x.

23. "Level 1 Radically Open Dialectical Behavior Therapy". "Level 2 for RO DBT Practitioners"; LYNCH, Thomas R. *The Skills Training Manual for Radically Open Dialectical Behavior Therapy: A Clinician's Guide for Treating Disorders of Overcontrol*. Oakland: New Harbinger, 2017.
24. Lynch e Lynch, em conversa com a autora.
25. *Ibid*.
26. *Ibid*.
27. ARON, Arthur *et al*. "The Experimental Generation of Interpersonal Closeness: A Procedure and Some Preliminary Findings", *Personality & Social Psychology Bulletin* 23, n. 4, 1997: 363–77, https://doi.org/10.1177/0146167297234003.
28. MOORE, Henry T. "Further Data Concerning Sex Differences", *Journal of Abnormal Psychology and Social Psychology* 17, n. 2 (1922): 210–14, https://doi.org/10.1037/h0064645.
29. HAVILAND, John B. *Gossip, Reputation and Knowledge in Zinacantan*. Chicago: University of Chicago Press, 1977.
30. DUNBAR, R. I. M.; MARRIOTT, Anna e DUNCAN, N. D. C. "Human Conversational Behavior", *Human Nature* 8, n. 3, 1997: 231–46, https://doi.org/10.1007/bf02912493.
31. KARDAS, Michael; KUMAR, Amit e EPLEY, Nicholas "Overly Shallow?: Miscalibrated Expectations Create a Barrier to Deeper Conversation", *Journal of Personality and Social Psychology* 122, n. 3 (2022): 367–98, https://doi.org/10.1037/pspa0000281; Nicole You Jeung Kim *et al.*, "You Must Have a Preference: The Impact of No-Preference Communication on Joint Decision Making", *Journal of Marketing Research* 60, n. 1 (2023): 52–71, https://doi.org/10.1177/00222437221107593.
32. MASTROIANNI, Adam. "Good Conversations Have Lots of Doorknobs", Experimental History, 23 de fevereiro de 2022. https://www.experimental-history.com/p/good-conversations-have-lots-of-doorknobs.
33. COONEY, Gerald; GILBERT, Daniel T. e WILSON, Timothy D. "The Unforeseen Costs of Extraordinary Experience", *Psychological Science* 25, n. 12, 2014: 2259–65.

34. GILBERT, Cooney e Wilson, "The Unforeseen Costs."
35. Níveis inspirados por Lynch, *Skills Training Manual*.
36. LYNCH, *Skills Training Manual*; "Level 1 Radically Open Dialectical Behavior Therapy"; "Level 2 for RO DBT Practitioners."
37. BARASZ, L. K. John, K. e NORTON, M. I. "Hiding Personal Information Reveals the Worst", *Proceedings of the National Academy of Sciences of the United States of America* 113, n. 4 2016: 954-59, https://doi.org/10.1073/pnas.1516868113.
38. FISKE, CUDDY E GLICK, "Universal Dimensions."
39. LYNCH, *Skills Training Manual*; "Level 1 Radically Open Dialectical Behavior Therapy"; "Level 2 for RO DBT Practitioners."
FONTES ADICIONAIS: LYNCH, Thomas R.; LAZARUS, Shannon A. e CHEAVENS, Jennifer S. "Mindfulness Interventions for Undercontrolled and Overcontrolled Disorders: From Self-Control to Self-Regulation", em *Handbook of Mindfulness: Theory, Research e Practice*, editado por Kirk W. Brown, J. David Creswell e Richard M. Ryan, Nova York: Guilford Press, 2015.
SCHEIDER, Kristin D., HEMPEL, Roelie J. e LYNCH, Thomas R. "That 'Poker Face' Just Might Lose You the Game! The Impact of Expressive Suppression and Mimicry on Sensitivity to Facial Expressions of Emotion", *Emotion* 13, n. 5, 2013: 852-66, https://doi.org/10.1037/a0032847.

EPÍLOGO

1. JUNOD, Tom. "My Friend Mister Rogers", *Atlantic*, 7 de novembro de 2019, https://www.theatlantic.com/magazine/archive/2019/12/what-would-mister-rogers-do/600772/.
2. JUNOD, *Ibid*.
3. *Ibid*.
4. *Ibid*.
5. JUNOD, Tom "Can You Say [...] 'Hero'?", *Esquire*, 1º de novembro de 1998, http://classic.esquire.com/article/1998/11/1/can-you-say-hero.
6. JUNOD, *Ibid*.

7. *Ibid.*
8. "'He Wanted Me to See That I Was a Good Person': How a Writer's Friendship with Mr. Rogers Inspired a Movie", CBC News, atualizado em 21 de agosto de 2020, https://www.cbc.ca/radio/day6/impeachment-fallout-in-ukraine-starmetro-shuts-down-new-pokemon-neil-gaiman-remembering-mr-rogers-more-1.5367148/he-wanted-me-to-see-that-i-was-a-good-person-how-a-writer-s-friendship-with-mr-rogers-inspired-a-movie-1.5367152.
9. "'He Wanted Me to See That I Was a Good Person.'"
10. KING, Maxwell *The Good Neighbor: The Life and Work of Fred Rogers*. Nova York: Abrams, 2018.
11. JUNOD, "Can You Say [...] 'Hero'?"
12. JUNOD, "My Friend Mister Rogers."
13. KING, *Ibid.*
14. LINDHOLM, Kai. "StoryCorps 462: In the Neighborhood", StoryCorps, https://storycorps.org/podcast/storycorps-462-in-the-neighborhood/.
15. King, *Ibid.*
16. FRITZ, Anne. "The Sad Story Behind Mr. Rogers' Hallmark Empathy", *Reader's Digest*, 21 de fevereiro de 2021, https://www.rd.com/article/mr-rogers/.
17. Fritz, "The Sad Story."
18. KING, *Ibid.*
19. KING, *Ibid.*
20. John Rogers. Entrevistado por Jessica Wiederhorn, The Narrative Trust: Fred Rogers Oral History Collection, Fred Rogers Center for Early Learning and Children's Media at St. Vincent College, 24 de abril de 2008.
21. KING, *Ibid.*
22. Michael Twohig, em conversa com a autora, 2 de fevereiro de 2023.
23. Wikipédia, "Christian Perfection", acessado em 12 de novembro de 2023, http://en.wikipedia.org/w/index.php?title=Christian_perfection&oldid=1184836014; Online Etymology Dictionary, "Perfection",

acessado em 19 de novembro de 2023, https://www.etymonline.com/word/perfection.
FONTE ADICIONAL: George Wirth. Entrevistado por Jessica Wiederhorn. The Narrative Trust. 24 de abril de 2008. Fred Rogers Oral History Collection. Fred Rogers Center for Early Learning and Children's Media, St. Vincent College, Latrobe, PA.

Sobre a autora

Ellen Hendriksen é psicóloga clínica do Centro de Ansiedade e Transtornos Associados da Universidade de Boston. É autora de *Como ser você mesmo: como silenciar seu crítico interno e superar a ansiedade social*. Seus trabalhos foram publicados em veículos como *The New York Times*, *The Washington Post*, *BBC News*, *New York*, *The Guardian*, *Harvard Business Review*, *Scientific American* e *Psychology Today*, entre outros. Ela vive em Boston com a família.

Este livro foi composto na tipografia Minion Pro,
em corpo 11,5/15,7, e impresso em
papel off-white no Sistema Cameron da
Divisão Gráfica da Distribuidora Record.